经济管理视角下的博弈论应用

刘 月 陈 希 李洪梅 著

中国商务出版社

CHINA COMMERCE AND TRADE PRESS

图书在版编目（CIP）数据

经济管理视角下的博弈论应用 / 刘月，陈希，
李洪梅著 . — 北京：中国商务出版社，2021.9 （2023.3重印）
ISBN 978-7-5103-3985-1

Ⅰ . ①经… Ⅱ . ①刘… ②陈… ③李… Ⅲ . ①博弈论—
应用—经济 Ⅳ . ① F224.32

中国版本图书馆 CIP 数据核字（2021）第 203313 号

经济管理视角下的博弈论应用

JINGJI GUANLI SHIJIAOXIA DE BOYILUN YINGYONG

刘 月 陈 希 李洪梅 著

出版发行：中国商务出版社

地　　址：北京市东城区安定门外大街东后巷 28 号　　**邮编**：100710

网　　址：http://www.cctpress.com

电　　话：010-64212247（总编室）　　　　010-64515164（事业部）
010-64208388（发行部）

印　　刷：河北赛文印刷有限公司

开　　本：787 毫米 ×1092 毫米　　　1/16

印　　张：12.25

版　　次：2021 年 12 月第 1 版　　　　**印　　次**：2023 年 3 月第 2 次印刷

字　　数：245 千字　　　　　　　　　**定　　价**：70.00 元

前　言

　　博弈论,又称对策论,是使用严谨的数学模型研究冲突对抗条件下最优决策问题的理论。博弈论的思想在古代便产生了,只是它在初期仅研究象棋、围棋中的胜负问题,并未形成专业的理论系统。当时人们对于博弈的认识只停留在经验的认知和积累上,并未形成专业的理论基础,正式成为一门学科则是在 20 世纪初期。

　　20 世纪 20 年代末期,约翰・冯・诺依曼正式证明了博弈的基础原理,在此基础上宣告博弈论诞生,因此,冯・诺依曼被称为“博弈论之父”。作为一门正式学科,博弈论是在 20 世纪 40 年代形成并发展起来的。它原是数学运筹中的一个支系,用来处理博弈各方参与者最理想的决策和行为的均衡,或帮助具有理性的竞赛者找到他们应采用的最佳策略。在博弈中,每个参与者都在特定条件下争取其最大利益。博弈的结果,不仅取决于某个参与者的行动,还取决于其他参与者的行动。

　　冯・诺依曼和摩根斯坦两位卓越的数学家经过不断研究,巨著《博弈论与经济行为》问世,此著问世将最初的二人博弈理论推广到了 n 人博弈理论,还将博弈论成功应用到经济领域,从而奠定了博弈论的基础和理论体系。

　　我们日常的工作和生活就是不停地博弈决策的过程。我们每天都必须面对各种各样的选择,在各种选择中进行适当的决策。在单位工作,关注领导、同事,据此自己采取适当的对策。平日生活里,结交哪些人当朋友,选择谁做伴侣,其实都在博弈之中。这样看来,仿佛人生很累,但事实就是如此,博弈就是无处不在的真实策略“游戏”。古语有云,世事如棋。博弈论的伟大之处正在于其通过规则、身份、信息、行动、效用、平衡等各种量化概念对人情世事进行了精妙的分析,清晰地揭示了当下社会中人们的各种互动行为、互动关系,为人们正确决策提供了指导。如果将博弈论与下围棋联系在一起,那么博弈论就是研究棋手们“出棋”时理性化、逻辑化的部分,并将其系统化为一门科学。

　　博弈论在经济学中占据越来越重要的地位,在商战中被频繁地运用。此外,它在国际关系、政治学、军事战略和其他各个方面也都得到了广泛的应用。著名经济学家保罗・萨缪尔森说:“要想在现代社会做一个有文化的人,你必须对博弈论有一个大致了解。”真正全面学通悟透博弈论固然困难,但掌握博弈论的精髓,理解其深刻主旨,具备博弈的意识,无疑对人们适应当今社会的激烈竞争具有重要意义。

　　本书基于经济管理学的视角对博弈论进行了具体且有条理的阐述,主要内容分别包括博弈论的概念与博弈论定律;博弈论在现实中的意义和应用;博弈的规律以及与经济管理的关系;产权与效率中的纳什均衡;子博弈完美纳什均衡;子博弈完美纳什均衡的应用:动态竞争、讨价还价、宏观经济政策博弈;重复博弈;贝叶斯纳什均衡;贝叶斯纳什均衡的应用:拍卖博弈;完美贝叶斯纳什均衡;完美贝叶斯纳什均衡的应用:信号传递以及博弈论在市场营销中的策略阐述。

　　博弈论的精髓在于全盘思维和换位思考,我们可以在庞杂的计划、组织、执行和控制的经济管理应用中,合理融合博弈论。由于时间仓促及作者水平有限,书中难免疏漏,不足之处敬请读者批评指正。

作　者

2021 年 3 月

目　录

第三篇 子博弈完美纳什均衡

第四篇 重复博弈

第一篇／ 理论概述

第一章　绪　论

第一节　博弈论的基本概念

在现实生活中,我们常常会用数学来解决经济学问题。这种尝试虽然很频繁,但至今还没有完全取得成功。之所以会出现这样的现象,是因为人们照搬了物理学的方法来实施这种尝试,而这些物理学方法主要是针对一个系统建立导数方程,并通过导数方程来预测该系统未来可能发生的情况。但是,约翰·冯·诺依曼在《博弈论》中所使用的方法与之却有着天壤之别。约翰·冯·诺依曼没有把经济生活看作一个已知系统,而是将其看作一种由多人参与的博弈。在这种博弈中,参与者需要遵循一定的规则,并试图让自身的利益最大化。约翰·冯·诺依曼研究了参与者多种可能的行为类型,这些行为既能保障相应参与者的利益最大化,又符合整个博弈的规则。

我们无论在什么情况下对问题进行数学分析,都需要率先用一套公理体系对问题进行数学语言描述。因此,拥有一套完整的公理体系是数学分析的前提。若没有这套公理体系,我们便不能用逻辑推理获得结论。在使用这套公理体系的过程中,人们不用时刻考虑数学表达式对应的现实事物,只需要在逻辑推理的终点将数学符号还原为现实事物。也就是说,这里的每一种数学符号都有其现实意义,但在逻辑推理过程中不需要考虑它们对应的现实意义,只需在得出结论之后再把结论反映为现实事物,这样就能实现这一逻辑推理的价值。约翰·冯·诺依曼根据这一思路对博弈的概念进行了数学公理描述,在此之后,《博弈论》便不用再研究实际生活中的事物,而是成为忠于一种数学形式的理论。不过,实际的博弈顺序仍然是约翰·冯·诺依曼理论的基础,正是受到这些博弈的启发,他才能顺利展开其理论过程。另一方面,读者即使不知道实际博弈的情况,他们也可能明白整个逻辑推理的过程,尽管这对不擅长数学的人来说有些困难。

《博弈论》中首先要构造的概念是个体的策略,具体来说,就是任何参与博弈的人都会采用的策略。在博弈的过程中，参与者势必会有一套属于自己的策略，这个策略也是他所要遵循的行动法则。参与者在任何情况下的行动都要依据这套策略的相关要求，若每个参与者都遵循各自的策略，博弈的过程就被理所当然地确定了，因为参与者最后的收益是已知的。不过，无论采用哪种策略，参与者只能控制自己的选择，而不能决定对手的选择。这就引出一个重要的问题，即每一名参与者在不了解其他参与者做何选择的情况下，如何选择策略才能使自身利益最大化？

这个问题在零和博弈中得到了解决。零和博弈的特点在于参与者只有两人，且一方获得的利益恰好等于另一方失去的利益，或者说一方胜利，另一方注定失败。冯·诺依曼在这种信息完美的博弈中证明了每一个参与者都可能拥有一个最优策略。这意味着博弈中存在两种可能，即两名参与者中的一个必定拥有取胜的策略，或者每一参与者不会获得比平局更坏结果的策略。当然，这些情况仅限于信息完美的博弈，如果其信息不完美的博弈，情况就不会如此简单了。不过，冯·诺依曼仍然找到了解决办法，他在两人零和博弈中引入了混合策略这一概念，成功解决了这个问题。采用混合策略就意味着要按照一定概率施行不同的纯策略。若合适的混合策略能确保先行者获得的收益不低于 1，那么后行者便能阻止先行者获得超过 1 的收益。通过引入混合策略，两人零和博弈的问题就能全部解决了。

冯·诺依曼并不满足于对两人博弈的研究，他接着对超过两人的多人博弈问题进行研究。在多人博弈中，参与者可能为了获利而相互结盟，形成人数相同的两个联盟，或者形成一个多人联盟和一个单人联盟。这样一来，多人博弈又变成了两人博弈。在这里，冯·诺依曼可以直接应用在二人零和博弈中得出的结论。这就意味着，每个联盟都有与之对应的数值，这个数值表示：一个联盟之外的所有参与者一起对该联盟采取最不利的行动时，该联盟成员能获得的最少总收益。简言之，它表示在最坏的情况下每个联盟能获得的最少收益。

冯·诺依曼正是根据对各联盟对应数值的研究来完整地论述这场博弈的。事实上，在研究博弈的过程中，冯·诺依曼需要讨论的问题还包括形成联盟所需的条件问题、联盟总收益如何分配给各个成员的问题等。博弈的结果被看作一个归责系统，它规定了每个玩家最终能从博弈中获得的好处。这种好处既可以直接从博弈规则中获得，也可以由联盟其他成员自愿支付。冯·诺依曼的这个理论尽管不能明确指出哪一个归责系统将会实现，却要求应该优先考虑一个特定的归责系统，即博弈的解。这样做的理由在于博弈之外的因素，如传统习俗、价值观等，这也能影响博弈的解的确定。

博弈的不同解决方案反映了参与者组成的社会中的普遍接受的行为标准。在参与者的行为标准之中，哪一种归责系统容易实现呢？冯·诺依曼用博弈的解对这个问题进行了描述。确定博弈解集的标准是：参与博弈的人没有理由认为任意一种博弈解集的归责系统要严格优于另外一种。与此同时，那些与博弈解集无关的归责系统一定会被一些参与者认定为要劣于解集内的一种或者多种归责系统。不过,对于所有博弈而言,是否都存在满足该标准的解集还无法确定。另外,不少特殊的案例显示,在一种博弈中,也可能存在多个不同的这样的标准。

《博弈论》对读者在数学知识方面有一定要求,但这个要求不超过基本的代数知识,且书中对一些数学概念都给出了较为详尽的介绍和解释。约翰·冯·诺依曼每提出一个理论总会提出相应的案例,他用数学方法详细地讨论了这些具体案例,同时抓住一切机会对其数学分析和结论给出文字性说明。基于这些因素,书中的内容对于有数学短板的读者来说亦是非常有趣的。这部著作必将成为准确定义和清晰表述经济学的重要工具。

第二节 博弈论的"前生今世"

日常生活中,我们总能见到大大小小的博弈,博弈可以是多人参与的,也可以是在多团队之间进行的。在博弈中,参与者会受到特定条件的制约,且都希望能使自身得到的利益最大化。参与者往往会根据对手的策略来实施对应的策略。从这个意义上来看,博弈论又可以被称作对策论,同时它还有一个较为通俗的名字,即赛局理论。博弈是具有斗争性和竞争性的现象,而博弈论所研究的就是有关这类现象的理论和方法。

博弈论总是会运用到数学知识,所以它也被看作应用数学的一个分支,或者是运筹学的一门重要学科。游戏和博弈中的激烈结构相互作用,而博弈论正是用数学的方法来研究这种相互作用。

在一个博弈游戏中,参与者需要考虑对手的实际行为和预测行为,根据这些行为优化自己的策略。表面上来看,有些博弈中的相互作用是不同的,但它们在运作时却可能表现出相似的激励结构,最具代表性的案例是囚徒困境。

博弈行为通常是竞争性行为,所以这种行为往往会表现出对抗的性质。参与这类行为的人一般都具有各自不同的目标或利益。在博弈过程中,人人都会向着自己的目标努力,他们会充分考虑对手可能采取的行动方案,制订自己的合理方案,使自身的利益获得保障,我们在日常生活中进行的游戏,如下棋、打牌等都属于博弈行为。

由此,我们不难理解博弈论所要研究的内容:事实上,博弈论就是站在研究者的角度,充分考虑博弈各方所有可能的行动方案,并运用数学方法找出最合理的行动方案的一种理论或方法。由于它的主要工具是数学,所以严格来说它是一种数学理论或数学方法。

在中国古代,博弈论思想就已经存在,最具代表性的博弈论研究者是著名军事家孙武,他的《孙子兵法》既是一本军事著作,也是一部博弈论专著。最初人们常把博弈论思想用以研究娱乐性质的胜负问题,比如当人们在下象棋、打牌或者赌博时。不过,在此阶段对博弈论的认识是相对粗浅的,人们只是根据经验来把握博弈的局势,努力使自身利益最大化,还没有向着理论的方向发展。直到20世纪初,博弈论才正式发展成为一门学科。

近代开始研究博弈论的是策墨洛、波雷尔和冯·诺伊曼。策墨洛的研究是用数学方法研究博弈现象的第一次尝试,波雷尔为博弈论的发展起到了巨大的推动作用,冯·诺伊曼和奥斯卡·摩根斯坦第一次对博弈论进行了系统化和形式化的研究。

此后,约翰·纳什提出纳什均衡的概念,他认定博弈中存在着均衡点,并运用不动定理成功证明了该点的存在,这一重要的研究为博弈论的普遍化奠定了基础。什么是纳什均衡呢? 它指的是:博弈中的所有人都将面临的一种特殊情况,即当对手不改变自己的策略时,他当前的策略是最优选择,如果参与者改变他当前的策略,他的利益就会受损。只要博弈参与者都保持理性,那么他们在纳什均衡点上就不会有改变自身策略的冲动。

要证明纳什均衡点的存在,就需要提出一个新的概念,即博弈均衡偶。博弈均衡偶指的是若参与者 A 在两人零和博弈中采取最优策略 a +,那么参与者 B 也会采用其最优策略 b +;若参与者 A 采取策略 a,那么他的损失不会超过他采取策略 a + 时的损失,这种结果也适用于参与者 B。若给博弈均衡偶下一个明确的定义,则是:策略集 A 中的策略 a + 和策略集 B 中的策略 b + 叫作均衡偶,对于策略集 A 和策略集 B 形成的成对策略 a、b,总是满足以下条件:偶对(a,b +)≤偶对(a +,b +)≥偶对(a +,b)。若纳什均衡点在非零和博弈中,博弈均衡偶的定义则为:策略集 A 中的策略 a + 和策略集 B 中的策略 b + 叫作均衡偶,对于策略集 A 和策略集 B 形成的成对策略 a、b,总是满足以下条件:参与者 A 的偶对(a,b +)≤偶对(a +,b +);参与者 B 的偶对(a +,b)≤偶对(a +,b +)。根据这两个定义就可以得到纳什定理:在两人博弈中,只要参与者的纯策略是有限的,其必然存在至少一个均衡偶,也称为纳什均衡点。要证明纳什定理必须运用不动点理论,这一理论是研究经济均衡的主要工具。也就是说,找到了博弈的不动点就等于找到了纳什均衡点。

作为一种重要的分析工具,纳什均衡点能让博弈研究在特定的结构中找到有意义的结果。但是,由于纳什均衡点的定义中规定参与者不会单方面改变策略,忽略了其他参与者改变自身策略的可能性,所以具有非常大的局限性。纳什均衡点的应用在多种情况下缺乏说服力,因此一些博弈研究者将它称为"天真可爱的纳什均衡点"。

除了策墨洛、波雷尔、冯·诺伊曼、奥斯卡·摩根斯坦、约翰·纳什外,对博弈论的发展做出推动性贡献的还有赛尔顿和哈桑尼等人。塞尔顿完善了纳什均衡理论,他剔除了一些不合理的均衡点,形成了两个精炼的均衡新概念,即子博弈完全均衡和颤抖之手完美均衡。

时至今日,博弈论已经发展成一门相对成熟和完善的学科。目前,博弈论在多个学科和领域获得了广泛的应用,特别是在生物学、经济学、计算机科学、数学、政治、军事等学科和领域的表现尤为出色。

例如,一些生物学家会利用博弈论来预测生物进化的某些结果,或者理解生物进化的原因。1973 年,美国《自然》杂志上刊登了一篇论文,其中便提出了一个有关博弈论的生物学概念,即进化稳定策略。此外,我们还能在演化博弈理论、行为生态学等方面见到博弈论的身影。作为应用数学的一个重要分支,博弈论还被应用于线性规划、统计学和概率论等方面。

一般来说,博弈论引入经济学是由美国著名数学家约翰·冯·诺伊曼和经济学家奥斯卡·摩根斯坦在 20 世纪 50 年代率先完成的。现代经济博弈论已经成为经济分析的主要工具,它极大地促进了经济理论的发展,特别是对信息经济学、委托代理理论和产业组织理论做出了重要贡献。

1994 年,以约翰·纳什为代表的多位从事博弈论研究和应用的经济学家,凭借他们在经济领域所做的突出贡献成功获得诺贝尔经济学奖。在博弈论未被应用在经济领域之前,传统经济学分析的思路较为狭隘,而博弈论的引入清晰地呈现出经济主体之间的辩证关系,使得经济学的分析有了新的思路。这不仅与现实市场竞争十分贴近,还为现代微观经济学和宏观经济学奠定了基础。

博弈论的基础是建立在众多现实博弈案例之上的。博弈需要具备一定的要素,主要有五个方面:局中人、策略、得失、次序、均衡。

局中人是博弈的参与者,每个参与者都能对自身策略进行决策,但不能改变别人的决策。若博弈中的局中人只有两个,这种博弈便称为两人博弈,若博弈中的局中人超过两个,则这种博弈便是多人博弈。

策略是博弈过程中局中人做出的切实可行的行动方案,局中人的一个策略不是指他所采取的某一阶段的行动方案,而是指他在整个博弈过程中从始至终所采用的一个行动方案。根据可能采取的策略的有限性或无限性,博弈可被分为有限博弈和无限博弈。在有限博弈中,局中人的策略是有限的;在无限博弈中,局中人的策略则是无限的。

得失是指在每场博弈中,局中人最后的结果。局中人博弈的得失与两个因素相关:一是其自身所选定的策略;二是其他局中人所选定的策略。每个局中人在博弈结束时的得失可根据所有局中人选定的一组策略函数来判定,人们把这个函数称为支付函数。

次序是局中人的决策总是有先有后的,同时,每个局中人都可能要做多个决策选择,这些选择也是有先后顺序的,博弈的次序能决定博弈的结果。在其他要素相同的情况下,若局中人决策和选择的次序不同,博弈也会不同。

均衡是平衡的意思,在经济学中均衡即相关量处于一个稳定值。例如,若一家商场的商品能够处于一个均衡值,人们想买就能买到这种商品,想卖就能卖出这种商品,那么这个商品的价格就是这里的均衡值。有了这个价格做保障,商品的供求就能达到均衡状态。纳什均衡就是这样的一个稳定的博弈结果。

第二章　博弈的分类与博弈论定律

第一节　博弈的分类

根据不同的标准,博弈可以分为多种类型。

若根据博弈中的参与者是否达成一个具有约束力的协议来划分,博弈可被分成合作博弈和非合作博弈。具体来说,就是当相互作用的局中人就博弈过程制定了一个具有约束力的协议时,这个博弈就是合作博弈,如果局中人之间没有制定这项协议,那么该博弈就是非合作博弈。

若根据局中人行为的时间序列性来划分,博弈也可分为两类,即静态博弈和动态博弈。所谓静态博弈,指的是局中人同时选择所要采取何种行动的博弈,或者在博弈过程中,后做出选择的人不清楚先选择的人的策略而做出行动的博弈。所谓动态博弈,指的是局中人的行动有先后顺序,且后做出选择的人知道先做出选择之人的行动。在著名的囚徒困境中,局中人的选择是同时进行的,或在相互不知道的情况下进行的,属于典型的静态博弈。在我们常玩的棋牌类游戏中,后行者总是知道先行者选择的行动,属于动态博弈。

若根据局中人对彼此的了解程度来划分,博弈同样能分为两类:一类是完全信息博弈,在这类博弈中,每位参与者都能准确地知道所有其他参与者的信息,包括个人特征、收益函数、策略空间等;另一类是不完全信息博弈,在这类博弈中,每位参与者对所有其他参与者的信息不够了解,或者无法对其他每一位参与者的信息都有准确了解。

在经济领域,人们所谈论得最多的博弈是非合作博弈。一般来说,非合作博弈比合作博弈简单,其理论也远比合作博弈成熟。根据复合特征来划分,非合作博弈可分为四类,分别是完全信息静态博弈、不完全信息静态博弈、完全信息动态博弈、不完全信息动态博弈。其中完全信息静态博弈对应的均衡概念是纳什均衡,完全信息动态博弈对应的均衡概念是子博弈精炼纳什均衡,不完全信息静态博弈对应的均衡概念是贝叶斯纳什均衡,不完全信息动态博弈对应的均衡概念是精炼贝叶斯纳什均衡。

此外,若根据局中人的策略是有限的还是无限的,或者根据博弈进行的次数是有限次还是无限次,又或者根据博弈持续的时间是有限时间还是无限时间,博弈又可被分为有限博弈和无限博弈;若根据博弈的表现形式来划分,博弈还可被分为战略型博弈和展开型博弈。

博弈论是以数学为研究工具的理论方法。博弈论研究的第一步是透过现象看本质,即从复杂的现象中抽出本质元素,利用这些元素构建合适的数学模型,再利用这一模型对引入的、影响博弈形势的其他因素进行分析并得出结论。这与用数学研究社会经济的其他学科的研究方法如出一辙。

根据博弈元素抽象水平的不同,博弈可分为标准型、拓展型和特征函数型3种。在日常生活中,我们只需利用博弈的这3种表达方式就能解决许多社会经济性问题,由于它在社会科学方面的贡献以及它自身携带的数学性质,人们形象地称它为社会科学的数学。

博弈论是一门形式理论,它所研究的是理性局中人的相互作用。作为一个成熟的理论,其所具备的理论性质并不比其他学科弱。同样,在实际应用方面,它也不比许多学科逊色。它不仅在数学领域占有重要的地位,还应用于经济学、社会学、政治学等多门社会科学。

严格来说,博弈论是这样一个过程:它是个人或团体在一定规则约束下,依据各自掌握的关于别人选择的行为或策略,决定自身选择的行为或策略的收益过程。既然是一个计算收益的过程,定然与经济学紧密相关,它在经济学上就是一个十分重要的理论概念。

人们常说世事如棋,每一场博弈就像一个棋局,总是包含着变化与不变。若把世界看作一个大棋盘,每个人都是下这盘棋的人,人的每一个行为都是在棋盘中布下一颗棋子。在棋局中,棋手们会尽可能保持理性,精明慎重地走好每一步。棋手之间会相互揣摩、相互牵制,为了赢得最后的胜利,他们会不断变化棋势,下出精彩纷呈的棋局。从这个意义上看博弈论,它正是研究棋手们出棋招数的一门科学。每一次出棋都是一个理性化和逻辑化的过程,若再把这个过程加以系统化,就变成了博弈论。在错综复杂的相互影响之中,棋手们如何才能找出最合理的策略,这就是博弈论所研究的内容。

毫无疑问,博弈论衍生于下棋、打牌这些古老的游戏。数学家和经济学家们将这些游戏中的问题抽象化,同时建立起完善的逻辑框架,从而在一定的研究体系中探索其规律和变化。博弈论的探索不是一件容易的事情,即使最简单的二人博弈也大有玄妙:若在一场棋局中,棋手都是最理性的棋手,他们可以准确地记住对手和自己的每一步棋,那么一方在下棋时,为了能战胜对手,他就会仔细考虑另一方的想法;同样另一方在出子时也会如此考虑。与此同时,一方还可能考虑另一方在想他的想法,另一方也可能知道对手想到了他的想法,如此往复,问题会变得越来越复杂。这样的抽象问题会像重重迷雾遮蔽人们的双眼。博弈论要如何着手解决这些问题呢?它如何把现实问题抽象化为数学问题并求出其最优解呢?

它如何以理论的方式来指导实践活动呢？这些问题最先在美国大数学家冯·诺依曼那里得到解决。20世纪20年代，冯·诺依曼正式创立了现代博弈理论。1944年，现代系统博弈理论初步形成，其标志是冯·诺依曼与美国经济学家奥斯卡·摩根斯坦合著的《博弈论与经济行为》出版发行。冯·诺依曼解决了二人零和博弈的问题。这种博弈是一种非合作、纯竞争型的博弈。现实中的博弈案例包括两人下棋、打乒乓球等。在这种博弈中，一人赢就意味着另一人必然输，一人胜一筹，另一人必输一筹，两者的净获利相加始终为零。

将两人下棋的博弈抽象化后，就出现了这样的问题：若知道参与者集合、策略集合和盈利集合，如何才能找到其中的平衡？如何让博弈双方都感到最合理？最优解或最优策略是什么？怎样才算合理？在解决这类问题时，人们常会使用传统的决定论，并遵循其中的最大最小原则。具体来说，就是每一位参与者都会猜，为了让自己最大程度失利，对手会实行什么策略，并据此制定出最优策略。冯·诺依曼利用线性运算等数学方法成功证明了在二人零和博弈中可以找到一个最小最大解。利用线性运算，二人零和博弈的参与者就能根据对应的概率分布，随机选择最优策略中的步骤，使双方利益最大化或相当。这一博弈论的深层意义在于，所得的最优策略与对手在博弈中的操作没有依存关系。简言之，其理性思想就是"抱最好的希望，做最坏的打算"。

第二节　博弈论定律

一、零和博弈

零和博弈，作为博弈论中的一个概念，又称为零和游戏。生活中，下棋、扑克、乒乓球等比赛都属于零和游戏。我们可以将博弈看作两个人在下棋，不论是象棋还是围棋，在绝大多数情况下，其中的参与者总会有输有赢。假设我们提前设定好赢的一方可以获得1分，而输的一方自然要扣掉1分，即（-1）。在此情况下，双方的得分便是0。这便是零和博弈最通俗的概述，一方输另一方赢，那么整个游戏的总成绩便是0。

因此，零和博弈属于非合作博弈。即参与博弈赛局的双方，在严格遵守博弈规则的前提条件下，若是其中一方可以获得利益，也就意味着另一方的利益必然受损。所以，博弈双方的收益和损失之和永远为零，即博弈双方不存在合作的可能。

事实上，早在2000多年以前，零和游戏便被广泛应用于有赢家必有输家的竞争与对抗中。后来,这种"零和游戏"越来越受到重视,因为人们逐渐认识到实际生活中有很多与"零和游戏"十分相似的局面。与之相对的便是我们经常倡导的"双赢",能够在某种程度上保证双方达成"利己"但不"损人",并且通过双方建立合作、有效的谈判达到令双方满意的结果。当下,由于零和游戏的胜利者背后隐藏着失败者的辛酸和痛苦,所以零和博弈正逐渐被"双赢"所取代。

其实,不论是个人,还是国家,都在这个世界中进行着一场盛大的零和游戏。零和博弈理论认为,世界是一个封闭的空间,里面的所有机遇、财富、资源等都是有限的,当世界中的某个地区或者国家的财富或者资源增加时,也就意味着别的地区或者国家的财富或者资源在减少,这便像一种无形的掠夺。当我们对稀有资源进行大肆开采时,留给后人的就会越来越少……

虽然能够通过有效的合作或者谈判达到双方皆大欢喜的结果,但是从零和游戏走向"双赢"是一个比较复杂的过程,不仅需要参与竞争的双方真诚合作,还需要遵守整个"戏"规则,才有可能出现"双赢"的局面,若是不遵守这种规则,最后承担风险的还是参与者自身。

二、重复博弈

重复博弈是博弈论中比较特殊的博弈。顾名思义,重复博弈是将同种赛局或者结构不断进行重复,甚至无限次进行重复,其中每次博弈被称为"阶段博弈"。在每个"阶段博弈"过程中,前面的局中人的所有实际行为是可以被后面的参与者看到的,所以,在重复博弈的赛局中,每个局中人的行动和策略,都会不同程度地受到前面的参与者的决策的影响,甚至可以说每个局中人的选择都会依赖其他参与者的行为。

重复博弈是"动态博弈"的主要内容,一方面它包含完全信息(即掌握了某种环境或者状态下的全部信息)的重复博弈;另一方面它还包含不完全信息(即没有掌握在某种情况或者环境下的所有信息)的重复博弈。

事实上,当所有的博弈仅仅进行一次时,人们往往更加关心它的最终结果。假设博弈会重复进行多次,那么人们的注意力将会变成最终的收益,甚至会舍弃眼前的利益,只为获得更加长远的利益,进而根据情况做出不同的策略选择。由此一来,重复博弈的结果便会取决于博弈所进行的总次数,而这个总次数又会影响到最终博弈均衡的结果。

将重复博弈总结成 3 个基础特征:第一,在进行重复博弈的过程中并没有"物质"上的关联,简言之就是上一个阶段所进行的博弈,并不会改变接下来所要进行的博弈结构。第二,在进行重复博弈的每个阶段,所有的参与者都能够看到前面的参与者所做出的决策。第三,对于参与重复博弈的参与者而言,他们所获得的收益是在每个阶段所获得收益的加权平均数。

其实,影响重复博弈最终结果的因素,主要是重复博弈所进行的次数以及信息的完整性。在重复博弈中,所有的参与者受到长期利益和短期利益的影响,因此他们可能会优先考虑这两者哪个收益更高,从而做出一些带有舍弃性的决策。重复博弈所出现的选择的结果,清晰地解释了实际生活中出现的现象。然而,重复博弈中信息的完整性,能够影响博弈的最终结果的主要原因是,当参与博弈的人自身的所有信息都不被他人所了解时,那么他能够在整个重复博弈的过程中建立良好的声誉,借此他极有可能获得长远的利益。

三、囚徒困境

囚徒困境是博弈论的非零和博弈中最经典的一个例子,反映个人最佳选择并非团体选择。或者说在一个群体中,个人做出理性选择却往往导致集体的非理性。虽然困境本身只属模型性质,但现实生活中有很多鲜活的例子,诸如价格的竞争、环境保护,甚至是我们所面临的社交问题,都存在着不同程度的"囚徒困境"。

20 世纪 50 年代,囚徒困境首次被美国的梅里尔·弗勒德和梅尔文·德雷希尔提出,并拟定了相关困境的理论。随后,美国兰德公司的顾问艾伯特·塔克正式用"囚徒"的形式将其表述出来,而且正式命名为"囚徒困境"。

简言之,当两个共谋犯同时被抓捕入狱,而且不能互相交流时,若是这两个人互不揭发对方,便会由于无法找到确切的证据,并且根据实际情况对两人判处同样的罪行,假设会判刑 1 年。但是,若其中的一方选择揭发对方的罪行,但是另外一方选择沉默,法官可能会将揭发者从轻处置,或者出于揭发者提供的证据,将揭发者利益释放,而沉默的一方则会由于不配合警方的调查、揭发者提供的确凿信息随即立案,被判处 10 年。还有一种情况便是共谋犯互相揭发、指证,那么便会提供完整的证据,最后双方都判刑 8 年。由于囚徒无法信任对方,因此倾向于互相揭发,而不是同守沉默。这种情况,恰好印证了约翰·纳什的非合作博弈理论。

事实上,囚徒困境仅发生一次和多次的结果是不同的。假设囚徒困境是重复进行的,那么博弈便会在其中不断重复进行,这时所有的参与者都可以做出决策去"惩罚"前面那些不愿意参与到合作中的人,在这种情况下,便会产生所有的参与者想要合作的局面。那些参与此次重复博弈的人,便会主动放弃自身欺骗的动机或者行为,导致所有的参与者的决策都向合作靠拢,最终经过反复博弈后,所有的参与者极有可能从最初的互相猜忌转变为相互信任。

在囚徒困境中,所有的囚徒虽然选择了合作,而且不会向警察或者法官说出事实,还能为其他人带来利益,让所有人都无罪。但是当对方的合作意图并不是非常明显,或者无法确认时,出卖自己的同伙便能够让自己减刑或者立即释放,而且同伙可能也会为了自身的利益而招供出自己,在这种情况下,出卖自己的同伙是能够让自身的利益最大化的。

现实中,那些执法机构并不会用这种博弈的形式诱导罪犯说出作案的信息,主要是由于罪犯不仅会考虑自身的利益,他们还会考虑其他的因素,比如揭发对方之后,很有可能会遭到不同形式的报复,而且他们无法将那些执法者所设定的利益作为自己是否揭发对方的考量标准。

四、智猪博弈

智猪博弈是纳什理论中的一个经典例子,它是在 20 世纪 50 年代由约翰·纳什提出的。若一个猪圈里有一头大猪,还有一头小猪,在猪圈的一边有一个投放饲料的猪槽,与猪槽相对的另外一边则安放着一个可以控制猪槽投食量的按钮,假设我们按一下这个投食按钮,猪槽内便会出现 10 个单位的猪食,但是想要按这个按钮,则需要拿出 2 个单位的猪食作为成本。在此种情况下,假设大猪先走到猪槽边,它跟小猪的进食量之比为 9:1;假设大猪和小猪同时到达猪槽,它们的进食量之比则为 7:3;若是小猪先走到猪槽,那么它们的进食量之比则为 6:4。若是两头猪都非常有智慧的前提下,最终结果是小猪选择在猪槽边等待着。

其实,小猪选择在猪槽边等待,让大猪去按下食物投放按钮的答案一目了然。即当大猪去按下按钮时,小猪在猪槽边会获得 4 个单位的猪食,当大猪走到猪槽边时看似还有 6 个单位的猪食,实际上扣除按按钮所需要的 2 个单位的猪食,大猪最终得到的只有 4 个单位的猪食;若是小猪和大猪同时出发,同时到达猪槽,那么它们所获得猪食的比例为 1:5。

若是小猪选择按投食开关,大猪在猪槽边等待,那么当小猪达到猪槽边时,大猪已经吃下了 9 个单位的猪食,小猪只能获得一个单位的猪食,所以小猪最终的收益明显小于它选择行动的成本,这样计算得出小猪最后的净收益为(-1)单位的猪食。假设大猪也选择在猪槽边等待,那么小猪的纯收益将为 0,而且小猪选择等待的成本也是 0。由此看来,不论大猪是选择主动行动还是等待,小猪都选择等待的收益要高于选择行动所获得的利益,这便是小猪在此次博弈中的占优策略。

我们可以将小猪的这种方法称为"坐船",或者"搭便车",暗示人们在某些情况下,若是选择注意等待时机,将是一种明智之举,即,不为才能有所为。

智猪博弈告诉人们,当在博弈赛局中处于弱势的一方时,应该学会选择这种等待的占优策略。不论是在竞争中,还是博弈中,参与的双方都在绞尽脑汁让自己获得最大的收益,但是这也暴露了一个问题,假设对方与你具有同样的理性和智慧,那么他是否会选择和你同样的做法呢? 其实,博弈就是一场斗智斗勇的竞争。

五、斗鸡博弈

"斗鸡博弈"(Chicken Game)这个名词其实是一种翻译失误的产物,在美国口语中Chicken的释义代表了"懦夫",因此,它应该是"懦夫博弈",但是这种音译的失误并不影响我们对它的理解。

假设我们设定一个情景,即两个人狭路相逢。若是其中的一人想要主动行动,攻击对方,而另外一方则选择后退让路,在这种情况下,选择主动行动的一方便会获得胜利,即获得最大的收益。若是双方都选择退让,那么可以称为平局;若是自己一直主动出击,但是对方选择了退让,那么最后的获胜者就是自己,对方则成为失败的一方。还有一种情况就是,双方都选择前进,结果便是两败俱伤。相较这些不同的选择来看,最好的结果便是双方都选择退让,既不会两败俱伤,又不会让其中的某一方丢了颜面。

事实上,在这个博弈中,参与博弈的双方都是平等的主体,假设双方都选择主动行动,便相当于通知对方自身已经处在给对方最后的通牒,甚至可以说是相互威胁的状态。此博弈包含了两个纯策略的纳什均衡原理,即其中的一方选择主动前进,另一方则会后退;或者其中的一方选择后退,而另一方主动前进。只是在这两种决策中,我们不清楚哪一方会选择进或者退,简言之,双方的选择都是随机的,其中的所有选择背后的风险都是无法预料的。

其实,斗鸡博弈除了纯策略外,还包含混合策略均衡,即参与者的所有选择都是随机的,可能是进,也可能是退。但是,我们对于这类博弈更加关注它的纯策略均衡。任何一个博弈,若只有一个纳什均衡点,那么我们便能够轻易地预测出此博弈的结果,因为这个纳什均衡点就是已知的博弈的结果。反之,当一个博弈有多个纳什均衡点时,想要对博弈的结果做出预测,便需要我们了解其中的所有细节信息,诸如参与者究竟是哪一方选择了进,哪一方选择了退。根据这些额外的信息,我们才能对博弈结果做出判断。

六、猎鹿博弈

猎鹿博弈,最早出现在法国启蒙思想家卢梭的《论人类不平等的起源和基础》一书中,它又称为安全博弈、协调博弈,或者猎鹿模型。

猎鹿博弈源自一则故事,即在古代的一座村庄里,住着两个猎人。而这个村子里主要有两种猎物:鹿和兔子。假设一个猎人单独外出捕猎,只能捕到 4 只兔子;然而,如果两个猎人同时出动且合作就能捕到 1 只鹿。而站在填饱肚子的角度看,他所捕到的这 4 只兔子能够成为他 4 天的食物,但是 1 只鹿足以让他在 10 天内都不用外出捕猎。

由此一来,这两个猎人的行动策略就会产生两种博弈结局:第一种就是单独行动,不建立合作,那么每个人可以获得 4 只兔子;第二种是建立合作,共同外出捕鹿,则会获得 1 只鹿,保证两个猎人 10 天不用外出捕猎。因此,在这两种情况下便会出现两个纳什均衡点,即两个猎人单独行动,每个人获得 4 只兔子,并且每人能够吃饱 4 天;或者两个猎人建立合作,那么每个人可以吃饱 10 天。

显而易见,两个猎人建立合作获得的最终收益远远超过单独行动的利益,但是这便需要两个猎人在合作的过程中,个人的能力和付出是相等的。假设两个人中的任何一个人捕猎能力较强,那么他便会要求分得更多的利益,同时这会使另外一个猎人考虑到自身的利益,而不愿意参加合作。虽然我们都非常清楚合作双赢的目标,但是考虑到实际情况时,原因便十分明显了。若想在博弈中建立合作,便需要参与博弈的双方主动学会与对手建立良好的共赢关系,在保证自身利益的同时,也要考虑对方的利益。

七、蜈蚣博弈

蜈蚣博弈的提出者是罗森塞尔,它指的是这样一个简单的博弈,即参与博弈的两个人,分别命名为 A 和 B,提供给他们的策略只有建立"合作",或者拒绝"合作"(或者称为背叛)这两种可供选择的策略。若我们令 A 先做出选择,然后再由 B 做出选择,再轮到 A 做出选择……由此循环往复。我们设定 A 与 B 之间的博弈次数是有限的,即 100 次。假设此次博弈双方的支付给定如下:

合作合作合作合作……合作合作

ABABAB(100,100)

合作合作合作合作……合作不合作

ABABAB(98,101)

那么,在此前提条件下,A 与 B 又会做出何种决策呢?

其实,正是因为这个博弈的形状像极了蜈蚣,所以才被称为蜈蚣博弈。

通过上面的假设,能够发现蜈蚣博弈有一个极为特殊的地方:参与者 A 在进行决策时,他会考虑到此次决策的最后一次选择,即第 100 次选择;但是参与者 B 在进行决策时,会考虑第 100 次选择究竟是合作还是不合作,假设 B 选择合作那么他将获得 100 的收益,若是他选择不合作,则会带给他 101 的收益。

在这种情况下,即根据理性人的假定结果,B会选择不合作。但是从此次博弈的次数和顺序来看,是需要经过第99次选择,才是B进行第100次选择,若是A在第99次选择中,考虑到B有可能会选择不合作的情况,那么他的收益将会是98,而且小于B在选择合作时的收益,此时当博弈进行到第99次时,A的最优决策是选择不合作,因为这样的选择能够让他获得99的收益,要比选择合作时的收益高……

按照这种决策的选择情况进行推断,可以得出若是在进行博弈的第一步时A便选择了不合作,那么A和B所获得的最终收益都是1,这样的选择远远小于A选择合作时的收益。

八、酒吧博弈

酒吧博弈是在博弈论的基础上发展起来的一个博弈理论模型,简单来说这个理论模型如下。

假设有100个人都喜欢去酒吧消遣娱乐,而酒吧的座位是有限的,这就说明这100个人在周末时都会考虑究竟是去酒吧还是待在家中,假设所有的人都选择周末去酒吧,那么去酒吧的人就会感到不舒服,而这时他们会觉得待在家中要比去酒吧更好。若设定酒吧的座位数是60,恰好在周末的时候酒吧座无虚席,那么想要去酒吧的人便会有两种决策:一种是不去,待在家中,另外一种是去。那么,这100个喜欢去酒吧的人最终将会做何选择呢?

其实这些喜欢去酒吧的人,往往会受上一次酒吧人数的影响,进而产生一些人数上的浮动,久而久之便会形成一种持续性波动的情况。这是由切斯特·艾伦·阿瑟博士提出的,他的理论:假设每个想要去酒吧的人都是理性的,那么酒吧每天接待的人数几乎不会有过大的浮动。但是每个人都不是理性的。

后来,人们在他的这种研究之上发现了"神奇的60%客满率"定理,即当人们选择去酒吧时,最初的观察结果并未找到任何规律,但是通过长时间的观察发现,每次去酒吧的人数和不去酒吧的人数之比接近60:40。尽管这些人中的任何一个人都不能归属到经常去或者不去的行列中,但是不论这些人是否去,去酒吧的人数整体的比例基本上是保持不变的。但是人并不总能保持理性,当人们在第一次去酒吧时,若发现酒吧人数非常多,那么这种现象会成为他们下次选择的一个参考,他们会认为酒吧人数太多、十分拥挤、喧闹,但是少数人可能会选择去酒吧,这时他们发现酒吧的人数并不多,然后便会在下一次叫上自己的朋友一起去酒吧,由此一来循环便正式开始了。

从心理学的角度来看,最初去酒吧的那些人可能互相不熟悉,但是由于经常去酒吧而且能够遇见对方,久而久之便会由陌生人变成朋友,那么在这种情况下,便会由零散的个体变成一个大的群体,而这个整体中又会分支出小团体,而且这些小团体中的人,有一部分会占据主导地位,另一部分人会处在服从地位。这就意味着团体中的每个人的决策都会受到他人的影响。

九、枪手博弈

枪手博弈是指枪手甲、乙、丙3人相互怨恨,以决斗的形式进行一场博弈。

其中,甲的枪法最准,十发八中(命中率80%)。乙的枪法在甲之下,屈居第二,也能有十发六中的成绩(命中率60%)。丙的枪法最差,只能十发四中(命中率40%)。假设在3人都了解彼此实力并能理性判断的情况下,会出现以下两种情况:

第一,3人同时开枪,谁活下来的可能最大?

第二,若由丙开第一枪,随后轮流开枪,他会如何选择?

第一种情况:

第一轮:

甲:最佳的策略是先对准乙,因为乙的枪法比丙好。

乙:最佳的策略是先对准甲,因为3人中甲的枪法最准,这样,在乙丙两人中,乙活下来的概率更大。

丙:同样也会先解决枪法最准的甲,干掉甲后再考虑如何应对乙。

现在我们可以分别计算3人活下来的概率。

甲活:即乙和丙都未命中。乙的命中率为60%,那么未命中概率就为40%,丙的未命中率为60%。因此两人都射偏的概率为:40%×60%,甲活下来的概率为24%。

乙活:即甲射偏。甲有20%的未命中率,就相当于乙的存活率为20%。

丙活:根据上面的分析,在这一种情况下,没有任何人对准丙,因此丙最有可能活下来,他的存活概率为100%。

由此可以看到,在这一轮的决斗中,丙枪法最差但活下来的概率却最大。而甲和乙的枪法都远大于丙,存活率却都比丙低。当然,导致这种结果的前提条件是3人都了解彼此的实力。但我们都清楚,在现实生活中,这样理想的前提条件很难满足,难免会因为信息不对等而产生其他的结果。若甲选择隐藏自己的实力,营造一个枪法最差的假象,那么此时甲的存活概率就会大大提升。

第二轮:

第一轮过后,若甲乙中有一方打偏,那么丙既有可能面对甲也有可能面对乙,若都打偏,那丙将同时面对甲乙两人,或者甲乙皆死。

如果丙只面对甲或乙,那丙的存活率最低。

如果同时面对甲乙两人,则返回第一轮的场景。

如果甲乙皆死,那么无疑丙最终存活。

第二种情况:

由丙先开第一枪,那么可能如下:

丙射中甲:乙与丙对决,且只能由乙先开枪,丙会处于不利位置。

丙射中乙:同上,甲的命中率最高,丙的处境会更糟。

丙都未射中的话:甲乙都不会选择先射击丙,而是会在甲乙双方之间一决胜负,直至其中一人死亡,而这时就会又轮到丙。可以这样说,只要丙谁都不打中,在接下来的对决中他就处于相对而言最有利的位置。

十、警察与小偷博弈

在某个小镇上只有一名警察,整个小镇的治安全部由他负责。此时,假设这个小镇上的一头有一家银行,而小镇的另一头有一个酒馆;若这个小镇上只有一名小偷,那么由于他不具备分身术,所以当这个小镇上的警察在小镇的一头巡视时,小偷只能去小镇的另一头采取他的偷盗行动。

假想一下,当小镇的警察正好在小偷采取行动的地方巡视,便能不费吹灰之力地抓住小偷;若是小镇的警察的巡视方向恰好与小偷采取偷盗行为的方向相反,那么小偷便能在不被警察抓到的情况下成功偷盗。

此时,设定此小镇上的银行中需要保护财产的金额为 2 万元,而小镇的酒馆中需要保护的金额只有 1 万元。那么,警察应该如何采取巡视行动,才能将小镇的损失降低到最小呢?

警察最好的做法是利用抽签的方式决定去小镇的银行还是酒店。由于小镇银行中所需保护的财产是酒馆的两倍,因此用 1、2 号两个签表示小镇的银行,用 3 号签表示酒馆,这样一来,警察去银行巡视的机会将达到 2/3,而去酒馆巡视的机会将是 1/3。

在小镇警察的此种策略下,小偷的占优策略则要与警察相反,同样采用抽签的方式,与警察不同的是小偷用 1、2 号签表示去酒馆行动,而用 3 号签表示去银行,由此一来,小偷去酒馆行动的概率是 2/3,而去银行的概率仅有 1/3。

在此前提下,即警察和小偷都选择最佳占优策略时,我们将会获得一个十分有趣的结果,即警察和小偷成功的概率是相等的。(此处略去计算过程)

事实上，警察与小偷的博弈需要有双方一种混合型的策略和思路。简单来说，警察和小偷博弈与我们生活中经常玩的"剪刀、石头、布"游戏更加相似。在这种游戏中，并不存在纳什均衡，因为参与此游戏的每个人出"剪刀""石头""布"的情况都是随机的，而且游戏的参与者不会让对方推断出自己的策略，甚至自己在此游戏中的策略的倾向性。因为，当对方了解到自己的策略倾向时，自己便会面临极大的输掉游戏的风险。

其实，透过警察与小偷博弈中的混合策略均衡，可以看出博弈中的每个参与者并不会太过在意自己所做出的决策。实际上，当我们需要采取混合策略时，便要找到自己所要做出的策略方法，并且要让对手觉得你所做出的策略不会影响到他们。

这种方式似乎非常混沌，但它是前面所讲到的零和博弈的另一种随机转换。因为它要求参与者必须时刻保持警惕，稍微发现对方有违反规则的行动，便需要立刻采取决策并实施行动。若是对方的确做出了某种较为糟糕的行动，那便说明他们选择了最"愚蠢"的策略。

在警察和小偷的博弈中，不论是选择了混合还是随机的策略，都不代表参与者在做出行动时是盲目选择。这其中仍然包含着很强的策略性，博弈取胜的要点在于运用其中的偶然性，针对对方是否发现你的某些策略性行为做出及时应对，进而保证自己成功的概率。

十一、海盗分金

有 5 个海盗(记为 1、2、3、4、5 号)掠得 100 枚金币，决定以抽签的方式依次提出分金方案，并由五人共同表决。要想通过方案，必须有超半数的人同意才可以，否则这个人将会被扔进大海。这其实是一个博弈的过程，在分金的过程中，要想不被扔入大海，必须充分考虑其他人的利益，从而以最小的代价获取最大的收益。假设五个海盗都聪明绝顶并有足够理智的判断力，那么该如何进行博弈过程呢？

与其从前往后一个一个地想每个人会怎样选择，不如先把问题简单化，若只剩下最后两人的话，他们会怎么做呢？倒推来看，若 1、2、3 号都被投入海中，那么 5 号必定反对 4 号把一百枚金币全部收入囊中。因此，往前推理，4 号只有同意 3 号的方案才有可能保命。

3 号猜到这一点，就会采取(100、0、0)的分金方案，因为他清楚地知道即便 4 号一枚金币也分不到，也仍然会同意他的方案。

2 号猜到 3 号的策略，就会采取(98、0、1、1)的方案，因为 2 号只要稍微照顾到 4、5 号的利益，4、5 号就会向他投赞成票，而不希望 2 号出局让 3 号分配。因此 2 号最终会获得 98 枚金币。

1 号同样猜到 2 号的意图，就会采取(97、0、1、2、0)或者(97、0、1、0、2)的方案。对于 1

号来说,只要放弃 2 号,再分给 3 号一枚金币,给 4 号或 5 号两枚金币,这样他就可以得到三票,顺利通过方案拿到 97 枚金币。

当然,以上的分析是建立在一个理想状态上的,即海盗都很聪明并且可以理智分析。而在现实生活中,情况就和模型相去甚远了。

首先,假设 3 号、4 号或者 5 号有一人没能猜到其他海盗的方案,那么 1 号被投入海中的概率则大得多了。或者只要 1 号提出方案,2 号就许诺分配给其他人的金币比 1 号多一枚,这样一来,2 号就成了最大赢家。

这是在规则确定的情况下,但只要剩下的四人确定一个分配的新规则,将把握先机的 1 号先干掉,而后平分 100 枚金币,所得的利益会较之前更多。因此,在现实生活中,规则意识的重要性就显得尤为突出了。

如果我们扩大参加博弈的局中人数,同样是 100 枚金币,由 10 个人来分配(记为 1、2、3、……、10 号),有 50% 以上的同意票才可通过方案,否则将被投入海中。

推理过程同上,倒推如果只剩下 9 号和 10 号,那么无论两人提出什么样的方案,按照规则都将被通过。现在把 8 号考虑进来,8 号知道最后剩下两人的结果,那他会选择让步,只要拿出一枚金币来团结 10 号,他的方案就会通过,因为 8 号知道,只剩 9 号和 10 号时,10 号会一无所得,因此 10 号是他理想的团结对象。因此,8 号的方案就是(99、0、1)。再把 7 号考虑进来,既然关键在于 50%,那么他只要再拉一人同意即可。那么此时,9 号就成了他的最佳团结人选,7 号清楚地知道,如果让接下来的 8 号分配,那么 9 号一枚金币也拿不到。因此 7 号笃定 9 号会支持他。以此类推,6 号也会进行同样的推理,他会给在 7 号方案中得不到金币的 8 号和 10 号各一枚金币,来取得他们的同意票。由此,6 号的方案就成了(98、0、1、0、1)。

综上所述,推理到 1 号时,他的方案会是(96、0、1、0、1、0、1、0、1、0)。

原本最有可能出局的 1 号却可以抢占先机获得最多的金币,而 10 号相比最安全,却也只是能刚刚保住性命罢了。

我们再改变一下规则,前提不变,即所有的海盗都无比聪明并且可以保持理性。条件不变,5 人分金,共 100 枚金币,且同意的人数不少于一半时方案才可通过。

海盗们通过抽签确定自己的号码,推理方法同上。

首先,只剩下 4 号和 5 号时,4 号的方案就已经成为最终方案,因为无论 5 号同意与否,方案都可以被通过。此时 4 号的方案必定是(100、0)。

而 5 号因为在 4 号的方案中一枚金币也得不到,所以,只要在 4 号之前的人分给他的金币大于 0,5 号就会投出同意票。

对于 4 号来说，如果 3 号使 5 号获益，那么 4 号就会一无所得，因此他会让 2 号的方案通过，只要 2 号许诺给他大于 0 的收益。

到了 3 号这里，如果 2 号给 4 号一枚金币，那么 2 号的方案就会顺利通过，3 号也就没有任何收益了。因此，3 号会考虑到 1 号的方案，只要 1 号的方案里有 3 号大于 0 的收益，那么 1 号的方案就会通过，自己也不至于落得连一枚金币也拿不到的境地。

那么 2 号呢？因为只要有 50% 的同意票，他的方案就会通过，所以他的方案会是（99、0、1、0），以此来实现利益最大化，所以无论 1 号是什么方案他都不会投出同意票。

最后剩下 1 号，如他所想，2 号的同意票是注定失去的，而他只给 3 号、5 号各一枚金币就可以拿到两人的同意票，所以最终他的方案会是（98、0、1、0、1），获得自己的最大利益即 98 枚金币。

第三章　博弈论在现实中的意义和应用

第一节　博弈论的意义

博弈论的现实意义是广泛而深刻的,从一些现实中的例子就能看出。

在日常生活中,我们会在消费过程中经历大大小小的价格战。例如,我们在选购智能手机时,就能感受到智能手机领域的巨大竞争,各种品牌层出不穷,各种款式让人眼花缭乱,各种优惠活动令人应接不暇。卖家们为了提高销量,打出知名度,一而再再而三地压低价格,高配置低价格的手机越来越多。虽然这种价格战的最终受益者是消费者,但是在市场竞争上,或者说对于企业来说,价格战并不是什么好现象。

除了智能手机领域,各种家电的价格大战也不断上演。家电大战的受益者同样是消费者,每逢这种价格战时,人们似乎都会偷着乐。明明知道会亏本,为什么商家们还要不遗余力地压低价格,义无反顾地投入价格战呢? 这其实就涉及博弈问题。对商家来说,其目的是自身利益最大化。压低价格虽然会使自身利益暂时受到损害,但能够吸引更多的消费者购买产品,达到薄利多销的目的,同时也能打出品牌知名度,实现品牌价值增值。另外,低价销售还可以极大迎合消费者的心理需求,使消费者在购买本品牌产品后形成长期惯性消费,为企业的后期布局打下基础。

然而,商家之间的博弈是一种零和博弈,价格战一旦打起来,往往谁都没钱赚。博弈双方的利润之和正好是零,这意味着一方获利,必有一方受损。价格战的博弈永远不可能达到双赢或多赢的局面。价格战博弈属于一种恶性竞争,通常会导致多输局面,不过,其竞争的结果也会趋于稳定,达到一种纳什均衡。其结果可能有利于大多数消费者,但对企业来说却是一场灾难。因此,企业参与价格战无异于自杀。从价格战博弈中能够引申提出两个有价值的问题:第一,价格战达到纳什均衡后虽然是一个零利润的结局,但这个结局是有效率的,至少它不会破坏社会经济效率。第二,若企业之间不存在任何价格战,那么敌对博弈将会产生什么后果呢？这时，每个企业可能有两种考虑，它们首先可能考虑采用正常价格的策略，其次则是采用高价垄断策略。采用正常价格的结果是企业获利。如果每个企业都能在各自的领域内形成垄断，那么博弈双方的共同利润便会最大化。这时，它们通常会进行垄断经营，抬高产品价格。由这两种考虑，我们可以得出一个基本准则，即企业应该把战略建立在假设对手按照其最优策略行动的基础之上，或者假设自身处于利润最低的条件下，再制定应对策略。

实际上，企业之间的完全竞争所能达到的均衡是一种非合作博弈均衡，即纳什均衡。在这种稳定状态下，企业要销售产品，就会按照其他企业的定价来定价，消费者要购买产品也会参照各企业的定价来决定是否购买。企业的目标是实现利润最大化，消费者的目标是争取产品效用最大化。由于这是一种零和博弈，所以两者的利润之和是零。此时，企业所制定的产品价格就等于边际成本。企业之间处于完全竞争的状态时，非合作行为能保障社会的经济效率。如果企业进行合作并采用垄断价格，那么就可能影响社会经济效率。正是由于这个原因，世界贸易组织和各国政府才会反对企业垄断。

发展经济和环境污染是一对矛盾，一般来说，发展经济势必会造成环境污染。这种矛盾便造就了污染博弈。发展市场经济会带来污染问题，如果政府不加以管理，企业就会为了利润而牺牲环境。为了追求利润最大化，企业不会增加环保设备，为了生产产品而产生的污染物便难以处理，这将直接造成环境污染。若所有企业都坚持实施不顾环境污染，只为追求利润最大化的策略，就会步入纳什均衡状态。假设在这种状态中，一个企业愿意从利他的角度出发，购买环保设备，增加治理环境污染的成本，那么其总体生产成本也会水涨船高，成本一高，企业就会提高产品价格，导致产品失去市场竞争力，这样一来企业很难维持经营，甚至有可能破产。要打破这一魔咒，政府就要加强防污染管理，使企业在追求利润的同时也要兼顾环境保护。当所有企业都愿意在环境保护的基础上追求利润时，社会的整体效率就会提高，这又会反过来弥补企业在环保方面的投入，最后，不仅社会环境会变得更好，经济也能又好又快地发展。

除了价格战博弈论、污染博弈论，现实中还有一种博弈论值得人们深思，这就是贸易战博弈论。一个国家在国际贸易方面往往有两个选项：一是保持贸易自由；二是实行贸易保护。贸易的自由和壁垒之间也能形成一个纳什均衡，这个均衡的代价是高昂的，它会使贸易双方采取不合作策略，陷入永无休止的贸易战当中。贸易战一旦打响，必定会使双方的利益都受到损害，所以这是一个双输的策略。例如，A 国为了自身利益，采取进口贸易限制策略，提高关税，使出口国 B 的利益受到损害。B 国为了防止利益受损，以同样提高关税的方式进行反击，最终两国利益都受损。相反，如果 A 国和 B 国能够达成合作，形成一种合作性均衡，两国都遵循互惠互利原则，减少或免除各自的关税，这样一来，双方都能从自由贸易中获利，与此同时,全球贸易的总收益也会不断增高。

博弈论是现代社会一个热门的研究课题,它不仅存在于运筹学中,也存在于经济学中。近些年,它在学术界的地位越来越重要,许多诺贝尔经济学奖都与对博弈论的研究相关。事实上,博弈论并不是高高在上的学术话题,它所涉及的应用领域并不狭隘。在我们的学习、工作和生活之中,随处可见博弈论的身影,比如我们在学习时要与老师、同学博弈,在工作时要与上级、下属、客户、竞争对手博弈,在生活中要与家人、朋友博弈。博弈就在我们的身边,用博弈的方式去思考问题将会给我们带来不一样的思想体验。从某种程度上来说,博弈论意味着一种全新的思想或一种全新的理解分析的方法。

博弈论的重要性不言而喻,它能左右你的生活,实现你的价值。若你想成为一个对社会有价值的人,你要学习博弈论;若你想在商场上叱咤风云、获得成功,你要学习博弈论;若你想赢得生活,成为可以被人信赖的人,你也要学习博弈论。总之,博弈论已成为当今社会不得不了解、不可不学习的重要理论之一。

第二节　博弈论的应用

博弈论在现实生活中具体化的应用主要是在企业经营和管理中。

一、博弈论在企业经营中的应用

波特五力分析模型是由哈佛商学院教授迈克尔·波特提出的一项用于分析市场竞争和态势的模型。该模型中有一个特别有意思的概念,叫作潜在进入者的危险。我们知道市场类型主要有四大类:完全竞争市场、垄断竞争市场、完全垄断市场和寡头垄断市场。各大行业市场中多数是垄断竞争市场。垄断竞争市场遵循优胜劣汰原则,有新企业进入市场,也有旧企业退出。于是现有企业与新进入企业之间就产生了博弈,两者的博弈取决于资源控制、企业市场优势、规模经济效益等因素。

如果你是现有市场中的行业垄断者,为了防止潜在竞争者进入市场,你会采取怎样的策略呢?

你可以用以下几个博弈策略来保障自身利益。

(一)策略一:扩大生产能力

垄断者对潜在进入者实行威胁策略,目的是为了防止他们进入市场。但要达到目的,这种威胁要具备可信度,这主要取决于垄断者的承诺。为此,垄断者要研究让威胁变得可信的条件是什么。一般来说,若垄断者不实行这种威胁,他就会遭受更大的损失。实行威胁策略需要承诺行动,这就意味着要付出成本,而空头威胁无任何成本,所以这种"威胁"无法有效阻止潜在竞争者进入市场。企业发一个声明进行自我标榜或宣称将要做什么是非常容易的,但它们很难带来实质性的效果。因此,垄断者必须采取具有较高成本或要付出较高代价的行动,他的威胁才能变得可信。

(二)策略二:保证最低价格

保证最低价格就是要限制性定价。若潜在进入者的产品定价是 A,那么企业只需要将产品定价低于 A,就能防范其进入市场。如某家电商家以低价出售一批高端配置电脑,并承诺在未来一周内若其他商家以更低价格出售相同商品,就会退还全部差价并按照差价额的 20% 予以补偿。例如,一个消费者在该商店用 10000 元购买了一款电脑,3 天后,其他商店相同的电脑指定价 5000 元,那么这个消费者就能向原商家申请补差价和赔偿。它不仅能获得 5000 元的退款,还能获得 1000 元的补偿。

假设一个企业面临一个存在两期的市场,会做出以下选择:

第一期定价 100 元,并以垄断高价获利 20000 元。潜在企业见到该行业有利可图就会选择在第二期进入市场。当两大企业都售卖相同商品时,其价格会降为 50 元,利润变为 10000 元。于是,该企业两期市场总共获利 30000 元。

为了防止潜在企业进入市场,该企业在第一期制定低价 60 元,获利 15000 元,潜在企业进入市场后,价格降为 30 元,两个企业的利润都为 0 元。

潜在企业不会在该企业制定低价后进入市场,因为它明白即使进入第二期市场,其利润也是 0 元。这样该企业就能确保在第二期制定一个垄断高价 100 元,因此其两期总利润为 35000 元。

企业的最低价条款可以使消费者在未来一周内不因商品降价而后悔购买商品,这不仅是对消费者的一种承诺,也是对竞争者的一种警告。商家向消费者的承诺一旦公布便不得不实行,否则就会受到法律的制裁,这就保证了该承诺具备了绝对可信度。同时,商家对其他商家发出的不要降价竞争的威胁也会达到其预期效果。

(三)策略三:掠夺性定价

企业把产品价格制定为成本价以下,让潜在竞争者认为无利可图,从而打消其进入市场的可能。这样一来,就能达到驱逐其他企业的目的。而当竞争对手被驱逐到市场外后,企业就能利用自身在市场内的垄断地位回调价格,并以垄断高价弥补前期的损失。掠夺性定价也可称为价格报复策略。限制定价针对的是还未进入商场的潜在竞争对手,其目的是以一段时间内维持低价来打消潜在对手进入市场,而掠夺性定价针对的是即将或已经踏入行业市场的新企业,例如你在新企业进入时扩张产能,使行业的产能过剩,并以超低价竞争,往往就能防止新企业进入。

（四）策略四：广告战博弈

在商业圈内，优秀的商品不计其数，有些商品看起来其貌不扬，只有真正使用过后，人们才知道它的价值如何、质量如何。企业家们形象地将这类商品称为经验品。如果一个企业的产品质量堪忧，那么它一般不会去做巨额广告，因为低质量经验品很少能吸引回头客，它明白自己没有强硬的筹码去博弈。那些能生产出高质量经验品的企业才是巨额广告的金主，这些企业的底气在于高质量经验品往往能吸引大量的回头客。

古诺模型和伯川德模型是用来描述企业之间产量竞争博弈、价格竞争博弈的有效模型。无论从宏观层面还是从微观层面，博弈论对企业制定竞争策略都有指导意义。在当今激烈的市场竞争中，利用博弈论思想来经营和管理企业越来越受到企业家们的青睐，商业博弈的艺术不仅能带来名誉，还能带来切实的利益。

二、博弈论在企业管理中的应用

市场经济的发展促使商业竞争日益加剧，在现代企业的经验决策中，博弈论的地位日益提高。行业内大大小小的企业之间都存在竞争，但主要表现在为首的几大企业或集团之间的对抗。这些竞争都能归结为博弈问题，若企业能运用博弈论模型进行决策，将会使决策变得更加合理。

为实现自身利益的最大化，企业要根据市场情形做出最优决策。很多企业会在做出决策行为之前热衷于进行市场调研，不同的市场情形会带来不同的决策。例如，企业在完全竞争市场和寡头市场中所做的决策往往是不一样的。在完全竞争市场中，若一种商品的市场价格是给定的，企业就会根据该价格进行博弈模型的计算，从而决定生产多少产品和向市场供应多少产品，但在寡头市场中所遇到的情况就会复杂很多。企业所要面对的市场信息是不完全的，面对各种强大的竞争对手，企业的决策能力有限，但是市场时效性又会逼着企业做出决策。不过，企业可以在这种情况下做出3个合理假设：

第一，使自身成为理性的经济人，一切行动都要以利润最大化为出发点。

第二，要以他人的生存为自己的决策前提，不能盲目做出决策。与他人建立相互依赖关系或合作关系，使决策能对其他主体产生影响，同时其他主体的决策也能影响自身的决策。

第三，建立寡头市场情态。若行业内只有少数几家企业，则每个企业的市场份额就会变大，在竞争对手较少的情形中，每个企业的行为都会产生较大的相互影响，其中的决策就会充满博弈色彩。

企业在决策过程中要充分考虑均衡问题。在企业博弈中，每一个理性决策者都要在其他参与者反应的基础上来确定自己的理想行动方案。若每一个参与者共同产生的结果是均衡的,那就说明局中人的策略组合是最优的。这个均衡的结果既不意味着每个局中人能获得最大化利益,也不意味着整体能获得最大化利益,它只是一种给定条件下的必然结果。若这个均衡被一方打破,它就可能获得一个更差的结果。近年来,博弈论越来越受到商业界人士的重视,通过调整决策达到合作共赢逐渐成为市场的主流。

如果没有博弈论的研究成功,人们对现代社会竞争和冲突这些现象的理解将处于一个非常浅薄的阶段。正是有了博弈论的研究结果,我们才能受到启发,在现实生活中努力寻求合作共赢。

企业是社会的重要组成单元,要想构建和谐社会,企业需要承担起相应的责任。企业要想实现和谐的目标,就需要以服务社会为宗旨,以公平诚信为原则,以安全环保为基础,以协调有序为保障,以依法治企为根本,以科学发展为目标。这就要求企业建立一个长期有效的协调机制,实现内外环境的和谐,将企业效益和社会效益相统一,从而使企业获得可持续发展。

市场经济中的每一方都在为自身利益而奋斗,不管个人还是企业都会在各自所在的环境中进行大大小小的博弈,而在博弈当中,冲突和矛盾是难以避免的。

随着社会企业现代化进程的加快,企业分工、员工收入、社会保障等诸多领域的矛盾越来越多,越来越复杂,忽视差距和矛盾,否认博弈的现实只能让问题变得尖锐化,所以无论企业还是个人都应该客观看待差别,正视现有的矛盾,用博弈的思路和合作的方式来面对未来。

那么,在博弈中,什么是各方达成协议的基础呢?没有规矩不成方圆,任何情况下都有规则的约束。所以达成协议的首要基础是规则的透明,它也是人们互相信任的首要条件。除了规则透明外,诚实守信也是合作的基础。对政府管理者来说,保证公开、公正执法是取得人民信任的前提;对企业管理者来说,取得员工的拥护和信任是实行企业决策的前提;对竞争企业来说,讲求诚信、公平、公正,才能在行业内立得住、站得稳。若规则不透明,就会产生信任危机,管理者就不能与群众或员工达成共识,社会或企业就不可能向着和谐、稳定迈进。

企业之间的和谐要建立在合作共赢上。作为博弈的参与者,各企业要达成协议,需要各方面都能接受,而不一定要求各方利益均等。在实现和谐的道路上,企业要制定合理的制度用以解决问题,而制度的建立需要利用科学的手段才能实现。企业之间一旦达成合作,就要约束好自身行为,不能想怎么样就怎么样,共赢是双方共同的目标,也是合作的最终目的,它能引导和督促双方向着共同的利益迈进。如果不能保障各方共赢,合作就会产生裂缝,背叛的一方就得不到各方的支持,企业也就无法达到和谐、稳定的状态,甚至还可能导致严重的问题。

在博弈中,经济利益只是构建和谐的部分因素,却不是全部因素。人文因素也是构建社会和谐的基石。企业管理者要多与员工沟通,多了解他们的非经济需求,体现人文关怀,这对促进社会和谐同样非常重要。

第四章　博弈的规律以及与
经济管理的关系

第一节　博弈中合作的过程

　　罗伯特·阿克塞尔罗德在静态群体中研究博弈论，最终得到的最优策略是一报还一报策略。那么作为获得最高分的策略，一报还一报策略在动态群体中是否也是最优的呢？假设博弈的参与者们是一个动态进化的群体，那么其中是否会产生一报还一报的合作者？他们是否能发展和生存下去呢？一个生物群体是倾向于进化成相互合作的群体，还是倾向于进化成不合作的群体呢？假如所有的成员在最初都是不合作的，那么他们是否会在生存发展的道路上进化成相互合作的呢？罗伯特·阿克塞尔罗德提出了这些有深度的问题，并运用生态学原理进行了他的第三次实验。

　　罗伯特·阿克塞尔罗德首先假设参与者组成的群体是动态进化的，他们会一代接着一代发展进化下去。接着，他又制定了进化的规则：第一，所有参与者在进化的过程中都会有试错行为。参与者在一个陌生环境中不知道该怎么做，他只能不断进行尝试，若某种尝试后的结果是好的，他就会照着这个尝试的方法继续做下去。第二，参与者之间会有遗传现象。如果一个人本身是爱合作的，那么他的后代就会拥有更多的合作基因。第三，每一个参与者都具备学习性。对参与者来说，对局过程也是一个相互学习的过程，比如一报还一报策略优秀，参与者就会学习这种策略。

　　在第三次实验中，罗伯特·阿克塞尔罗德规定，参与者在第一轮得分越高，其在第二轮中所占比例就越高，之后每一轮以此类推。这样一来，群体的结构就会随之改变，通过最终的结果能够分析出群体进化的方向。最优的一报还一报策略最初只占群体总份额的1/63，进化1000代后，其份额占到了总体的24%。不过，也有一些参与者在后代中所占份额是逐渐下降,甚至完全消失的。前15名参与者中唯一不善良的参与者,其策略是先合作,若对手一直选择合作,他就突然尝试一次不合作;当对手立刻报复它时,他又立刻与其合作;若对手继续合作,它又会突然背叛。这个不善良参与者凭借他最开始的分数优势在接下来的进化中有着一定的发展,但等到一些程序消失时,它在群体中所占的比例便开始下降了。通过对这样的合作系数的测量,可以得出结论——群体中的合作是逐渐扩大化的,或者说,群体是向着越来越合作进化的。

罗伯特·阿克塞尔罗德的进化实验说明了这样的道理:优秀的策略总是建立在别人成功的基础之上的。虽然一报还一报策略在两人博弈中无法获得超越对手的分数,利用这个策略最多和对方打个平手,但是对于团体来说,他所得到的分数却是最高的。一报还一报策略能够使参与者稳定地生存下去,这是因为他总能让对手获得高分。而前15名中那个不善良参与者总是让自己得到高分,使对方得低分,他总是把自己的利益建立在别人的损失之上,即使他能在一段时间内继续生存,但当那些失败者被淘汰之后,这个成功者也会被淘汰。

如果把坚持一报还一报策略的参与者放入一个极端自私自利的群体中,他是否能生存下去呢?如果得分矩阵是一定的,未来的折现系数也是一定的,那么由此可以计算出只要该群体中有至少5%的成员坚持使用一报还一报的策略,那么这些"善良的"合作者就能一直生存发展下去。更为有趣的是,只要这些合作者所得分数高于群体平均分,他们在群体中就会逐渐壮大,直到取代整个群体。从反向来看,即使不合作者在一个群体中占有较大比例,他们也不会在未来的进化中一直增长下去。这说明社会群体是向着合作方向进化的,且这个进化的大方向是不可逆转的,随着群体的发展,他们的合作性会越来越大。毫无疑问,这是一个十分鼓舞人心的结论,罗伯特·阿克塞尔罗德用这个结论成功地解决了与"囚徒困境"相同的难题。

罗伯特·阿克塞尔罗德的研究揭示了合作的必要条件:第一,博弈要持续进行下去,参与者在一次或几次的博弈中是找不到合作动机的;第二,决策者要对对手的行为做出回报,这个回报可以是好的,也可以是坏的,若一个人永远选择合作,那么是不会有太多人与他合作的。

合作性的提高第一是要建立在持久的关系上,爱情很美好,但恋人之间的合作也需要建立在婚姻契约上才能长久。第二,每一个想提高合作性的人都要提高识别别人行动的能力,如果你连对方是否合作都搞不清楚,你便没法对他的行为做出回报。第三,要说到做到,信誉第一,若别人在比赛的某一回合对你采取不合作策略,你承诺在下一轮比赛中也不与他合作,就一定要做到,让别人知道你是个不好惹的人,就不敢不与你合作。第四,避免一次性对局,能多次完成的对局要尽量分步完成。这样做的好处在于可以使对弈双方长久地维持关系,如此才有合作的可能,比如在贸易谈判的过程中尽量多步骤进行,这样可以一步步敦促别人与你合作。第五,对于别人的成功不要嫉妒,对于别人的失败不要落井下石。第六,不要主动背叛别人,避免成为罪魁祸首,成为众矢之的。第七,不仅要对合作予以回报,也要对背叛进行回报。第八是不要贪小便宜,不会有人与耍小聪明占别人便宜的人合作。

通过对博弈论中合作问题的研究,罗伯特·阿克塞尔罗德发现了两个规律,第一,合作不仅能发生在友人之间,也能发生在敌人之间。在博弈中,友谊不能保证持续的合作,因为它不能作为合作的必要条件。而如果敌人之间能在持续的关系中满足相互回报的条件,他们也能进行合作。举例来说,在第一次世界大战中,德军和英军交战时遇到了连续的阴雨天气,结果在 3 个月的交战中,双方达成了一种默契——不攻击对方的粮草,直到大反攻时才决一死战。所以,友谊不是合作的前提,敌对不代表不会合作。第二,不能把预见性看作合作的前提,低等动物之间可以进行合作,甚至低等植物之间也能进行合作,这些生物并没有预见性。然而,人类是有预见性的动物,若在了解合作规律的情况下,人类的这种预见性可以加快合作的进程。所以,这个时候预见性和学习都是有用的。

阿克塞尔罗德在研究如何突破囚徒困境时,引入了合作概念,他不仅继承了传统的数学化方法来实行这一研究,还与时俱进地借助计算机化的方法将这项研究提高到了一个全新的境界。就如何突破囚徒困境,他给出的证明是令人信服的,至少很少有博弈专家能雄辩过他。他用计算机模拟整个博弈过程,得出了一些惊人的结论,他让人明白了,总得分最高并不意味着在每一次博弈中都要拿到最高分。

从社会学的角度来看,阿克塞尔罗德得出的最优的一报还一报策略是一种互惠式利他。参与者施行这一策略的动机在于个人私利,不过最终的结果却是博弈的双方都能获利。这种策略几乎覆盖了人类的整个社会生活。人们常常通过送礼和回报的方式来进行交流与合作,这似乎早已成为一种生活秩序,即使相互隔绝、无法用语言交流的人群也很容易理解这种秩序。例如,哥伦布在发现美洲大陆后,最初与那里的印第安人交往的方式就是互赠礼物。无偿捐款看似是一种纯粹的利他行为,但这种行为也可能间接地得到回报,比如它能为捐款者赢得社会声誉等。这些有趣的行为蕴含了生活的哲理,它们能帮助我们理解社会生活,具有非凡的意义。

增加囚徒困境的参与者,将它扩展成多人博弈,就能引申出一个更广泛的话题,即社会资源悖论。地球上的资源是有限的,人类所能分配使用的资源也是有限的。人们都希望从有限的资源中多分一些,这就导致了利益纷争,个人利益与群体利益的冲突早已屡见不鲜。利用"社会资源悖论"可以解释许多现实问题,比如资源危机、交通堵塞、人口问题等。解决这些问题的方法在于建立规则,控制每个人的行为。

不过,阿克塞尔罗德的研究是建立在相对理想的假设基础之上的,这使得相关的研究难免会与社会脱节。在阿克塞尔罗德的研究中,他假定了个体之间的博弈完全不存在差异,而现实生活中这种个体之间的公平是难以达到的。在现实生活中,参与博弈的人可能存在着实力上的差异,当两者相互背叛时,可能是强者得 3 分,弱者得 0 分,而不是两者每人得一分。这样一来,弱者对强者的报复不起作用,报复也就丧失了意义。假如博弈双方的实力确实旗鼓相当,但一方存在赌徒心理,认定自己比对方实力更强,只要采取背叛就能占得便宜,那么在这样的情形中,阿克塞尔罗德的得分矩阵就是不适用的。若这种赌徒心理不断蔓延,势必会引发许多零和博弈,这也是现实中经常会有的情况。所以,阿克塞尔罗德的研究还能根据这些特殊情况继续改进。

有不少人支持阿克塞尔罗德的一报还一报结论,但也有人对他的观念产生了质疑,比如阿克塞尔罗德坚持认为合作不需要信任,也不需要预期。人们习惯根据对手之前的策略来安排战术,合作者希望识别与其产生相互作用的个体和历史,以便根据预期做出反应。在复杂的环境中,信任可能促成合作,或者成为合作的必要条件,但将预期和信任反映于计算机程序是有待研究的。

现实生活中存在的博弈大多数是一次性博弈,这种博弈引发不合作是常有的事情。重复博弈的例子很少或很难实现,参与者在遭到背叛后往往没有机会给予反击,甚至毫无还手之力,比如核威慑、资本实力悬殊的违约行为等。这时就要引入法律手段,用法律的惩罚来取代一报还一报,实现依法治国,以法律促进合作。

第二节　博弈论与经济管理学的关系

一、博弈论与管理学之间的关系

(一)博弈论在管理学中的重要性

博弈论除在经济理论上具有极其重要的作用之外,在管理学的理论与应用上也极为重要。博弈论的理论与模型在现代企业经营中的成功应用,是现代企业、公司经营成功的重要原因。《财富》杂志表明世界五百强企业中,有40%的大公司都认为他们的成功归功于公司管理中对于博弈论的巧妙运用。

（二）应用案例简析

那么,本书也就企业管理为例对博弈论的应用做简单分析。

假设一个行业垄断者,企业甲获利 200 百万元。一个潜在进入者,企业乙正考虑是否进入市场,但企业乙要进入市场,就必须投资 80 百万元的固定成本建厂。如果企业乙确实进入了市场,企业甲有两个选择。企业甲可能通过保持产品的高价容忍潜在进入者并与它分割市场。在这种情况下,企业甲获利 100 百万元而企业乙获利 20 百万元。然而,企业甲可能选择增产降价对抗企业乙的进入,在这种情况下,它需要追加投资 50 百万元以增加生产能力。增加的产量可以使企业甲的销售额提高 20 百万元,而使企业乙的销售额减少 30 百万元。

因此,企业甲的利润是 70 百万元,企业乙的利润是 -10 百万元这个博弈的逆向归纳法解是:企业乙进入市场,企业甲将选择容忍。虽然企业甲可能威胁企业乙:它的进入会遭遇一场价格战。但是这种威胁是不可信的,因为一旦企业乙真的进入,履行这个威胁将违背企业甲的自身利益。企业甲怎样做才能阻止企业乙的进入? 在这个博弈中,它确实无计可施了。

企业甲需要做的是改变这个博弈。要有效地阻止企业乙的进入,企业甲必须采取措施,使得在企业乙进入后价格战成为最优的策略。企业甲可以在企业乙进入前就投资 50 百万元增加生产能力。这个新博弈有一个与原有博弈不同的均衡。企业甲在乙进入前就作出了不可逆转的 50 百万元的投资。一旦企业乙进入,如企业甲闲置增加的生产能力容忍企业乙的进入,它的利润只有 50 百万元。但是如果它动用增加的生产能力生产和倾销更多产品,它的利润是 70 百万元。所以,企业甲在企业乙进入后进行价格战就是它的理性行为了。一旦企业乙认识到这一点,它将选择不进入市场。结果,在这个新博弈中企业甲成功地阻止了企业乙的进入。

二、博弈论与经济管理之间的关系

世事如棋,随着现代经济管理,尤其是企业管理的日趋个体化,市场竞争的逐渐加剧与升级,博弈论的参与便成为必然,从 1970 年,博弈论在经济学的各个领域便开始展现异彩,直到 1994 年纳什、泽尔腾和哈桑尼 3 位博弈论先驱者荣获诺贝尔奖,标志了博弈论在经济学中地位的正式认可。

著名经济学家泰勒尔曾说过"正如理性预期使宏观经济学发生了革命一样,博弈论广泛而深远地改变了经济学家的思维方式。"显然这种概括现在看来是正确的。从当代经济学的观点来看,经济学是研究人的行为的科学,即研究理性人的行为。在传统的新古典经济学看来,经济学的研究主要是围绕价格理论,所以人们又习惯地把它称之为价格理论学。但是,这种理论研究是建立在两个前提下的研究:一是完全竞争市场的存在,即市场上存在着众多买者与卖者,任何一个买者与卖者都不能单独改变市场的价格;二是市场参与者间的信息是对称的,不存在不对称的现象。现在看来,这两个假设显然不符合实际。那么,在现今复杂的市场机制下,我们该如何立于不败之地呢?我们可以把博弈论与经济管理二者有机结合。

第二篇／ 纳什均衡的应用

第五章　产权与效率中的纳什均衡

本章的讨论涉及公共资源的利用和科斯定理。在日常生活中,人们都有这样的体验,但凡一种资源是公共所有的,就都存在过度利用或利用不足的现象,比如公家的自行车、居民楼道的路灯。最典型的例子是公共草场的过度放牧、公共河流湖泊的过度捕捞和森林过度采伐等。对于公共资源的这种过度利用,有许多学者提出过多种多样的解释。对于经济学家来说,大多数人会认为相对于人类的需要而言,公共资源的稀缺性及稀缺资源缺乏良好定义的产权是造成过度利用的主要原因。这种与缺乏良好定义产权相联系的公共资源利用问题在我们的经济生活中广泛存在,特别是在环境问题中最为普遍。我国西部地区资源开发中所出现的滥采滥伐问题、过度放牧问题,其最根本的原因是资源产权没有良好界定。

科斯定理是诺贝尔经济学纪念奖获得者、芝加哥大学的罗纳德·科斯在1960年写的题为"社会成本问题"的论文中提出的观点的总结,科斯并没有把他的分析叫作科斯定理,科斯定理是另一位诺贝尔经济学纪念奖获得者乔治·J. 斯蒂格勒命名的。在"社会成本问题"这篇文章中,科斯通过交易费用的引入,讨论了不同的制度安排与不同资源配置效率之间的关系,特别是不同的产权安排和公民责任法则在决定资源配置中的作用。实际上科斯的一些观点在1776年亚当·斯密出版的《国富论》中就已经提到,在某种意义上,科斯定理只是亚当·斯密关于看不见的手的定理的重新表述。简单地说,科斯定理说的是,如果对有效的讨价还价没有法律或策略上的障碍,且如果产权是良好定义的,那么人们总能通过谈判达成帕累托最优的结果。进一步说明,公民责任法则(产权的确立)将对经济资源配置没有影响,而只影响收入的分配。然而一旦认识到讨价还价可能不是有效的,产权的建立可能影响行为和资源配置。因此,产权的作用成为效率问题的中心。

在本章中,利用两个简单的例子,用博弈论的方法来分析公共资源的配置是否能达到帕累托最优和科斯定理条件下资源配置是否最优。在第一个例子中,产权未被良好界定。在第二个例子中,产权被良好界定。第二个例子中又分两种情况讨论,一是讨价还价无成本地进行;二是讨价还价有成本。

第一节 产权与资源开发

一、资源产权制度

产权是一种通过社会强制而实现的对某种经济物品的多种用途进行选择的权利。从产权理论看,商品实际上是一组权利束,它们包括:商品的使用权;利润的保留;改变商品形式和实体的可能性;以及卖出或者把商品让与其他人的权利。

通过获得一种商品的产权,处置商品的权力被转移。因此,商品的价值取决于与之相关联的产权束,因而,在个人间转移的不是商品而是权利束。对商品所有者重要的不仅是商品的技术特性,还有与使用者相联系的权利的种类和范围。有学者用"有效商品"描述此种范围。这种商品观考虑了所有权和控制之间的实质性的不同,这种区分在产权分析中起着重要作用。

Bromley 把产权的特征描述为:"产权不是目的而是一种社会关系,它界定了产权持有人有某种价值(收益流),而所有其他人没有此种收益流。权利不是我和一个目的之间的关系,而是我和其他人相对于目的之间的关系。产权是对收益流的一种要求权,国家将同意通过权责的安排保护,以免其他渴望或者在某种程度上妨碍此种收益流的人干预。"因此,产权不仅仅指的是商品的所有权而且还包括个人可对资源实施的各种控制,包括处置权力和货币要求权,因而产权超过了制度法则,制度法则定义了谁被允许利用和控制一种商品,从而获得由此产生的收入,因为它包括合法地把成本转移给其他人。

要考查产权理论,就必须考虑权利只有在权威制度下才存在,因为它们的所有者就不能实施它们。如果人们没有责任尊重产权,权利对其他人就没有任何的重要性。因而产权的所有权和控制权的分离的特殊问题在分析产权时就起着重要作用。由于交易成本或者使用的法律和文化限制,完全定义的产权就可能受阻,这在规范意义上产生于传统或者法律。交易成本越高,规范的限制越多,产权的"稀薄"就越大。高度稀薄对应着外部性的低私有化,结果商品和劳务的配置就是次优的。

根据 Bromley 的研究,一种产权制度或者结构可被解释为一种社会人造物,目的在于实现稀缺资源的有效配置。允许管理资源的结构由一束明显或者隐含的权利和责任组成,它体现了个人间对于此种资源的关系。据此可区分出 4 种类型的产权制度。

（一）国有产权制度

在国有产权制度中，国家控制和拥有资源。允许社会成员在公共法则下利用资源。因为成员受政府控制，资源的使用权和所有权显然是不一致的。

（二）私有产权制度

属于个人的产权即为私有产权，它可以转让，以换取对其他物品同样的权利。在私有产权制度中，物品的所有者有排他性的个人产权，例如对于一片土地，他能够排除其他人利用该土地。与国有产权制度相反，这里物品的所有者和使用者是一致的。私有产权的有效性取决于对其强制实现的可能性及为之付出的代价，这种强制有赖于政府的力量、日常社会行动以及通行的伦理和道德规范。

私有产权是给予人们对物品的那些必然发生矛盾的各种用途进行选择的权利。这种权利并不是对物品可能用途施以人为的或强加的限制，而是对这些用途进行选择的排他性权利分配。人为的或不必要的限制不是私有产权赖以存在的基础。之所以如此，还由于这些限制一般只是针对某些人而实行的，在对其他人没有必要限制的活动中，如果不对这些人加以限制，他们就会取得一种"合法的垄断"。

根据私有产权，任何双方同意的契约条款都是允许的，它们并不是都必须得到政府强制力的支持。当契约条款是属法律所禁止的，则私有产权就要遭到否定。一般而言，这些限制减少了私有财产、市场交换和契约作为调节生产与消费以及解决利益冲突的手段的力量。

（三）共有产权制度

共有产权制度的特征是对物品或者资源的共同所有。在本质上，共有产权是一个共有组织的"私有"产权。它与别的私有产权不同，它不具备产权利益的匿名可转让性。一个共有组织的成员，只有取得其他各成员或他们的代理人同意，才能将共有组织的权益转让给他人。一个单独的成员不能排他性地按自己的意志利用物品的某一部分，成员对物品的使用要受到对权利和责任的一致同意的约束，共有组织有把非成员从物品的利用中排除的可能性。公共草场、公共鱼塘和公共灌溉系统是共有产权制度的经典例子。

（四）开放进入

并非所有的资源都能由上面的产权制度实行令人满意的控制。有的资源向每个使用者开放，允许他们自由进入，这就是所谓的开放进入。在开放进入的情况下，资源的利用没有法律的限制，即没有产权被确认。之所以有开放进入，要么是排他的不可能性，其他产权制度的暂时失灵，要么是失去管理资源的需要。因为没有产权，资源的利用是以先到先利用为基础的。由此,显然开放进入即无限制的进入和共有产权制度不同。产权总是与所有者和非所有者的权利和责任相联系的。对于没有被管理的资源,使用者和非使用者既没有权利又没有责任。情况经常是使用者有"特权",非使用者"无权利"。一个例子是在200公里外自由出入的公共捕鱼区捕鱼,那里没有定义的法律限制。作为总结,表5-1列出了不同的资源利用的产权制度。

表5-1　资源产权制度的界定

产权制度类型	界定
私有产权	个人有权进行社会可接受的资源利用,并具有责任制止那些社会不能接受的利用行为。其他人有责任尊重个人的这些权利
共有产权(社区)	管理小组有权排斥非社区成员。非社区成员有责任遵守这种排外规定。拥有者们构成了管理小组并有利用资源的权利并要承担相关的责任
国有产权	个人有遵守资源利用规定的责任。这些规定是由资源管理机构决定的。该机构有权确定这些规定
开放进入	使用者或者所有者都没有确定。对资源利用者而言,个人都有特权但没有权利

二、资源产权制度与资源开发:一个简单模型

例5.1　下面我们给出一个简单模型,以说明不同的产权制度下资源开发强度。考虑一种资源,比如说是森林资源。假设森林增长曲线是一个逻辑函数(见图5-1)。在较低的存量水平上,森林的数量增长非常快(图中 A 到 B 点)。然后森林竞争阳光,增长率减慢(B 点以上)。最后林木存量保持在一个最高的水平,用 X_{max} 表示。增长曲线始于 X_{min}(最小的数量)而不是0,是因为许多生物种群在其繁殖前需要有一定的大于零的数量。如果这一数量低于 X_{min},它将沿 AC 的方向趋于0。这里我们忽略这种可能。

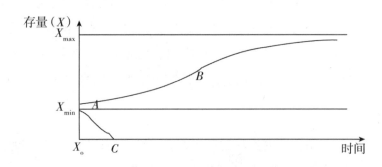

图5-1　森林的增长曲线

增长曲线中增长率的变化(见图5-2)。增长率开始是正的,然后逐步达到最高点(对

应于图5−1的B点),此后增长率减慢,直至森林存量达到最大为止。结合图5−1和图5−2,可以选择任何水平的林木存量和林木采伐量。为了使得这一期的采伐的木材数量不减少下期的林木存量,即保持资源的可持续利用,林木采伐量应相当于森林的增长率。显然如果采伐量超过了森林的增长率,森林资源就会逐渐枯竭。由图5−2可知,资源的最大可持续开发量是MSY。

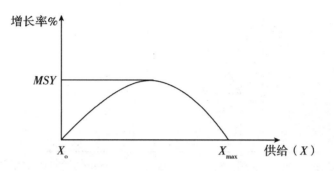

图5−2　森林增长率曲线

现在讨论森林采伐的成本和收益。假设森林采伐的投入,包括采伐机械等的价格为W,投入量为E,投入的总成本为TC,于是我们有$TC = W \cdot E$。森林采伐的收益为采伐的林木数与林木价格的乘积。设采伐数量为H,它是采伐投入的函数,$H = H(E)$,木材价格为P,这样采伐林木的总收益$TR = P \cdot H$。总收益曲线和总成本曲线如图5−3所示。

下面讨论不同的产权安排对资源利用的影响。首先,假设森林只为一个人所有。这唯一的所有者将追求最大利润,即根据边际收益等于边际成本的原则,采伐投入的最佳点为E_{PROF}。需要注意的是,E_{PROF}不同于最大的可持续产量。这唯一的所有者只有在成本为零的情况下才想获得最大的可持续产量。E_{PROF}也远低于最高森林存量水平X_{max}。所以,如果把森林的所有权赋予私人的话,会更好地保证对资源的保护和可持续开发。

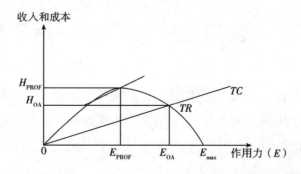

图5−3　产权均衡

其次,讨论资源开放体制。即任何人或每个人都可以随意采伐他们想要的木材,资源没有确定的所有者,也没有关于资源开发和利用的规则。在这种资源开放的情况下,每一个认识到通过采伐森林资源可以获得利润的人都会想方设法采伐这些资源。相应地,当$TR > TC$

时,会有新来者开发这些森林资源。只有在 TC 超过 TR 时,这一现象才会停止。在图 5-3 中,开放均衡点对应的是 E_{OA}。需要说明的是:E_{OA} 不一定会导致资源灭绝,不过开放均衡点非常接近于 E_{max},所以灭绝的危险性很大。如果这种资源有一个关键的最小规模要求,或者如果成本曲线 TC 变得更为平缓,开放均衡就会更接近于 E_{max}。关键在于,采伐成本越低,灭绝的危险性越大。

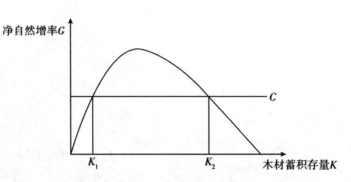

图 5-4　森林采伐

第三,在共有财产制度下,竞争性采伐会使得资源利用陷入"公共地的悲剧"。考虑到社区和国家在使用这些资源时会对资源开发利用制定规则,包括规定资源的利用率等。因此,公共财产的均衡点应位于 E_{PROF} 和 E_{OA} 之间。

把上面的讨论总结为如下命题。

命题 5.1:在资源开放的产权制度下,即产权未被规定为私人所有或公共所有,资源便存在灭绝的危险。在私有产权制度下,资源的所有者对资源开发的原则是利润最大化。共有产权制度下资源的利用率介于私有产权和资源开放之间。

第二节　公共地的悲剧——哈丁模型

从休谟开始,学者们就已经认识到如果人们只关注个人福利,公共物品就会出现短缺,并且公共资源也会过度使用。1968 年,哈丁在以"公共地的悲剧"为题的著名论文中证明,如果一种资源没有排他性的所有权,就会导致对这种资源的过度使用。这里我们用博弈论的方法来考察公共资源的利用问题。

一、模型的基本故事

继续考虑前面关于森林的例子。假定有两个森工企业,共同采伐一片森林。没有企业拥有这片森林,即森林是公共财产。我们的目的是分析这两个企业会如何行为,决定最后的资源配置是否帕累托最优。

每个企业都知道过度采伐所产生的问题。虽然采伐的努力越大,所采伐的林木越多,但此种过度努力会使林木蓄积量减少,这样未来能采伐的林木即使没有耗竭也会大大减少。如果一个企业拥有这片森林,我们预期在边际上,它今天在决定额外采伐一棵树时会考虑对未来采伐的成本。当有一个以上的企业有在这片森林上采伐的权利时,它们中的每一个今天每多采伐一棵树,只承担未来成本的一小部分。因为没有企业承担全部成本,它们会过度采伐。这个基本问题就是众所周知的公共地的悲剧。

二、森林采伐博弈

下面我们用一个简单的博弈模型来展开我们的分析。

例 5.2   由于森林资源是可再生资源,因此对它的分析要考虑森林的自然增长。假设 G 是这片森林的净自然增长,它是木材蓄积存量 K 的函数。它们的关系满足

$$G = K \times (K_{max} - K) \tag{5.1}$$

其中 K_{max} 是最大木材蓄积存量。方程(5.1)说明,如果存量 K 非常低,由于基数过小,森林的净绝对增长率可能为正但也不会太大。这意味着林木的存量会增长但很慢。然而随着存量越来越大,净自然增长率提高,引起森林的存量增长越来越快。一旦存量变得足够大,由于过分的空间拥塞以及对其他自然条件的竞争,净自然增长率发生停滞和下降,当存量 K 达到其最大值时,其增长速率为 0。在这点上森林的存量停止增长。这个 0 种群增长点是一个稳定均衡。在这个均衡时,森林的自然增长和自然死亡相等,即净自然增长为 0。因为均衡发生在净自然增长率为 0 时,这片森林就有两个均衡的存量:0 和 K_{max}。我们假设 K_{max} = 100 万立方米。这样方程(5.1)就简化为:

$$G = K \times (1 - K) \tag{5.1a}$$

式中的单位用 100 万立方米表示。

当然,采伐增加了死亡的树数,打乱了自然均衡。虽然采伐不影响 G 与 K 之间的生物学关系,但它会影响 G 和 K 的均衡值。如果 G 为 0,我们采伐一定数目的树木,比方说 C,则林木的蓄积存量就会下降。如果 C 正好等于 G,这时又会出现稳定均衡。在图 5 - 4 中,我们看到,如果单位时间采伐数等于 C,则均衡的林木存量要么是 K_1 要么是 K_2。在这两个存量上,净自然增长等于 C。

采伐木材必须要投入资源。我们用 E 表示采伐努力。E 值越高,用于采伐的资源就越多。E 包括了伐木机械、伐木工人和伐木所用的时间等。如果林木存量 K 不变,采伐努力越

多,采伐的林木就越多。采伐努力不变,林木存量 K 越大,采伐的林木就越多。上面的关系我们用方程:

$$C = K \times E \qquad (5.2)$$

直到稳定均衡时,净自然增长正好等于被采伐的林木数,即 $G = C$。代数上,这意味着

$$K \times (1 - K) = K \times E \qquad (5.3)$$

解这个方程中的 K 得均衡时森林存量和采伐努力水平之间的函数关系:

$$K = 1 - E \qquad (5.4)$$

方程(5.4)表明,如果 E 增加 1 单位,则均衡的林木存量将减少 1 单位。假定林木的存量对采伐的努力水平的变化做出迅速调整到稳定均衡。结果,我们得到采伐规模是采伐努力的函数的表达式,把(5.4)中的 K 带入方程(5.2)的得:

$$C = E \times (1 - E) \qquad (5.5)$$

方程(5.5)把采伐量(产出)和采伐努力(投入)相联系。因此,它就是采伐的生产函数。

假设有两个企业 A 和 B,它们要决定为采伐林木投入多少采伐努力。这两个企业是理性的、向前看的,独立选择其采伐努力 E_A 和 E_B,而不管其他企业的决策。这意味着它们在玩一个静态的两个局中人的连续策略的采伐博弈。它们目前的采伐立即能获得利润,可两个企业也知道今天的采伐通过改变稳定的森林种群改变未来采伐的盈利性。企业有许多方法去平衡现在和未来的利润。因为我们的目的在于探讨缺乏产权和远见如何引起过度采伐,假定企业想要最大化它们的稳定利润。稳定利润是森林种群处于稳定均衡时所赚得的利润流。在某种意义上,这是短视的对立面,因为我们忽略了当前的利润;假设企业认为长期最重要。剩下的是要找到企业稳定利润作为其努力水平的函数的表达式。

由方程(5.5)知,稳定均衡采伐率 C_T 取决于两个企业的总的努力。

$$C_T = E_T \times (1 - E_T) \qquad (5.6)$$

其中 $E_T = E_A + E_B$。假设两个企业采伐量之比等于它们的采伐努力之比,因此如 B 不采伐,则 A 获得全部的采伐量。如果 B 的努力占总努力的30%,则 A 只获得总采伐量的70%。代数上,这意味着:

$$C_B = \frac{E_R}{E_T} \cdot C_T = \frac{E_P}{E_T} \cdot (1 - C_A + E_D) = E_n \cdot (1 - E_A) - E_I^2 \qquad (5.7)$$

且

$$
\begin{aligned}
C_A &= \frac{E_A}{E_T} \cdot C_T \\
&= \frac{E_A}{E_T} \cdot E_T \cdot [1 - (E_B + E_A)] \\
&= E_A \cdot (1 - E_B) - E_A^2
\end{aligned}
\qquad (5.8)
$$

方程(5.7)和方程(5.8)是两个企业的生产函数。它们表明每个企业的生产率取决于两个企业的采伐努力。这完全不同于制成品的生产,在制成品生产中一个企业的生产率只取决于其技术和使用的投入的组合。

考虑到采伐博弈中的得益是稳定利润。假设林木的价格是每立方米1万元,采伐努力的成本是每单位0.1万元,利润的单位为100万元。那么A的利润函数为:

$$\pi_A(E_A, E_B) = \left[(1 - E_B) \cdot E_A - E_A^2 \right] - 0.1 \cdot E_A$$
$$= (0.9 - E_B) \cdot E_A - E_A^2 \tag{5.9}$$

由于两个企业生产函数的对称性,B的利润函数的表达式为:

$$\pi_B(E_A, E_B) = (0.9 - E_A) \cdot E_B - E_B^2 \tag{5.10}$$

因为策略空间不是有界的但是连续的,为了找到纳什均衡,我们必须计算每个企业的最优反应函数。这一函数给出了每个企业在其他企业选定的每个可能的努力水平下的最优努力水平,可在保持其他企业的努力水平不变的条件下,用最大化利润函数求得。两个企业利润函数的最大化一阶条件分别为:

$$\frac{\partial \pi_A(E_A, E_B)}{\partial E_A} = (0.9 - E_B) - 2E_A = 0$$
$$\frac{\partial \pi_B(E_A, E_B)}{\partial E_B} = (0.9 - E_A) - 2E_B = 0 \tag{5.11}$$

因此,最优反应函数:

$$E_A^{BR}(E_B) = \frac{1}{2}(0.9 - E_B) = 0.45 - \frac{1}{2} \cdot E_B$$
$$E_B^{BR}(E_A) = \frac{1}{2}(0.9 - E_A) = 0.45 - \frac{1}{2} \cdot E_A \tag{5.12}$$

唯一的纳什均衡努力水平是这些最优反应函数的交点:

$$E_A^* = E_B^* = 0.3 \tag{5.13}$$

在纳什均衡时,每个企业采伐的努力水平等于0.3个单位,因此总采伐努力等于0.6个单位。方程(5.6)说明,均衡的总采伐量等于0.24个单位。但是方程(5.6)也表明,相同数量的林木可在努力水平只扩大到0.4时就可采伐完。这意味着,有0.2个单位的努力被浪费了。如果两个企业之间的策略互动能够避免浪费,两个企业采伐0.24个单位的林木可节约总成本大约33%。这完全与通常的情况相反,在通常生产者之间,激烈的竞争会导致生产率增加。

这里用博弈论的分析再次得到了命题5.1中给出的结论:如果一种资源没有排他性的产权安排,对这种资源的竞争性利用会导致过度利用。

这是一个具有普遍意义的结论。对于公共产品,有类似的问题存在,典型的如国防服务。与上述公共资源的利用有过度投入的分析不同,涉及公共产品时,用于生产公共产品的资源总是不足。

上面的结论是假设采伐博弈只有两个局中人。如果有多个企业,上面的结论同样成立,而且与公共资源利用相关联的无效率只会随着用户数量的增加而变得更加严重。

第三节 外部性:竞争均衡与庇古解

私人成本和收益与社会成本和收益相背离是经济社会最普遍的问题之一,如河流污染问题。位于河岸的纸厂利用木料、劳动力和河流水能生产纸。在这个过程中,纸厂也生产化学废料,化学废物被排放到河中被河水运到下游。在决定生产多少纸时,纸厂要考虑木料的成本、劳动力成本,但会忽略河流水能的利用和废物的处理,即它把河流看成是一种"免费"的资源。对纸厂的所有者来说河流的利用没有直接的交易发生,因而是"免费的",但是纸厂对河流的利用对下游的居民来说代价就非常大。关键在于下游的居民而非纸厂的所有者承担了纸厂使用河流的成本,这个成本叫作外部性。因为纸厂没有承担这一成本,不可能指望它在选择其产出或其生产工艺时考虑外部性。事实上,如果造纸业的竞争非常激烈,那么纸厂长期留在该行业的唯一方法是忽略企业没有直接交易的所有资源的成本。

经济学原理告诉我们,自由竞争市场使得企业选择边际私人收益等于边际私人成本的产出,因为在这点上企业的私人收益(利润)最大。但是产出的净社会收益最大化条件是边际社会收益等于边际社会成本。只有私人成本与社会成本相同,竞争性市场和自愿交易才会产生资源的有效率配置(帕累托最优)。但是,如果两者不一致,至少在边际上如此,那么竞争性市场可能难以达到效率的必要条件,即生产边际社会收益等于边际社会成本的产出。

解决私人的边际收益和成本与社会边际收益和成本不一致所产生的问题的办法之一是庇古提出的,庇古认为除非通过恰当的政府干预加以纠正,否则私人成本和社会成本间的差异会导致资源浪费。罗纳德·科斯教授在《社会成本问题》中对此提出了强有力的挑战,他认为帕累托最优资源分配(在某些理想条件下)可通过不求助于庇古的政府干预私下协商而达到,并且该私下解决方法独立于责任法规(产权安排)。

本节用一个简单的数学模型,分别讨论了存在外部性时的社会最优解、竞争市场解和庇古解。考虑的外部性是一种商品的生产成为其他一些商品生产的负投入的生产负外部性。

一、一个简单的外部性模型

为了分析的简便起见,考虑有两个企业(A 和 B)的经济,企业 A 的生产给企业 B 的生产带来负的外部性,即企业 A 的产出是企业 B 的负投入。这两个企业的产出分别为 Y_A 和 Y_B,为方便讨论,假设这两个企业只使用一种投入,分别为 L_A 和 L_B,企业 A 的生产函数为:

$$Y_A = F_A(L_A) \tag{5.14}$$

满足:

$$F_A(0) = 0, \frac{\partial F_A}{\partial L_A} > 0, \frac{\partial F_A^2}{\partial L_A^2} < 0$$

对于企业 B,其生产函数为:

$$Y_B = F_B(Y_A, L_B) \tag{5.15}$$

满足:

$$F_B(Y_A, 0) = 0, \frac{\partial F_B}{\partial L_B} > 0, \frac{\partial F_B^2}{\partial L_B^2} < 0$$

且

$$\frac{\partial F_B}{\partial Y_A} < 0 \tag{5.16}$$

方程(5.16)说明,由于企业 A 的产出(Y_A)是企业 B 生产的负投入,因而随着企业 A 产出的增加,企业 B 产出将减少。结合方程(5.14)和方程(5.15),得到下面方程。

$$F_B(Y_A, L_B) = F_B[F_A(L_A), L_B] = F_B(L_A, L_B) \tag{5.17}$$

注意,由于企业 A 的产出是企业 B 的产出的负投入,有

$$F_B(L_A, 0) = 0, \frac{\partial F_B}{\partial L_A} < 0$$

假设这两个企业所处的市场环境是完全竞争的,即两种产出的价格(分别为 p_A 和 p_B)及要素价格 w 的决定独立于这两个企业的产出水平,即视这些价格(p_A, p_B, w)为外生给定的常数。于是这两个企业的利润函数分别为 $\pi_A(L_A)$ 和 $\pi_B(L_A, L_B)$:

$$\pi_A(L_A) = p_A Y_A - wL_A = p_A F_A(L_A) - wL_A \tag{5.18}$$

$$\pi_B(L_A, L_B) = p_B Y_B - wL_B = p_B F_B(L_A, L_B) - wL_B \tag{5.19}$$

二、社会最优与竞争均衡

这一节分析社会最优和竞争均衡两种情形。

(一)社会最优

在社会最优的情况下,使两个企业的共同利润($\pi = \pi_A(L_A) + \pi_B(L_A, L_B)$)最大,就可以

得出帕累托最优状态,它们是下面最优化问题的解:

$$\max_{L_A, L_B} = p_A F_A(L_A) + p_B F_B(L_A, L_B) - w(L_A + L_B)$$

$$L_A + L_B \leq L, L_A > 0, L_B > 0$$

一阶条件由 $\frac{\partial \pi}{\partial L_A} = 0, \frac{\partial \pi}{\partial L_B} = 0$ 给出,即

$$p_A \frac{\partial F_A}{\partial L_1} + p_B \frac{\partial F_B}{\partial L_1} - w = 0 \tag{5.20}$$

$$p_B \frac{\partial F_B}{\partial L_B} - w = 0$$

上面的一阶条件可改写为:

$$p_A \frac{\partial F_A}{\partial L_1} + p_B \frac{\partial F_B}{\partial L_A} = p_B \frac{\partial F_B}{\partial L_B} = w \tag{5.21}$$

式(5.21)就是共同利润最大化的(必要)条件。

(二)竞争均衡

在竞争条件下,企业所关注的一般不是共同利润最大化或"社会利润"最大,而是各自的私人利润最大。

对于企业 A,其最优化问题:

$$\max_{L_A} \pi_A(L_A) \equiv p_A F_A(L_A) - w L_A$$

$$s.t\ L_A > 0$$

最优化的一阶条件为:

$$p_A \frac{\partial F_A}{\partial L_1} - w = 0 \tag{5.22}$$

对于企业 B,其最优化问题是:

$$\max_{L_A, L_B} \pi_B(L_A, L_B) \equiv p_B F_B(L_A, L_B) - w L_B$$

$$s.t\ L_A > 0, L_B > 0$$

最优化的一阶条件是:

$$p_B \frac{\partial F}{\partial L_B} - w = 0 \tag{5.23}$$

结合方程(5.22)和方程(5.23),有

$$p_A \frac{\partial F_A}{\partial L_A} = p_B \frac{\partial F_B}{\partial L_B} = w \tag{5.24}$$

显然,由于外部性的存在($\frac{\partial F_B}{\partial L_A} \neq 0$),条件(5.24)一般不同于条件(5.21),因此,在竞

争的情况下,即每一个企业最大化自己的私人利润的"市场解",达不到帕累托最优(或社会最优)。这是外部性导致市场失灵的核心。

三、庇古解

关于外部性导致市场失灵的一种解决方法是英国经济学家庇古提出的,他认为可以通过对产生负外部性的企业征税或给予受到负外部性影响的企业补贴,就可以消除外部性导致的市场失灵。我们首先讨论征税的情形。

为了使分析简化,假设给产生外部性影响的企业 A 征收收入税,税率为 t,而企业 B 不受税收的影响,也没有补贴,则企业 A 的最优化问题变为:

$$\max_{L_A}\pi_A(L_A) = (1 - t)p_A F_A(L_A) - wL_A$$

$$s.t\ L_A > 0$$

最优化的一阶条件为

$$(1 - t)p_1 \frac{\partial F_A}{\partial L_1} - w = 0 \tag{5.25}$$

企业 B 的最优化条件仍然由方程(5.23)给出。综合条件(5.25)和(5.23),我们有

$$(1 - t)p_1 \frac{\partial F_A}{\partial L_1} = p_B \frac{\partial F_B}{\partial L_B} = w \tag{5.26}$$

比较(5.26)和(5.21),如果政府选择的税率 t,使得:

$$- tp_A \frac{\partial F_A}{\partial L_A} = p_B \frac{\partial F_B}{\partial L_A}$$

即

$$t = - \frac{p_B \dfrac{\partial F_B}{\partial L_A}}{p_A \dfrac{\partial F_A}{\partial L_1}} > 0 \tag{5.27}$$

这时条件(5.26)就和社会最优条件(5.21)相同。也就是说,通过政府对产生外部性的企业征税,私人利润最大化行为是可以实现社会帕累托最优的。

现在讨论政府给受外部性影响的企业提供补贴的情形。假设企业 B 获得的补贴占其收入的比率为 s,这时企业 B 的最优化问题为

$$\max_{L_A,L_B} T_B(L_A,L_B) = (1 + s)p_B F_B(L_A,L_B) - wL_B$$

$$L_A > 0, L_B > 0$$

最优化的一阶条件是

$$(1 + s)p_B \frac{\partial F}{\partial L_B} - w = 0 \tag{5.28}$$

假设企业 A 不受税收或补贴的影响,其利润最大化条件由(5.22)给出。综合条件(5.28)和(5.22),有

$$p_A \frac{\partial F_A}{\partial L_1} = (1+s) p_B \frac{\partial F_B}{\partial L_B} = w \tag{5.29}$$

因此,比较(5.29)和社会最优条件(5.21),可以证明,如果政府选择的补贴率 s,使得

$$-s p_B \frac{\partial F_B}{\partial L_B} = p_B \frac{\partial F_B}{\partial L_A}$$

即

$$s = -\frac{p_B \dfrac{\partial F_B}{\partial L_A}}{p_A \dfrac{\partial F_B}{\partial L_B}} > 0$$

$$p_B \frac{\partial F_B(L_A, L_B)}{\partial L_B} = w$$

$$L_B = L_B(L_A)$$

$$\pi_B(L_1, L_B) = \pi_B[L_A, L_B(L_A)] = \pi_B(L_A) = p_B F_B[L_A, L_B(L_A)] - w L_B(L_A)$$

$$\max_{L_A} p_A F_A(L_A) - w L_A - [\pi_B(O) - \pi_B(L_A)]$$

$$s.t\ L_A > 0 \tag{5.30}$$

这时条件(5.29)就和社会最优条件(5.21)相同。也就是说,通过政府对受到外部性影响的企业提供补贴,私人利润最大化行为同样是可以实现社会帕累托最优的。

综上所述,在有外部性存在的情况下,根据庇古的方法,只有政府的干预才能实现社会最优。

第四节　科斯定理

罗纳德·科斯在1960年写的题为"社会成本问题"的论文中指出,即使在外部性存在的情况下,帕累托最优可在没有政府的任何干涉的情况下,通过双方的讨价还价达到。科斯认为,庇古的传统方法掩盖了存在外部性影响时问题的实质。他指出:"人们一般将该问题视为甲给乙造成损害,因而所要决定的问题是:如何制止甲?但这是错误的。我们正在分析的问题具有交互性质,即避免对乙的损害将会使甲遭受损害,必须决定的真正问题是:是允许甲损害乙,还是允许乙损害甲?关键在于避免较严重的损害。"例如,以糖果制造商的机器引起的噪声和震动干扰了某医生的工作为例,科斯指出:"为了避免干扰医生的工作,糖果制造

商将限制生产工作。此事例提出的问题实质上是,是否值得去限制糖果制造商采用的生产方法,并以减少其产品供给的代价来保证医生的正常工作。"又如,"走失的牛损坏邻近土地里的谷物所产生的问题。倘若有些牛走失了,那么只有减少谷物的供给这一代价来换取肉类供给的增加。这种选择的实质是显而易见的:是要肉类,还是要谷物?"考虑到问题的相互性,科斯认为,帕累托最优可在没有政府的任何干涉的情况下,通过双方的讨价还价达到。乔治·J. 斯蒂格勒将科斯的这一认识称为科斯定理。科斯定理实际上讨论的是不同的制度安排与不同资源配置效率之间的关系,特别是不同的产权安排和公民责任法则在决定资源配置中的作用。实际上科斯的这一观点在 1776 年亚当·斯密的《国富论》中就已经提到,在某种意义上,科斯定理只是亚当·斯密关于看不见的手的定理的重新表述。简单地说,科斯定理说的是,如果有效的讨价还价没有法律或战略上的障碍,且如果产权是良好定义的,那么人们总能通过谈判达成帕累托最优的结果。进一步,公民责任法则(产权的确立)将对经济资源配置没有影响,而只影响收入的分配。然而一旦认识到讨价还价可能不是有效率的,产权的建立可能影响行为和资源配置,因此,产权的作用成为效率问题的中心。

下面的讨论假设企业 A 和企业 B 之间的讨价还价成本为零,且初始的产权界定是良好的。

企业 B 的利润最大化条件为:

$$p_B \frac{\partial F_B(L_A, L_B)}{\partial L_B} = w \tag{5.31}$$

这意味着对于一个给定的 L_A,就可以求得 L_B 的最优值。即这一方程的解可写成

$$L_B = L_B(L_A) \tag{5.32}$$

因此,企业 B 的利润为:

$$\pi_B(L_1, L_B) = \pi_B(L_A, L_B(L_A)) = \pi_B(L_A) = p_B F_B(L_A, L_B(L_A)) - wL_B(L_A) \tag{5.33}$$

方程(5.33)表明了外部性问题的相互性。我们分两种情况讨论。

一、情形 1:企业 A 有责任

假设企业 A 在法律上具有对其产生的负外部性有责任(即企业 B 有环境权)。如果企业 A 停止营业,企业 B 的最大利润为 $\pi_B(0)$ 给定。以后随着企业 A 开始营业($L_A > 0$)并逐步提高其营业水平,企业 B 的利润减少到 $\pi_B(L_A)$(注意: $\pi_B(0) > \pi_B(L_A)$)。它们的差 $\pi_B(0) - \pi_B(L_A)$ 就是企业 A 的负外部性对企业 B 造成的损失。由于赋予了企业 B 的环境权,企业 A 有责任补偿企业 B 的全部损失,在此情况下,企业 A 的最优化问题就为:

$$\max_{L_A} p_A F_A(L_A) - wL_A - [\pi_B(0) - \pi_B(L_A)]$$

$$s.t \ L_A > 0$$

最优化的一阶条件为：

$$p_A \frac{\partial F_A}{\partial L_A} - w + \frac{\mathrm{d}\pi_1}{\mathrm{d}L_A} = 0 \tag{5.34}$$

企业 B 的最优化问题为：

$$\lim_{L_B} p_B F_B(L_1, L_B) - wL_B + [\pi_B + (0) - \pi_B(L_A)]$$

$$s.t\ L_B > 0$$

最优化的一阶条件为：

$$p_B \frac{\partial F_B}{\partial L_B} - w = 0 \tag{5.35}$$

结合条件(5.34)和(5.35)，得

$$p_A \frac{\partial F_A}{\partial L_A} + \frac{\mathrm{d}\pi_B}{\mathrm{d}L_A} = p_B \frac{\partial F}{\partial L_B} \tag{5.36}$$

其中，

$$\frac{\mathrm{d}\pi_B}{\mathrm{d}L_A} = p_B \left[\frac{\partial F_B}{\partial L_A} + \frac{\partial F_B}{\partial L_B} \frac{\partial I_B}{\partial L_A} \right] - w \frac{\mathrm{d}L_B}{\mathrm{d}L_A} = p_B \frac{\partial F_B}{\partial L_A} \tag{5.37}$$

把式(5.37)代入式(5.36)，就得到帕累托最优条件(5.21)。所以，当企业 A 补偿企业 B 的全部损失时，可以实现社会最优。

二、情形2:企业 B 有责任

假设企业 B 在法律上具有对其所遭受的负外部性有责任(即企业 A 有环境权)。在此情形下，企业 B 对企业 A 提供补偿。企业 B 给企业 A 支付补偿，希望企业 A 降低其产出水平。设企业 A 私人利润最大化时的投入水平为 L_A^*。当其降低投入至 L_A 时，企业 B 的利润将增长 $\pi_B(L_A) - \pi_B(L_A^*)$。注意：$L_A < L_A^*$。这时企业 A 的最优化问题为：

$$\max_{L_A} p_A F_A(L_A) - wL_A + [\pi_B(L_A) - \pi_B(L_A^*)]$$

$$s.t\ L_A > 0$$

最优化的一阶条件为：

$$p_1 \frac{\partial F_A}{\partial L_A} - w + \frac{\mathrm{d}\pi_B}{\mathrm{d}L_A} = 0 \tag{5.38}$$

相应地，企业 B 的最优化问题为：

$$\max_{L_A} p_B F_B(L_A, L_B) - wL_A - [\pi_B(L_A) - \pi_B(L_A^*)]$$

$$s.t\quad L_A > 0$$

最优化的一阶条件为：

$$p_B \frac{\partial F_A}{\partial L_B} - w = 0 \qquad (5.39)$$

结合条件(5.37)和(5.38),我们有

$$p_A \frac{\partial F_A}{\partial L_A} + \frac{\mathrm{d}\pi_B}{\mathrm{d}L_A} = p_B \frac{\partial F_B}{\partial L_B} \qquad (5.40)$$

考虑到 $\frac{\mathrm{d}\pi_B}{\mathrm{d}L_A} = p_B \frac{\partial F_B}{\partial L_A}$,条件(5.40)与(5.21)的社会最优的帕累托条件相同,所以,当企业 B 补偿企业 A 的全部损失时,帕累托社会最优也能通过谈判实现。

综合情形 1 和 2,我们得到下面的定理:

定理 5.1(科斯定理):如果没有谈判和交易费用,产权的初始界定(无论是 A 企业有环境权,还是 B 企业有环境权)与资源配置的效率无关,或者说社会最优的帕累托条件可通过企业间的私下谈判达到。

第五节 一个数值例子

下面我们用一个数值例子来说明产权安排与资源配置效率之间的关系,并给出科斯定理的其他表述。

例 5.3 考虑有一个湖泊,在湖泊的上游有一家化工厂,化工厂向湖泊排放废水对湖泊产生了污染。湖泊附近的居民"消费"了化工厂产生的水污染,我们把这看成是一种"交易",不过与人们在百货商店购买商品的交易不同,这一交易是非自愿的。如果市场运行良好,所有自愿交易(使所有受交易影响的各方的处境都变好)都会发生。但是关于所有非自愿交易如何呢? 这些非自愿交易是否会以有效率的方式发生? 如在水污染例子中,化工厂与湖岸的居民之间会有有效率的水污染交易发生吗? 这是我们所关心的。把外部性看成是一非自愿交易的思想是一个重要观点。我们知道,任何交易都有两方。在水污染交易中,水污染的成本随化工厂排放的废水的增加而增加。传统上,人们一般认为,化工厂产生了水污染,因而要对此负责。但实际上,化工厂只对水污染负部分责任。因为只要有交易,不管是自愿的还是不自愿的,都需要两个人。

为了使分析简化,假设在这个湖泊的岸上,一家房地产公司拥有一块土地,它可以在这块地上盖公寓楼。这块地上可以建 0 到 3 座公寓楼。化工厂每天向湖中排放的废水由于生产能力的限制不会超过 3 吨(假设化工厂每天的生产能力最大为 300 吨化肥,每 100 吨化肥

产生 1 吨废水）。

房地产公司盖公寓楼的租金收入取决于 3 个因素：①企业选择建的公寓楼数；②化工厂选择向湖泊中排放的废水数；③谁必须承担水污染成本的法律责任法则。收益的第一个决定因素反映了房地产公司面临的需求曲线是向右下倾斜的；第二个决定因素是水污染所造成的损害；第三个决定因素是科斯定理的本质。

房地产公司的公寓楼中，每幢公寓楼有 50 间公寓。表 5－2 列出了如果没有化工厂，房地产公司的收益和利润情况。第 3 列为房地产公司的月收益，收益反映了公寓楼建得越多，每间公寓的价格越低的事实。每幢公寓楼的月收益等于每间公寓的月租金乘 12（一年 12 个月），再乘 50。房地产公司建设和维护公寓楼所发生的年成本是每幢公寓楼 300000 元。因此如果房地产公司建两幢公寓楼，则房地产公司的收入为 660000 元，支出为 600000 元，利润为 60000 元。由表 5－2 可见，如果没有化工厂的水污染，房地产公司会建两幢公寓楼，赚 60000 元。

表 5－2　房地产公司在没有化工厂时的潜在利润

公寓楼数量	公寓间数	每间公寓的最大潜在租金（元）	年潜在租金收入（元）	年建设和维护费（元）	年潜在利润（元）
0	0	0	0	0	0
1	50	590	354000	300000	54000
2	100	550	660000	600000	60000
3	150	510	918000	900000	18000

现在我们考虑下面的事实：化工厂向湖泊中排放的废水使水受到污染，公寓楼附近的环境质量下降，从而公寓的租金下降。化工厂向湖泊中排放第一吨废水，使每间公寓的租金下降 40 元，第二吨废水使每间公寓的租金下降 15 元，第三吨废水使每间公寓的租金下降 10 元。房地产公司的收入，取决于它建的公寓楼数和化工厂排放的废水数，如表 5－3 所示。

表 5－3　房地产公司可能的月收入：化工厂排放废水时

		房地产公司建的公寓楼数			
		0	1	2	3
化工厂的排放的废水数	0	NA	590	550	510
	1	NA	550	510	470
	2	NA	535	495	455
	3	NA	525	485	445

因为建设和营运支出不受化工厂的业务的影响，房地产公司的利润下降完全是由其租金收入损失造成的。如果房地产公司建一幢公寓楼，化工厂每天排放 1 吨，则房地产公司每月每间公寓损失 40 元或每年损失 24000 元。表 5－4 列出了房地产公司的各种可能损失。显然减少损失有两个方法：①降低排放废水数；②减少公寓楼数。

表 5-4　房地产公司从化工厂的业务中产生的利润损失

		房地产公司建的公寓楼数			
		0	1	2	3
化工厂排放废水数	0	0	0	0	0
	1	0	24000	48000	72000
	2	0	33000	66000	99000
	3	0	39000	78000	117000

　　化工厂的年收益等于化肥的年产量乘以每吨化肥的价格,如表 5-5 所示。我们假设一年生产 250 天(周末或假期不生产)。企业的年成本等于其每吨化肥的成本乘年产量。由于规模经济,每吨化肥的生产成本随每年生产的化肥数的增加而下降。由表 5-5 可见,化工厂每天生产 200 吨化肥,向湖泊中排放两吨废水。

表 5-5　化工厂的利润,不考虑对房地产公司的影响

每天生产的化肥数	每吨化肥的价格(元)	每年生产的天数	年收益(元)	每吨化肥的生产成本(元)	年生产成本(元)	年利润(元)
0	NI	250	0	NI	0	0
100	200	250	5000000	196.9	4922500	77500
200	150	250	7500000	148.4	7420000	80000
300	100	250	7500000	99.9	7492500	7500

　　给出了上面这些背景材料,下面我们讨论不同的产权安排下资源配置的效率状况。

一、中央计划者的资源配置

　　首先假设有一个中央计划者,资源配置决策由它给出。在这里,中央计划者要决定的是房地产公司建设的公寓楼数和化工厂每天排放的废水数。假设这个中央计划者的目标是实现净社会收益最大化。净社会收益等于房地产公司的潜在利润(见表 5-2)与化工厂的潜在利润(见表 5-5)之和减去化工厂的废水对房地产公司的收入产生的损失(见表 5-4)。各种可能选择的净社会收益列于表 5-6 中。显然,中央计划者最优的选择是允许房地产公司只建一幢公寓楼,化工厂每天只排放 1 吨废水。

表 5-6　不同生产决策中的年净社会收益

		房地产公司建的公寓楼数			
		0	1	2	3
化工厂排放的废水	0	0	54000	60000	18000
	1	77500	107500	89500	23500
	2	80000	101000	74000	-1000
	3	7500	22500	-10500	-91500

二、产权良好界定、讨价还价成本为 0 时的资源配置

现在考虑产权良好界定时的资源配置。先假设讨价还价成本为 0,这是科斯定理的关键假设。本书用合作博弈的方法进行分析。

假设化工厂在法律上对因化工厂的废水排放产生的水污染对房地产公司的所有者产生的所有损害负有责任,即化工厂必须对因其水污染对房地产公司所产生的损害进行补偿。也就是说,这里我们建立了水污染的产权。

在这一法律安排下,房地产公司的利润独立于化工厂的污水排放量。由表 5 - 3 可知,如果化工厂每天排放 1 吨污水,房地产公司的每间公寓的租金减少 40 元,如果化工厂排放 2 吨污水,每间公寓的租金要减少 55 元,如果化工厂排放 3 吨污水,每间公寓的租金减少 65 元。化工厂的补偿意味着如果房地产公司只建一幢公寓楼,它每间公寓收益 590 元,而不管化工厂排放的污水数。化工厂负全部责任时,房地产公司的利润如表 5 - 7 所示。

表 5 - 7　如果化工厂对水污染负完全责任时房地产公司的年利润

		房地产公司建的公寓幢数			
		0	1	2	3
化工厂的排放的污水数	0	0	54000	60000	18000
	1	0	54000	60000	18000
	2	0	54000	60000	18000
	3	0	54000	60000	18000

然而化工厂的利润现在要取决于房地产公司盖的公寓楼数量,因为化工厂必须考虑对房地产公司的补偿,化工厂的利润如表 5 - 8 所示。

表 5 - 8　如果化工厂对水污染负完全责任时的化工厂的年利润

		房地产公司建的公寓楼数			
		0	1	2	3
化工厂排放的废水数	0	0	0	0	0
	1	77500	53500	29500	5500
	2	80000	47000	14000	- 19000
	3	7500	- 31500	70500	109500

注意到房地产公司显然会选择建两幢公寓楼,因为这会使其利润最大。给定房地产公司的这一选择,化工厂每天只排放 1 吨废水。但在讨价还价存在时,这个解是不合理的,因为通过讨价还价会有潜在所得。房地产公司建第二幢公寓楼的边际利润只为 6000 元,意味

着可以用超过 6000 元每年的钱去贿赂房地产公司以使其把公寓楼数从 2 降低为 1。如果房地产公司把公寓楼数从 2 降低为 1，化工厂的利润会增加 24000 元，这意味着化工厂愿意贿赂房地产公司最多可达 24000 元每年。由于讨价还价是无成本的，房地产公司和化工厂会达成一笔交易使公寓楼数量从 2 减到 1。

进一步讲讨价还价有额外的所得吗？房地产公司建第一幢公寓楼的价值为 54000，即化工厂至少需要支付 54000 元，房地产公司才不建任何公寓楼。这时，化工厂会排放 2 吨废水，其年利润上升 26500 元，所以，化工厂每年愿意支付的最多为 26500 元去贿赂房地产公司以把它的公寓楼从 1 降到 0。但是，化工厂愿意支付的最大数小于房地产公司愿意接受的最小数，没有额外的交易存在。这样，在经过全部讨价还价后，将建 1 幢公寓楼，每天排放 1 吨废水。这个结果与中央计划者选择的结果完全相同。

另一种法律安排是化工厂对其废水造成的污染没有责任。这又是一种产权安排，但这次是对化工厂的。房地产公司只得接受其因水污染而减少了收益。现在，房地产公司的年利润等于潜在利润减利润损失，如表 5 - 9 所示。化工厂的利润不再取决于房地产公司的活动，如表 5 - 10 所示。

表 5 - 9　如果房地产公司对水污染负完全责任时的年利润

		房地产公司建的公寓楼数			
		0	1	2	3
化工厂排放的废水数	0	0	54000	60000	18000
	1	0	30000	12000	54000
	2	0	21000	60000	81000
	3	0	15000	-18000	-99000

表 5 - 10　房地产公司对水污染负完全责任时化工厂的年利润

		房地产公司建的公寓楼数			
		0	1	2	3
化工厂排放的废水数	0	0	0	0	0
	1	77500	77500	77500	77500
	2	80000	80000	80000	80000
	3	7500	7500	7500	7500

如果没有讨价还价，我们预期化工厂现在每天排放 2 吨废水，结果净利润为 80000 元。给定化工厂的选择，房地产公司会选择建一幢公寓楼获得净利润 21000 元。如果房地产公司能够说服化工厂把每天排放的废水从 2 吨减为 1 吨，则房地产公司每年能得到额外的 9000 元。同样地，化工厂每天排放第二吨废水每年只值 2500 元。由此，一个交易能够达成，

房地产公司每年付给化工厂于 2500 ~ 9000 元之间的某个数,要它每天只排放 1 吨。同样可以证明,房地产公司不愿意支付足够的钱,使化工厂把每天的废水排放减为 0 吨。讨价还价的结果是建一个公寓楼,每天排放 1 吨。这又和中央计划者选择的结果相同。

我们把上面的讨论一般化:

定理 5.2[科斯定理(第一定理)]:只要讨价还价成本非常低,以及信息是完全的和所有资源的产权是明确界定的,那么讨价还价将会发生直到交易不再可能对双方有利为止。但如果交易不再对双方都有利,那么根据定义,经济必定处于帕累托最优那一点,因为如果不使某人处境变坏就没有人会变好。用科斯自己的话说:"如果定价制度的运行毫无成本,最终的结果(产值最大化)是不受法律状况影响的。"

亚当·斯密在《国富论》中认为,没有外部性的自由放任经济会被一只看不见的手引导生产更大的财富。科斯的论文阐明了讨价还价和产权在外部性存在时确保帕累托最优中的重要作用。在产权没有良好界定的地方,如我们在森林例子中看到的,人们不可能对这些权利进行讨价还价,结果即使讨价还价成本非常低,非最优的资源配置仍要产生。

科斯定理有很丰富的政策含义。尤其是,只要科斯定理的假设成立,政策制定者就不会担心外部成本或外部利益的存在,因为彼此有利的交易会产生帕累托最优的经济结果。而且,如果只对效率感兴趣而不对分配感兴趣,那么产权的配置是不重要的。企业的生产决策将不受影响。

根据上面的分析,还可以得到如下的结论:

定理 5.2(竞争性市场经济与纯粹中央计划经济等价定理)在完全信息条件下,如果市场定价制度的运行成本和中央计划成本都为 0,则竞争性市场在产权明确界定情况下所实现的资源配置的帕累托最优状态与纯粹中央计划者所实现的资源配置状态相同。

三、产权良好界定、讨价还价成本存在时的资源配置

前面分析的一个关键假设是讨价还价成本为 0。如果假设讨价还价成本足够高,使得房地产公司和化工厂绝不会进行谈判,结果如何呢? 这一假设意味着,两个生产者只简单地视法律法则为给定,彼此独立进行其生产决策。因为房地产公司的决策可能影响化工厂,化工厂的决策可能影响房地产公司,两个企业在玩一个非合作博弈。

在这个博弈中除房地产公司和化工厂外还有另一个局中人,就是"法官"。它的目标是通过改变法律环境最大化社会净福利。

这个博弈的行动次序相当简单。法官决定化工厂负责的水污染的损害的比例 α 和房地产公司负责的比例 β。为简单起见,假设法官决定的 α 和 β 之和为 1,即法官不能使 $\alpha + \beta < 1$

对双方实行补贴,它也不能对双方征税使得 $\alpha + \beta > 1$。

一个极端是,法官要化工厂对损害负完全责任($\alpha = 1, \beta = 0$);另一个极端是,法官要房地产公司对废水污染的损害负完全责任($\alpha = 0, \beta = 1$);或者它可以要化工厂和房地产公司共同对水污染负责,比如($\alpha = 0.5, \beta = 0.5$)。

如果法官选择($\alpha = 1, \beta = 0$),则最后的静态博弈的支付矩阵,如表 5 - 11 所示。这个博弈中,房地产公司有一个严格占优战略即建两幢公寓楼。而化工厂没有严格占优战略,它有一个重复严格占优战略——每天排放废水 1 吨。

表 5 - 11　如果化工厂对水污染负完全责任时支付矩阵

		房地产公司建的公寓楼数			
		0	1	2	3
化工厂废水排放数	0	(0.0, 0.0)	(0.0, 54.0)	(0.0, 60.0)	(0.0, 18.0)
	1	(77.5, 0.0)	(53.5, 54.0)	(29.5, 60.0)	(5.5, 18.0)
	2	(80.0, 0.0)	(47.0, 54.0)	(14.060.0)	(-19.0, 18.0)
	3	(7.5, 0.0)	(-31.5, 54.0)	(-70.560.0)	(-109.5, 18.0)

另一个极端,如果法官选择($\alpha = 0, \beta = 1$)则支付矩阵,如表 5 - 12 所示。在这种情况下,显然化工厂有一个严格占优战略——每天排放废水 2 吨,房地产公司有一个重复严格占优战略——建 1 幢公寓楼。

表 5 - 12　房地产公司对水污染负完全责任时的支付矩阵

		房地产公司建的公寓楼数			
		0	1	2	3
工厂的废水排放数	0	(0.0, 0.0)	(0.0, 54.0)	(0.0, 60.0)	(0.0, 18.0)
	1	(77.5, 0.0)	(77.5, 30.0)	(77.5, 12.0)	(77.5, -54.0)
	2	(80.0, 0.0)	(80.0, 21.0)	(80.0, -6.0)	(80.0, -81.0)
	3	(7.5, 0.0)	(7.5, 15.0)	(7.5, -18.0)	(75.0, -99.0)

如果法官只限于极端的责任法则。那么他应选择房地产公司对水污染负责,豁免化工厂的任何金融责任。这将产生 101000 元的净社会福利,如果责任相反的话只产生 89500 元的社会净福利。

此外,法官可以选择使受影响的双方分担水污染的责任。如果法官选择($\alpha = 0.5, \beta = 0.5$),则支付矩阵如表 5 - 13 所示。重复严格占优战略均衡是,化工厂每天排放 1 吨,房地产公司建 1 幢公寓楼。由表 5 - 13 可知,第一,不建公寓楼和建 3 幢公寓楼是房地产公司的严格劣战略。不排放和排放 3 吨是化工厂的严格劣战略。由此,可从表 5 - 13 中的剔除这些列和行。在简化的博弈中,建 2 幢公寓楼是严格劣的,每天排放 2 吨也是严格劣的。这些战略被剔除后,每个局中人只剩下一个战略,它是重复严格占优战略。这一战略组合也是唯一的纳什均衡。

当然,法官使两个企业以上述的方式都分担责任的优势,它产生的是净社会福利最高的结果,即帕累托最优解。

比较上面的结果,能够发现,选择正确责任法则的重要性在讨价还价成本非常高时与讨价还价无成本时完全相反。在谈判和交易无成本的情况下,在房地产公司和化工厂之间就所有彼此有利的交易进行谈判后,每天的废水排放数和建的公寓楼数独立于责任法则。但一旦讨价还价有成本,谁对损害负责就可能很重要,分散决策不再有效。事实上,科斯定理就不再成立。虽然化工厂和房地产公司不能获得自己的帕累托最优,但法官的恰当行为可使社会的资源配置达到帕累托最优。

表 5 – 13　如果房地产公司和化工厂分担水污染的成本($\alpha = 0.5, \beta = 0.5$)的支付矩阵

		房地产公司建的公寓楼数			
		0	1	2	3
化工厂的污水排放数	0	(0.0,0.0)	(0.0,54.0)	(0.0,60.0)	(0.0,18.0)
	1	(77.5,0.0)	(65.5,42.0)	(53.5,36.0)	(41.5, −18.0)
	2	(80.0,0.0)	(63.5,37.6)	(47.0,27.8)	(30.5, −31.5)
	3	(7.5,0.0)	(−12,34.5)	(−31.5,21.0)	(−51, −40.5)

定理 5.4[科斯定理(第二定理)]:如果讨价还价是有成本的,不同产权的界定和分配,会带来不同效率的资源配置。用科斯自己的话说:"一旦考虑到进行市场交易的成本,合法权利的初始界定会对经济制度运行的效率产生影响。权利的一种调整会比其他安排产生更多的产值。但除非这是法律制度确认的权利的调整,否则通过转移和合并权利达到同样后果的市场费用如此之高,以至于最佳的权利配置以及由此带来的更高的产值也许永远也不会实现。"

最后,需要说明的是刚才得到的结论,市场失灵时法官能获得帕累托最优是有条件的。法官只有在他能决定各方在各种可能的法则下如何行为时才能决定最优责任法则。这需要大量的信息,其中许多信息只有受影响的各方才知道。例如,法官必须知道化工厂和房地产公司的边际成本和边际收益,在大多数情况下这只为这两个公司所知晓。如果法官利用了全部信息,那么两个受影响的企业也会利用这些信息。另一方面讨价还价就可能有效率得多,科斯定理实际上可能成立。准确地讲,当我们期望法官修复无效率讨价还价引起的损害时,我们发现法官所知道的可能不足以选择最优责任法则。

第三篇／子博弈完美纳什均衡

第六章　子博弈完美纳什均衡研究

前面讨论了局中人"同时"行动的博弈局势,即不知道博弈的其他局中人的行动。从现在起,本书讨论局中人以固定顺序行动的博弈。在此种动态博弈中,后行动的局中人是在知道其他局中人的行动后行动的。先行动的那些局中人必须在选择其最优策略时考虑这点。一个众所周知的动态博弈例子是下棋。应该注意的是动态博弈中预测行为并不总是容易的。工资契约或新车的讨价还价经常是按出价和要价的顺序进行的,买哪的住房的决策经常取决于谁在先前决定住在哪里和预期谁后来的行动,因此它们也是动态博弈。

第一节　博弈树

一、例子:软件博弈 1

例6.1　考虑下面的策略局势:计算机软件商宏软公司正决定利用什么样的营销策略推销其新近开发的计算机游戏软件。在经过许多研究后,该公司把它的选择减少为两个:①A计划;②B计划。宏软知道计算机游戏软件的总销售量不会受到选择的广告计划的影响,但这些销售量的时序会非常不同。只要宏软是游戏的唯一提供者,使用 A 计划在第一年的销售量非常高,这是 A 计划"闪电战"的结果,但在第二年销售量非常小,因为市场接近饱和。B 计划第一年的销售量相对小,但第二年的销售量很大,因为早先的用户告诉他们的朋友这个游戏是如何的好。在两个广告计划中,第二年后没有进一步的销售量因为市场完全饱和。两种计划下每年获得的净利润,如表 6-1 所示。

表 6-1　宏软公司的利润　　　　　　　　　　　　　　　单位:美元

	A 计划	B 计划
第一年总利润	900000	200000
第二年总利润	100000	800000
总利润	1000000	1000000

	A 计划	B 计划
广告成本	570000	200000
总净利润	430000	800000

以表 6-1 为基础,显然宏软公司的最优决策是利用比较廉价的 B 计划,并依赖于博弈在第二年销售量的提高而产生的声誉。但是这一结论忽略了与合法复制宏软游戏软件的潜在竞争者的竞争。计算机游戏软件的合法复制是模仿第一个游戏软件的第二个游戏软件,但它的复制完全不同之处在于复制的所有者不能受到侵犯版权的控告。然而,对于宏软公司而言,第二个公司叫作中软公司,拥有生产宏软游戏的法定复制的技术能力,在开始博弈的那一年成本为 300000 美元。如果中软公司生产复制品,则两个企业会在第二年分割市场。这一假设不考虑其他策略问题如两个企业在第二年进行价格竞争。表 6-2 和表 6-3 列出了宏软和中软公司在中软公司进入市场时的利润。显然 B 计划依然是最优的。

表 6-2　中软公司进入时宏软公司的利润　　　　　单位:美元

	A 计划	B 计划
第一年总利润	900000	200000
第二年总利润	50000	400000
总利润	950000	600000
广告成本	570000	200000
总净利润	380000	400000

表 6-3　中软公司进入时中软公司的利润　　　　　单位:美元

	宏软采用 A 计划	宏软采用 B 计划
第一年总利润	0	0
第二年总利润	50000	400000
总利润	50000	400000
广告成本	300000	300000
总净利润	- 250000	100000

由于两个公司的相互依赖性,宏软公司和中软公司在玩一个博弈。为了分析这个博弈,我们需要知道局中人可利用的策略和他们彼此采用这些策略时的得益。构造可能的策略列表的第一步是列出两个局中人可用的行动。宏软有两个行动供选择:①采用 A 计划;②采用 B 计划。中软公司也有两个行动:①复制游戏软件进入市场;②不复制游戏软件不进入市场。我们称这两个行动为进入和不进入。如果这是一个静态博弈,每个局中人的策略集合等价于他们的行动集合。但这不是静态博弈。在这个博弈中,宏软公司先行动,中软公司在做出其进入决策前知道宏软的行动。描述这个博弈进行的时序的最简单方法是说宏软公司是先行动者,中软公司是后行动者。因为这一博弈顺序,中软公司可把其行动建立在宏软公司的行动之上。因此中软公司的一个策略,是要说明如果宏软公司采用 A 计划中软公司将采取什么行动,如果宏软公司采取 B 计划,中软公司将采取什么行动。这两个不必相同。

二、博弈树

为了决定每个企业的策略集合,我们不仅需要仔细阐明局中人的行动,而且要阐明这些行动的顺序和他们在做出决策时已有的信息。组织这一信息的强有力的方法是用博弈树。博弈树是由结和枝组成的图。博弈树中每个结点代表局中人之一的决策点,该局中人叫作属于在该点行动的局中人。决策结用方框表示,框内是在该结点行动的局中人的名字;一个枝代表局中人一个可能的行动;每个枝连接的两个结点有一个方向;该方向用箭头表示。如果一个枝从结点属于局中人 A 的结点 N_1 到属于局中人 B 的结点 N_2,则局中人 A 在局中人 B 前行动,结点 N_1 在终点结 N_2 前。在本书中,博弈树将总是从顶到底或从左到右进行的。

图 6-1 是软件博弈 1 的博弈树。该博弈从图的最左边开始,其中宏软选择为其新产品的广告宣传。两个枝从左向右,每个枝代表选择的广告计划。代表的行动被列入枝的上边。每个枝点表示中软公司的一个决策结,因为这个企业在其知道宏软公司已经采用的广告类型后做出其进入决策。从决策结向代表中软公司可能选择的行动的两个枝延伸,这 4 个箭头的末端是圆点,叫作终点结。行动者在终点结时,博弈结束。终点结的右边是两个数字。第一个数字是先行动者(宏软公司)的得益,第二个数字是后行动者(中软公司)的得益。博弈树与所有终点结的得益一起,构成博弈的扩展形式。

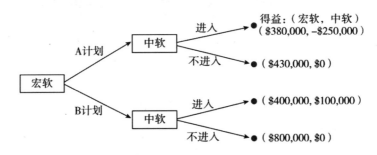

图 6-1　软件博弈 1 的博弈树

为了避免模棱两可,博弈树必须遵循 4 个法则。

(一)博弈树法则 1

博弈树法则 1:每个结点前最多有一个其他结点与之直接相联系。如图 6-2 所示,局中人 B 有两个决策结,从它们的枝到达相同的终点结。如果局中人 A 的行动对得益没有影响,则该局中人的决策结会因前后不一致而被剔除。而且,如果局中人 B 的行动对得益有影响,则在博弈树上需要加上两个终点结,对应着 A 的每个行动。

当法则 1 被满足时,讲一个决策结"跟在另一个决策结后"才有意义。如果从 A 开始,局中人可能做出后续的行动,使得博弈到结点 B,结点 B 是结点 A 的后续结。正式地,结点 B 是结点 A 的后续结,当且仅当存在某些后续结 $N_1, N_2, \cdots, N_K$,使得 $A = N_1$,$B = N_K$,且每个结点直接位于后面的另一个结点之前。这一结点顺序称之为从 A 到 B 的路径。法则 1 意味着在任意两个结点之间至多有一条路径。将说结点 A 是结点 B 的前列结,当且仅当结点 B 是结点 A 的后续结。终点结没有后续结,初始结没有前列结。称没有终点结的结点为决策结。

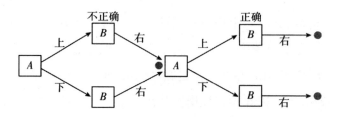

图 6 - 2 违背博弈树法则 1 的博弈树

图 6 - 3 左边是满足博弈树法则 1 的一个博弈树,但其中有一个"环":如果局中人 A 选择"下",则局中人 B 开始行动;而且如果局中人 B 选择"左",则局中人 A 开始行动。因此,谁先行动呢? 为了剔除此种任意性,我们将避免有环状的决策树。图 6 - 3 右边的博弈树是正确的:局中人 A 行动两次,一次在局中人 B 之前,一次在局中人 B 之后。

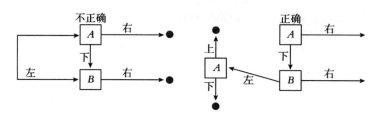

图 6 - 3 违背博弈树法则 2 的博弈树

(二)博弈树法则 2

博弈树法则 2:在一个博弈树中不能有路径把一个决策结与其自身相联结。图 6 - 4 是满足博弈树法则 1 和 2 的博弈树,但没有初始结。然而,"无头"的决策结有可能产生某些策略组合后果的任意性。因此,我们需要决策树满足法则 3。

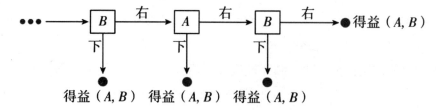

图 6 - 4 没有初始结的博弈树

（三）博弈树法则3

博弈树法则3：每个结是一个唯一初始结的后续结。法则1、2和3意味着每个结点在其前列结中只有一个初始结。但是整个博弈树可能有一个以上的初始结。不过，不管这在何时发生，结点都可根据它们在哪个初始结之后被分成不连续的集合。我们要求这些不连续的结点子集（和联结它们的枝）的每个集合可被看成是满足法则1、2、3的分离的博弈树。而且这每一个"子树"，根据构造只有一个初始结。如图6-5所示，博弈树有一个以上初始结的任何博弈都可以分成彼此独立的博弈，每个独立的博弈只有一个初始结。我们称这个唯一的初始结是博弈树的根。因此，不失一般性，最后要求满足博弈树法则4。

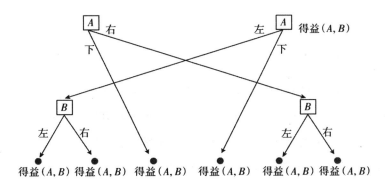

图6-5　有两个初始决策结的决策树

（四）博弈树法则4

博弈树法则4：每个博弈树只有一个初始结。

三、策略

策略是局中人进行博弈的详细计划集合。这说明局中人的一个策略必须说明在该局中人的每一个决策结所采取的行动。因为宏软公司只有一个决策结，所以宏软公司的策略就只包括其选择的两个行动之一。

中软公司有两个决策结。中软公司的一个策略是基于宏软先前的广告选择，在进入或不进入市场间决策。中软公司的一个可能的策略是：如果宏软公司采用A计划，中软公司就进入，如果宏软公司采用B计划，中软公司就不进入。把这一策略写成：（进入，不进入）。第一部分即进入，描述了如果宏软公司采用A计划，中软公司将采取的策略；第二部分不进入描述的是，如果宏软公司采用的是B计划，中软公司所采取的策略。这是4个可能的策略之一。

策略和行动容易混淆。关键是要理解策略不同于行动。策略所刻画的是在所有可能的事件下的计划。不同的策略可产生相同的行动顺序,例如,中软公司和宏软公司博弈中的下面两个策略组合:｛B 计划,(不进入,进入)｝,｛A 计划,(进入,不进入)｝。

四、信息

如果一个局中人知道在他开始行动时博弈进行到哪里,则就说该局中人有完美信息。如果博弈的每个局中人都有完美信息,该博弈就是完美信息动态博弈。此外,一个局中人在不知道另一个局中人先前的行动时必须行动,此局中人就有不完美信息。如果至少有一个局中人有不完美信息,该博弈就是不完美信息博弈。静态博弈是不完美信息博弈,如多数纸牌游戏。

五、结果和得益

软件博弈 1 中宏软公司和中软公司的得益,如表 6-4 所示。宏软公司的行动和策略是一致的而中软公司的行动与策略不一致。表 6-4 列出了中软公司的行动而不是其策略。表 6-4 告诉我们,如果宏软公司选择 A 计划,中软公司就选择进入,则宏软公司将获得380000 美元的利润,中软公司将承受 250000 美元的亏损。

表6-4　软件博弈1的得益

		宏软公司的广告计划	
		A 计划	B 计划
中软公司的决策	进入	(-250,380)	(100,400)
	不进入	(0,430)	(0,800)
得益(1000 美元):(中软公司,宏软公司)			

第二节　纳什均衡和逆向归纳法

描述了策略局势后,我们要预言两个局中人的策略选择。解的概念是预言局中人行为的方法。虽然还不存在普遍接受的解概念,使得其可用于每个博弈,但是关于任何可接受的解概念必须有某些比较广泛一致的特征。

非合作博弈的解必须是该博弈的纳什均衡。一个博弈的纳什均衡是一个策略组合,其中给定其他局中人利用其均衡策略,每个局中人的策略是最优的。

例 6.2　我们现在理解为什么考虑局中人的策略而不是它们的行动。假设你要用表

6-4推出纳什均衡。如果宏软公司采用 B 计划,中软公司的最优行动是进入,因为100000
美元大于 0 美元。如果中软公司选择进入,宏软的最优策略是采用 B 计划,因为 400000 美
元优于 380000 美元。似乎宏软公司采用 B 计划、中软公司选择进入是一个纳什均衡。进一
步,你可从表6-4中看到,这似乎是唯一的纳什均衡,因此,如果你相信纳什均衡策略构成
了人们如何行为的好的预言,你现在就可做出这些预言。

另外,考虑表6-5的策略型博弈。我们知道策略型是局中人在每个可能策略组合中的
得益的表。如果中软公司选择进入而不管宏软公司的广告计划,那么宏软公司将选择 B 计
划。如果宏软公司选择 B 计划,中软公司至少同样选择(进入,进入),和其他策略一样,因
此策略组合{B 计划,(进入,进入)}是一个纳什均衡。此外,如果宏软公司选择 A 计划,则
中软公司不能比选择(不进入,进入)要好。但是如果中软公司选择(不进入,进入),宏软公
司就应选择 A 计划。这使得策略组合{A 计划,(不进入,进入)}同样是一个纳什均衡。中
软公司在第一个纳什均衡中更好,而宏软公司在第二个纳什均衡中更好。那么哪个结果更
可能呢?

表6-5　软件克隆博弈的策略型表述

		宏软公司	
		A 计划	B 计划
中软公司	(进入,进入)	(-250,380)	(100,400)
	(进入,不进入)	(-250,380)	(0,800)
	(不进入,进入)	(0,430)	(100,400)
	(不进入,不进入)	(0,430)	(0,800)
得益(1000 美元):(中软,宏软)			

我们提出的在多个纳什均衡中选择的程序是逆向归纳。这个程序有 6 个步骤。

(1)从博弈的终点结开始,把每个终点结向后追溯到其直接的前列结,它将是某些局中
人的决策结。这些决策结或者是"平常的"或者是"基本的"或者是"复杂的"。一个决策结
如果其每个枝正好引出一个终点结,就是基本的;只有一个枝的基本结是平常的。一个决策
结如果不是基本的,就是复杂的。如果你到达一个平常的决策结,则继续向博弈树的上方运
动直到你到达一个复杂的或不平常的基本决策结或者直到你不能再向前为止。

(2)在第一步到达的每个基本决策结,比较从这一决策结到达每个终点结局中人的得
益,找到最优行动。注意基本决策结 A 与终点结 B 之间的每一路径开始于 A 的唯一枝。引
出局中人最高得益的枝是该结的最优行动。

(3)删除所有从你在第二步检验的每一基本决策结开始的非最优的枝。

(4)你现在有了一个新的博弈树,它比原博弈树简单。如果第一步你到达了博弈树的

根,你现在就做完了。

（5）如果你还没有到达根,则回到第一步,重新开始。按这种方法,你一步一步地向根推进。

（6）对每个局中人,把每个局中人的决策结的最优决策集合在一起。这个决策集构成了该局中人在博弈中的最优策略。

现在运用这种方法求解软件博弈1。最后两个决策结属于中软公司,且两个都是基本的。如果宏软公司选择 A 计划,则中软公司如果不进入其利润为 0 美元,如果进入承受的亏损是 250000 美元。显然在这种情况下中软公司的最优行动是不进入。如果宏软选择 B 计划,则中软公司进入的利润是 100000 美元,不进入的利润是 0 美元。在这种情况下中软公司的最优决策是进入。因为这些是中软公司的唯一决策结,我们已经找到了其最优策略:(不进入,进入)。

通过剪除中软公司的两个决策结的非最优行动,我们就只剩下唯一的一个非普通的决策结,它属于宏软公司。新的博弈树,如图 6 - 6 所示。这时,如果宏软选择 A 计划,利润是 430000 美元,如果宏软选择 B 计划,利润是 400000 美元。显然,宏软的最优策略是选择 A 计划。因此,需要考虑中软公司的进入决策,阻止宏软公司作出亏损 30000 美元的错误决策。

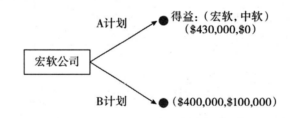

图 6 - 6　第一轮"剪枝"后的软件博弈 1 的博弈树

需要注意的是,在做出预言时混淆了行动和策略,正如表 6 - 4 中所做出的关于行为的预言,可能导致非常坏的预言。这就是为什么纳什均衡解概念必须用于策略型博弈。而且,利用逆向归纳选择纳什均衡,使我们避免了预言与博弈的局中人的最优利益相反的行为。

两个局中人采用其最优策略时的策略组合是{A 计划,(不进入,进入)}。我们已经看到这是一个纳什均衡。如果中软公司相信宏软公司将选择 A 计划,那么它不能变得比(不进入,进入)更好。类似的情况,如果宏软公司相信中软公司将采用策略(不进入,进入),那么宏软公司选择 A 计划是最好的。因此,当两个局中人采用纳什均衡策略时,它们彼此的信念是确定的。运用逆向归纳构造的策略组合总是一个纳什均衡正是博弈论的一个重要性质。

定理 6.1:在完美信息博弈中,利用逆向归纳过程选择的策略组合总是一个纳什均衡。

在软件博弈 1 中,有成本的 A 计划是最优的完全是因为它导致中软公司不进入市场。

为了更清楚地看到这些,考虑如果克隆博弈只花中软公司 10000 美元时会有什么发生。现在中软公司进入市场是有利可图的而不管宏软公司选择的广告计划。因此,中软公司的最优策略是(进入,进入)。所以只要宏软公司开发它,中软公司就将克隆软件,宏软公司同样会选择比较便宜的广告计划,因此,宏软公司的最优策略是 B 计划。类似的情况,假设克隆项目的成本是 500000 美元,则中软公司进入总是亏损,其最优策略是(不进入,不进入)。在这种情况下,宏软公司会忽略进入威胁,只根据成本选择广告计划,宏软公司的最优策略是 B 计划。

第三节　威胁与可信的威胁

软件博弈的分析隐含的假设是,中软公司和宏软公司绝不会彼此进行交涉。但是假如它们就其策略进行交涉,结果证明我们先前的结论保持不变。结论只取决于局中人彼此不能做出可实施的承诺。这叫做空谈。例如,假设中软公司告诉宏软公司它会克隆软件而不管宏软的广告计划如何选择。换句话说,中软公司试图要宏软公司相信它会采用策略(进入,进入)。有时称此种状态为威胁。显然,这个威胁会诱使宏软公司采用 B 计划。如果宏软公司相信中软公司的威胁,那么它就会相信,若采用 B 计划,赚 400000 美元,若采用 A 计划,赚 380000 美元。但如果宏软公司实际上采用的是 A 计划,除了阻止中软公司远离其威胁最终不进入没有其他方法。从中软公司的观点看,实施威胁没有什么可得且要亏损很多。这个例子揭示了逆向归纳法包含了下面的原理:一个可信的威胁只有在给定选择实施威胁对局中人有利时才存在。不可信的威胁会被所有理性的局中人忽略。

重要的是要注意术语"给定选择时"。如果中软公司不能放弃威胁,那么它就是一个有约束力的威胁。如果中软公司能做出有约束力的威胁,这时给软件博弈 1 建立模型的恰当方法是使中软公司先行动,并提出威胁,然后宏软公司行动,在知道中软公司的威胁的情况下选择其广告计划。与此新博弈相对应的博弈树,如图 6 – 7 所示。

在新博弈中,中软公司一旦行动并选择其进入法则。每个行动与原博弈的策略相对应。宏软公司现在有 4 个决策结。宏软公司的策略包括采用广告计划与中软公司的 4 个可能威胁的每一个相对应。我们用 (c_1, c_2, c_3, c_4) 记它的策略,其中 c_1 是中软公司威胁(进入,进入)时的选择的广告计划;c_2 是中软公司威胁(进入,不进入)时的广告计划;c_3 是中软公司威胁(不进入,进入)时的广告计划;c_4 是中软公司威胁(不进入,不进入)时的广告计划。读者可以证明新博弈中宏软公司的最优策略是：（B计划，B计划，A计划，B计划）。即宏软公司只有在中软公司威胁（不进入，进入）时才采用A计划。否则就采用B计划。中软公司的最优策略是威胁（进入，进入），即不管宏软公司采用何种广告计划，中软公司都选择进入。两个企业采用其最优策略时的结果是，宏软公司选择比较便宜的B计划，中软公司进入，克隆软件。最后中软公司得100000美元，这样中软公司成为先行动者处境就变好了，而宏软公司亏损30000美元。两个企业会偏好先行动而不是后行动。即在这种策略局势下，存在先动优势。

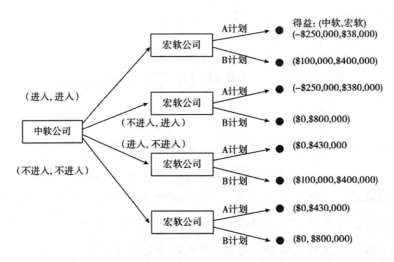

图6-7 如果中软公司能在宏软公司采用其广告策略前承诺自己进入策略时的新的博弈树

第四节 子博弈与子博弈完美纳什均衡

一、子博弈

融入不可信威胁的任何纳什均衡是对人类行为的不好的预言，这一思想归功于莱因哈德·泽尔腾，现在这几乎被博弈理论家普遍接受。泽尔腾提出了子博弈和被称之为子博弈完美纳什均衡的解概念来构建其理论。因为这一贡献，他和约翰·纳什、约翰·豪尔绍尼一同获得了1994年诺贝经济学奖。

在一个完美信息博弈中，一个子博弈包括原博弈的结和枝的子集构成，当一并考虑时，本身构成一个博弈。因为一个子博弈必须是一个博弈，它有唯一的初始结，叫作更大博弈的子根。子博弈的第一个要求是,它由子根和所有其后续结组成。这意味着一旦局中人开始玩子博弈,它们就继续玩其余博弈的子博弈。

我们现在更正式地描述这点。博弈 G_T 的子博弈 G_S 是有如下构造的博弈:①G_S 的局中人和 G_T 相同,虽然某些局中人可能在 G_S 中不采取任何行动。②G_S 的初始结是 G_T 的一个子根,G_S 的博弈树由这一子根、其所有的后续结和它们之间的枝组成。③在 G_S 的终点结,每个局中人的得益和 G_T 在相同终点结的得益相同。

这3个条件等于是说原博弈的局中人集合、行动顺序和可能的行动集合在子博弈中保持着。这一定义意味着每个博弈是自身的一个(普遍)子博弈。一个博弈的非普遍子博弈叫作恰当子博弈。本书后面将把子博弈的概念扩展到不完美信息博弈。

例6.3　软件博弈1的一个子博弈,如图 6－8 所示。这个子博弈从结点 D_2 开始,包括两个后续终点结 T_1 和 T_2,这三个结点之间的两个枝和得益(380000, －250000)及(430000,0)。在完美信息博弈中,如软件博弈1中,每个决策结是博弈的子根。软件博弈1有两个恰当子博弈。

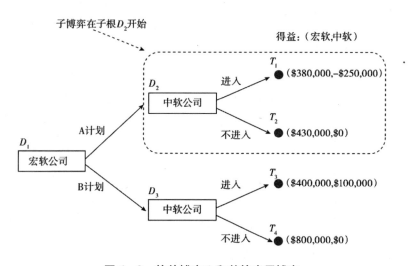

图6－8　软件博弈1和其恰当子博弈

二、子博弈完美纳什均衡

无论局中人在什么时候开始博弈的子博弈,这一事实是共同知识。结果,在整个博弈中局中人的理性行为从这一子博弈的视角看似乎也是理性的。再来看一下软件博弈1,我们知道此博弈的第二个纳什均衡策略组合是:{B 计划,(进入,进入)}。但这个纳什均衡包括了如果宏软公司采用 A 计划中软公司就进入的不可信威胁。考虑图 6－8 中从 D_2 开始的子博弈。这一子博弈只有一个纳什均衡,在这个均衡中,中软公司选择不进入。但纳什均衡策略组合{B 计划,(进入,进入)}要求中软公司在 D_2 选择进入。子博弈中的这一策略的非最优性使得威胁不可信。一旦我们需要纳什均衡策略在用于任何子博弈时仍然是纳什均衡,就要剔除中软公司的不可信威胁的均衡,有这种性质的纳什均衡叫作子博弈完美纳什均衡。

一个策略组合是博弈 G 的子博弈完美纳什均衡,如果这个策略组合对 G 的每个恰当子博弈也是一个纳什均衡。

在完美信息博弈中,子博弈完美纳什均衡正好由那些用逆向归纳选择的均衡组成。理由很简单。如果我们观察从最后行动的局中人的最后决策结开始的子博弈,该子博弈的唯一纳什均衡是对最后决策者产生最高得益的行动。但这正是用逆向归纳选择的行动。如果我们沿博弈树向上移动,逆向归纳剔除了所有不可信威胁,因此选择的行动集合不仅构成了一个纳什均衡,而且是一个子博弈完美纳什均衡。

三、例子:软件博弈 2

假如宏软公司和中软公司玩的动态博弈,如图 6 - 9 所示。这个假设的博弈背后的故事是这样的:宏软公司开发出了一个新的计算机游戏软件,且肯定非常流行。虽然中软公司自己的工程师可克隆这个游戏软件,并与宏软公司竞争,但如果中软公司雇佣宏软公司的几个工程师进行克隆的话就更便宜、更好。宏软公司认识到这点,就选择其与软件工程师的契约中的条款,规定他们如果离开宏软公司,在一个时期内不能为另一个软件公司工作。此种行动被称做先发制人行动或者占先。其目的是改变其竞争者的得益以便改变他们的策略。先发制人行动通常是有成本的,且必须是没有例外。宏软公司在雇佣合同中加入此限制性条款使得它的吸引力减少。结果,如果宏软公司在其雇佣合同中加入这一条款就必须向其工程师支付超过现行市场薪酬的工资。

如果中软公司克隆游戏软件,宏软公司必须决定如何做出反应。它可选择用具有侵略性的广告与中软公司斗争,但这是有成本的,不过可以赋予它更大的市场份额,或者宏软公司可以只做出便宜的广告,和中软公司平分市场。

从图 6 - 9 中看到,中软公司有两个决策结,每个决策结有两个行动,结果有 4 个策略。圆括号内的第一个是如果宏软公司先发制人,中软公司的行动,第二个是如果宏软公司什么都不做时中软公司的行动。

$S^1_{中软}$:(进入,进入)

$S^2_{中软}$:(进入,不进入)

$S^3_{中软}$:(不进入,进入)

$S^4_{中软}$:(不进入,不进入)

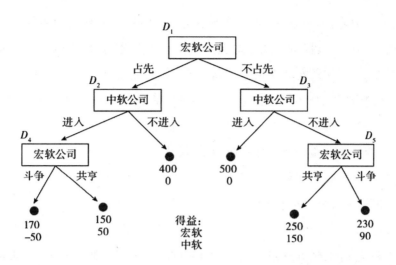

图6-9 软件博弈2的扩展型

宏软公司有3个决策结,每个决策结有两个行动,结果有8个策略。圆括号内第一个是在结点D_1的行动,第二个是在结点D_4对中软公司进入的反应,第三个是在结点D_5对中软公司进入的反应。

$S_{宏软}^1$:(占先,斗争,斗争)

$S_{宏软}^2$:(占先,共享,斗争)

$S_{宏软}^3$:(不占先,斗争,斗争)

$S_{宏软}^4$:(不占先,斗争,共享)

$S_{宏软}^5$:(占先,斗争,共享)

$S_{宏软}^6$:(占先,斗争,共享)

$S_{宏软}^7$:(不占先,共享,斗争)

$S_{宏软}^8$:(不占先,共享,共享)

决定博弈得益所需要的成本与收益信息,如表6-6、表6-7所示。在其整个生命期内,计算机游戏软件将给所有生产或克隆该游戏的企业产生500000美元的净收益(收益减生产成本)。宏软公司为了使其软件工程师接受包括反竞争条款的工资合同必须额外付给软件工程师100000美元。如果中软公司能雇佣宏软公司的软件工程师开发软件其成本是100000美元,否则要支付200000美元。宏软公司侵略性广告的成本是80000美元,其效应是如果宏软公司能限制其工程师的就业就可获得70%的市场份额,如果不能,就只获得62%的市场份额。市场份额的下降是由于没有工程师的指导、中软公司的克隆产品是宏软游戏软件的不完全替代产品和宏软公司的广告可被利用的事实所引起的。然而如果宏软公司被动地默许中软公司的进入并共享市场,则两个企业最后各占50%的市场份额。

软件博弈 2 的策略型,如表 6－8 所示。在这个博弈中,中软公司可能会孤注一掷地使宏软公司相信它将克隆软件,而不管宏软公司与其工程师签订什么样的合同(即它会使宏软相信它将选择 $S^1_{中软}$)。如果宏软相信中软将选择 $S^1_{中软}$,那么宏软的最优反应是采用 $S^4_{宏软}$ 或 $S^8_{宏软}$。这些策略组合是纳什均衡。但是这些均衡是子博弈完美的吗? 软件博弈 2 有 5 个子博弈:整个博弈,开始于结点 D_1;开始于 D_2 和 D_3 的两个子博弈;开始于决策结 D_4 和 D_5 的两个子博弈。从博弈树的末端开始,宏软在 D_4 的最优行动是斗争,在 D_5 的最优行动是共享。给定这些,中软在 D_2 的最优行动是不进入,在 D_3 的最优行动是进入且克隆。宏软现在可以看到,如果它先发制人在雇佣合同中加入非竞争性条款,则它将与中软公司的加入斗争,从而中软公司不进入,结果的得益是 400000 美元。如果宏软什么也不做,则它不会反对中软公司的进入,中软公司预测到这点就进入,结果的得益是 250000 美元,因此宏软将先发制人。把这些综合起来,策略组合($S^5_{宏软}$, $S^3_{宏软}$)是子博弈完美纳什均衡,其他 3 个纳什均衡不是子博弈完美纳什均衡。

表 6－6 软件博弈 2 中宏软公司的得益 单位:千美元

方案	收益生产成本	广告成本	如果约束其他就业的额外工程师成本	宏软的利润
宏软约束工程师;中软克隆软件;宏软做侵略性广告	350	80	100	170
宏软约束工程师;中软克隆软件;宏软被动默许	250	0	100	150
宏软约束工程师中软不克隆软件	500	0	100	400
宏软不约束工程师;中软克隆软件;宏软做侵略性广告	310	80	0	230
宏软不约束工程师;中软克隆软件;宏软被动默许	250	0	0	250
宏软不限制工程师;中软公司不克隆软件	500	0	0	500

表 6－7 软件博弈 2 中中软公司的得益 单位:千美元

方案	收益生产成本	开发成本	中软公司的利润
宏软约束工程师;中软克隆软件;宏软做侵略性广告	150	200	－50
宏软约束工程师;中软克隆软件;宏软被动默许	250	200	0
宏软约束工程师中软不克隆软件	0	0	0
宏软不约束工程师;中软克隆软件;宏软做侵略性广告	190	100	0
宏软不约束工程师;中软克隆软件;宏软被动默许	250	100	150
宏软不限制工程师中软公司不克隆软件	0	0	0

表 6 – 8 软件博弈 2 的策略型表述   单位:千美元

		中软公司			
		$S^4_{中软}$	$S^1_{中软}$	$S^2_{中软}$	$S^3_{中软}$
宏软公司	$S^1_{宏软}$	$(170,-50)$	$(170,-50)$	$(400,0)$	$(400,0)$
	$S^2_{宏软}$	$(150,50)$	$(150,50)$	$(400,0)$	$(400,0)$
	$S^3_{宏软}$	$(230,90)$	$(500,0)$	$(230,90)$	$(500,0)$
	$S^4_{宏软}$	$(250,150)$	$(500,0)$	$(250,150)$	$(500,0)$
	$S^5_{宏软}$	$(170,-50)$	$(170,-50)$	$(400,0)$	$(400,0)$
	$S^6_{宏软}$	$(150,50)$	$(150,50)$	$(400,0)$	$(400,0)$
	$S^7_{宏软}$	$(230,90)$	$(500,0)$	$(230,90)$	$(500,0)$
	$S^8_{宏软}$	$(250,150)$	$(500,0)$	$(250,150)$	$(500,0)$
		得益:(宏软公司,中软公司)			

均衡时,宏软公司为了阻止软件工程师离开为竞争企业工作,就得给他们高于市场工资的工资,即使潜在竞争对手绝不会进入市场,这看似一种"浪费"。但这一薪酬溢价是可靠阻止进入所必要的。

第七章　子博弈完美纳什均衡的应用：动态竞争

第一节　斯坦克伯格模型

在市场竞争中,有的企业领先行动,其他企业尾随领先企业,这种情况是经常发生的。例如,在美国汽车业的发展史中,通用汽车公司曾有一段时期就扮演过领先企业的角色,福特、克来斯勒等公司跟随通用汽车公司行动。德国经济学家斯坦克伯格较早关注到这一点,他在 1934 年提出了一个双头垄断的动态模型,其中支配(或领导者)企业首先行动,然后从属企业(或跟随者)再行动。

一、模型

斯坦克伯格模型和古诺模型一样,假定企业选择产量,与古诺模型不同的是,在古诺模型中,企业的选择是同时进行的,而斯坦克伯格模型中企业的行动是依次进行的序贯行动。

博弈的时间顺序如下:

(1)企业 1 选择一个产量 $q_1 \geq 0$;

(2)企业 2 观察到 q_1 然后选择一个产量 $q_2 \geq 0$;

(3)企业 i 的得益用利润函数给出

$$\pi(q_i, q_i) = q_i[P(Q) - c] \tag{7.1}$$

式中 $P(Q) = a - Q$ 是市场出清价格,而市场的总产量为 $Q = q_1 + q_2$,c 是生产的固定边际成本(假设固定成本为 0)。

要求解这个博弈的逆向归纳解,我们首先计算企业 2 对企业 1 的任何产量的最优反应函数 $R_2(q_1)$:

$$\max_{q_2 \geq 0}(q_1, q_2) = \max_{q_2 \geq 0} q_2[a - q_1 - q_2 - c] \quad (7.2)$$

最优化的一阶条件为

$$R_2(q_1) = \frac{a - q_1 - c}{2} \quad (7.3)$$

假设 $q_1 < a - c$。这实际上是古诺模型中企业 2 的反应函数。不同的是,这里 $R_2(q_1)$ 是企业 2 对企业 1 的已观察到的产量的真实反应,而在古诺模型中,$R_2(q_1)$ 是企业 2 对企业 1 同时选择的假设的产量的最佳反应。

既然企业 2 能解出企业的问题,同样,企业 1 也能解出企业 2 的问题,因为企业 1 会预测到它如果选择产量 q_1,企业 2 将根据 $R_2(q_1)$ 选择产量。因而,在博弈的第一阶段,企业 1 的问题是

$$\max_{q_1 \geq 0} \pi_1(q_1, R_2(q_1)) = \max_{q_1 \geq 0} q_1[a - q_1 - R_2(q_1) - c] = \max_{q_1 \geq 0} q_1 \frac{a - q_1 - c}{2}$$

一阶条件为:

$$q_1^* = \frac{a - c}{2}$$

及

$$R_2(q_1^*) = \frac{a - c}{4} \quad (7.4)$$

这就是斯坦克伯格双头垄断博弈的逆向归纳解(或称斯坦克伯格均衡)。

二、斯坦克伯格均衡与古诺均衡、竞争均衡和垄断均衡的比较

在古诺博弈的纳什均衡中,每个企业的产量为 $(a - c)/3$。而斯坦克伯格博弈的逆向归纳解中的总产量 $3(a - c)/4$,大于古诺博弈的纳什均衡总产量 $2(a - c)/3$,因此在斯坦克伯格博弈中市场出清价格较低。

然而,在斯坦克伯格博弈中,如果企业 1 选择了它的产量是古诺产量 $(a - c)/3$,在这种情况下,企业 2 的最优反应是古诺产量。也就是说,企业 1 已达到其古诺利润水平,而它选择了其他产量,因此,企业 1 的利润必定超过其在古诺博弈中的利润。但斯坦克伯格博弈中市场出清价格降低了,因此总利润也会降低,所以与古诺博弈相比,企业 1 的利润的增加必定意味着企业 2 在斯坦克伯格博弈中福利的恶化。

企业 2 在斯坦克伯格博弈中的利润水平比古诺博弈中的低,揭示了单人决策和多人决策问题之间的一个重要差别。在单人决策理论中,占有更多的信息决不会给决策制定者带来不利。然而在博弈论中,有更多的信息(或者更准确地讲,其他局中人知道它有更多的信

息)可能使局中人的处境变坏。

在斯坦克伯格博弈中,存在问题中的信息是企业 1 的产量:企业 2 知道 q_1,而且(重要的是)企业 1 知道企业 2 知道 q_1。要看到这一信息的影响,我们把上面序贯行动博弈稍微修改。假设企业 1 选择 q_1,之后企业 2 选择 q_2,但事前并没有观察到 q_1。如果企业 2 相信企业 1 已选择了它的斯坦克伯格产量 $q_1^* = (a-c)/2$,那么企业 2 的最佳反应还是 $R_2^*(q_1^*) = (a-c)/4$。但如果企业 1 预期企业 2 将拥有这一信念,因此选择这一产量。企业 1 选择它对 $(a-c)/4$ 的最佳反应,即 $3(a-c)/8$ 而不是它的斯坦克伯格产量 $(a-c)/2$。因而,企业 2 不会相信企业 1 已选择了它的斯坦克伯格产量。相反,这个修正的序贯行动博弈的唯一纳什均衡是,两个企业选择产量 $(a-c)/3$,准确讲是古诺博弈的纳什均衡,那里企业同时行动。因而,由于企业 1 知道企业 2 知道 q_1,给企业 2 带来了损失。

表 7 – 1 列出了上述几种均衡的比较。

表 7 – 1　均衡的比较

	竞争均衡	古诺均衡	斯坦克伯格均衡	垄断均衡
均衡产量	$a-c$	企业 1:$(a-c)/3$; 企业 2:$(a-c)/3$; 总产量:$2(a-c)/3$	领先企业:$(a-c)/2$; 跟随企业:$(a-c)/4$; 总产量:$3(a-c)/4$	企业:$(a-c)/2$; 总产量:$(a-c)/2$
均衡价格	c	$(a+2c)/3$	$(a+3c)/4$	$(a+c)/2$
利润	0	$2(a-c)^2/9$	$3(a-c)^2/16$	$(a-c)^2/4$

三、数值例子

例 7.1　作为一个例子,我们考察两家瓶装水公司:汽水公司和纯净水公司。它们在同一市场销售完全相同的产品——瓶装水。这两家企业是向那些没有市政饮水公司服务的居民供应瓶装水的私人公司。它们构成博弈的策略局中人。两家企业必须决定储藏多少水用于销售。我们用 Q_c 表示纯净水公司的选择,Q_s 表示汽水公司的选择。随后水价由"市场决定"使得供水量和消费者的需求量相等。由于两家企业生产同质产品,产品的价格相同。产出用每年百万瓶表示,价格用每瓶多少美元表示,利润用每年多少百万美元表示。

生产瓶装水的技术要求企业设定生产水平,然后与投入的供应方签约以获得满足生产目标的必要的资源。在获得投入之前,每个企业有无限的生产能力。一旦签订了这些合同,产出的改变就很昂贵。汽水公司有管理优势,在纯净水公司之前就能和投入的供应方签订合同,因此汽水公司可在纯净水公司之前有效地设置其生产目标。这个事实是共同知识。而且消息散布很快,一旦产出目标设定,就立即成为共同知识。因此,博弈的顺序是:汽水公司先选择其产出;纯净水公司观察到这一产出,然后选择自己的产出。用博弈树表示此类博弈,如图 7 – 1 所示。

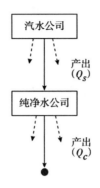

图7-1 斯坦克伯格双头垄断博弈树

汽水公司的策略用正数 Q_s 表示。纯净水公司的策略比较复杂。它由一个函数构成 $Q_c(Q_s)$,此函数取正数。函数 $Q_c(Q_s)$ 提供了纯净水公司对汽水公司的每个可能的初始行动的可能的反应。

下面描述博弈的得益。企业是利润最大化的。瓶装水的反需求函数可写成:

$$P = \begin{cases} 10 - (Q_s + Q_c), & Q_s + Q_c < 10 \\ 0, & Q_s + Q_c \geqslant 10 \end{cases} \tag{7.5}$$

其中 P 是两家企业获得的价格。每家企业生产任何的产出其总成本是

$$TC_i = 3 \cdot Q_i \tag{7.6}$$

每家企业的利润是总收益和总成本的差,所以

$$\pi(Q_s + Q_c) = \begin{cases} (10 - (Q_s + Q_c) \cdot Q_t - 3 \cdot Q_t \cdot Q_c < 10 \\ -3 \cdot Q_t & Q_s + Q_c > 10 \end{cases} \tag{7.7}$$

检验此函数发现所有大于7单位的产出水平就会亏损,而不管竞争对手选择哪个产出,因此是一个严格劣策略,绝不会生产。故而对每个 Q_s,我们知道 $Q_s^* \leqslant 7$, $Q_c^*(Q_s) \leqslant 7$。而且,如果 $Q_s \geqslant 7$,$Q_c^*(Q_s) = 0$。

这个博弈在许多方面类似于古诺模型。当然,这里关键的不同在于博弈是相继发生而非同时进行的。如果同时选择产出,就可以利用古诺模型的方法找到两个企业的纳什均衡产出。结论是两家企业生产的产出都是7/3。两家企业赚得的利润都是5.44。给定其他企业的产出选择,没有一个企业能够比生产这一产出水平的处境好。因此,策略 $Q_s \equiv 7/3$ 和 $Q_c(Q_s) \equiv 7/3$ 同样是斯坦克伯格博弈的一个纳什均衡。

必须清楚 $Q_c(Q_s) \equiv 7/3$ 和 $Q_c(7/3) = 7/3$ 之间的不同。前者是纯净水公司的一个完全策略,即是说不管汽水公司的产出选择,纯净水公司都将选择7/3的产出。后者是不完全策略,即只是说当汽水公司选择7/3的产出时,纯净水公司也选择7/3的产出。但并未阐明纯净水公司对汽水公司的其他产出选择的反应。

问题是纯净水公司的策略 $Q_c(Q_s) \equiv 7/3$ 意味着不可信威胁。例如,假设汽水公司生产的产出是 3,因为纯净水公司能够观察到汽水公司的选择,它的唯一可信的反应是基于汽水公司选择 3 单位产出,选择利润最大化的产出。读者能够证明,此产出是 2 而非 7/3。在这些条件下,汽水公司获得的利润是 6,纯净水公司的利润是 4。显然,汽水公司从自身的观点看,选择的产出要好于古诺均衡产出,它这样做是以牺牲纯净水公司为代价的。纯净水公司的问题是它不能可信地承诺古诺均衡产出。事实上,汽水公司的产出越大,越会导致纯净水公司降低其产出。

于是汽水公司的真实问题是,单与纯净水公司的最优反应相结合时,选择的产出要对自己产生最高的利润。我们想要找到子博弈完美纳什均衡的策略组合 $\{Q_s^*, Q_c^*(Q_s)\}$。纳什均衡要求 $Q^*{}_s$ 最大化函数 $\pi_s\{Q_s, Q_c^*(Q_s)\}$,$Q_c^*(Q_s^*)$ 最大化函数 $\pi_c(Q_s^*, Q_c)$。即给定其竞争对手的产出选择,两家企业不能单方面使自己变好。纳什均衡对函数 $Q_c^*(Q_s^*)$ 没有其他的约束,除了 $Q_c^*(Q_s^*)$ 是对汽水公司选择的 Q_s^* 的最优反应外。子博弈完美纳什均衡对每个 Q_s 值有进一步的要求,不仅 Q_s^*,产出水平 $Q_c^*(Q_s)$ 最大化函数 $\pi_c(Q_s, Q_c)$。这意味着 $Q_c^*(Q_s)$ 正好是最优反应函数。我们知道最优反应函数的导数被用于决定企业的策略。这里最优反应函数就是一个策略。我们首先决定纯净水公司的最优反应函数,然后用它确定汽水公司的最优产出。两个最优策略确定了纯净水公司的最优产出即 $Q_c^*(Q_s^*)$。

要找到 Q_c^*,我们运用微积分。数量 $Q_c^*(Q_s)$ 是 $\pi_c(Q_s, Q_c)$ 对 Q_c 的偏导数等于 0 的值,除非使得 Q_c 为负。在后一种情况下,纯净水公司的最优产出将为 0。因为

$$\frac{\partial \pi_c}{\partial Q_c}(Q_s, Q_c) = 7 - Q_s - 2Q_c \tag{7.8}$$

于是

$$7 - Q_s - 2Q_c^*(Q_s) = 0 \tag{7.9}$$

方程的解是

$$Q_i^*(Q_s) = \begin{cases} 3.5 - \dfrac{1}{2}Q_s, & Q_s < 7 \\ 0, & Q_s \geq 7 \end{cases} \tag{7.10}$$

现在只需确定汽水公司的最优策略 Q_s^*。把纯净水公司的最优策略代入汽水公司的利润函数就得到只取决于 Q_s 的"集中"利润函数,记为 $\pi_s^*(Q_s)$:

$$\pi_s^*(Q_s) = \left(10 - \left(3.5 - \frac{1}{2}Q_s\right) - Q_s\right) \cdot Q_s - 3Q_s = \left(3.5 - \frac{1}{2}Q_s\right) \cdot Q_s \tag{7.11}$$

现在我们求集中的利润函数的偏导数。Q_s^* 是这个偏导数的值等于 0 的值。因为

$$\frac{\mathrm{d}}{\mathrm{d}Q_S}\pi_s^*(Q_s) = 3.5 - Q_s \tag{7.12}$$

于是

$$Q_s^* = 3.5 \tag{7.13}$$

最优产出是每年 350 万瓶。在这一产出水平上,汽水公司赚得 612.5 万美元的利润。纯净水公司对这一决策的反应是每年生产 175 万瓶水,获得 306.25 万美元的利润。汽水公司所赚是纯净水公司所赚的两倍,因此在这个博弈中先动优势产生了每年 306.25 万美元的额外利润。

在斯坦克伯格提出这一模型时,他称先选择产出的企业是产业领袖,后选择产出的企业是追随者。由于斯坦克伯格博弈中的领袖有对追随者的先动优势,有什么能阻挡追随者不先行动而成为领袖呢?在我们的例子中,假设障碍是签约困难。一个企业取得领袖地位的方法是企业引入新产品成为局部创新者。在这种情况下,领袖是短期的垄断者,面临其他企业的进入威胁。为了保持斯坦克伯格领袖地位,一种方法就是承诺不改变产出,为使此承诺可信,企业可以和供应方或消费者签订长期合同。此种合同降低了领袖的灵活性,使得其不会改变产出,令进入的威胁更可信。当然,长期合约是有风险的,因为它们使企业更易受改变口味或技术的打击。结果,斯坦克伯格竞争在技术成熟、需求稳定的行业中越可能存在(如钢铁),在技术迅速改变或者需求高度变化的行业就越不会存在(如计算机游戏软件)。

第二节　银行挤兑博弈

一、模型

两个投资者,每人存入银行一笔存款 D,银行已将这些存款投资于一长期项目。如果银行在项目到期前被迫对投资者变现,共可收回 $2r$,这里 $D > r > D/2$。然而如果银行允许投资项目到期,则项目共可取得 $2R$,其中 $R > D$。

投资者能够从银行提款的两个日期:日期 1 在银行的投资项目到期之前;日期 2 则在到期之后。为简单起见,假设不存在贴现。如果两个投资者都在日期 1 提款,那么每人可得到 r,博弈结束。如果只有一个投资者在日期 1 提款,他可得 D,另一个投资者得到 $2r - D$,博弈结束。最后,如果两个投资者都不在日期 1 提款,那么项目到期,投资者在日期 2 做出提款决策。如果两个投资者都在日期 2 提款,那么每人收到 R,博弈结束。如果只有一个投资者在日期 2 提款,那么该投资者收到 $2R-D$,另一个收到 D,博弈结束。最后,如果两个投资者都不在日期 2 提款,那么银行向每个投资者返还收益 R,博弈结束。

二、第二阶段:日期 2 的博弈

下面首先用标准型表述表示这个博弈。设两个投资者在日期 1 和 2 的收益(作为他们在那时提款决策的函数)用下面的标准型博弈(见图 7-2)表示。需要注意的是,日期 1 的标准型表述不规范:如果两个投资者都选择在日期 1 不提款,那么就无收益相对应,这时投资者要在日期 2 进行标准型博弈。

	提款	不提款
提款	r,r	$D,2r-D$
不提款	$2r-D,D$	下一阶段

时期 1

	提款	不提款
提款	R,R	$2R-D,D$
不提款	$D,2R-D$	R,R

时期 2

图 7-2　银行挤兑博弈(1)

要分析这一博弈,我们利用上一章讲的逆向归纳法。先考虑日期 2 的标准型博弈。因为 $R>D$(从而 $2R-D>R$),"提款"严格优于"不提款",所以这个博弈有唯一的纳什均衡:两个投资者都提款,得到的收益为 (R,R)。

三、第一阶段:日期 1 的博弈

由于不存在贴现,我们可以直接把第二阶段得到的收益代入日期 1 的标准型博弈,如图 7-3 所示。

	提款	不提款
提款	r,r	$D,2r-D$
不提款	$2r-D,D$	R,R

时期 1

图 7-3　银行挤兑博弈(2)

因为 $r<D$(从而 $2r-D<r$),这一由两阶段博弈变形得到的单阶段博弈有两个纯战略纳什均衡:①两个投资者都提款,结果收益为 (r,r);②两个投资者都不提款,得到的收益为 $(R,$

R）。从而，最初的两阶段银行挤提博弈就有两个子博弈完美解。

这里的博弈与本章前面定义的博弈不完全相同：①两个投资者在时期 1 提款，得到收益 (r,r)；②两个投资者在时期 1 不提款，而在时期 2 提款，在时期 2 产生收益 (R,R)。前一结果可以解释对银行的一次挤提。如果投资者 1 相信投资者 2 在时期 1 将提款，那么投资者 1 的最佳响应是提款，即使他们都等到时期 2 再提款境况更好亦如此。

这种银行挤提博弈不同于囚徒困境的一个重要方面是：两个博弈都存在导致社会无效率支付的纳什均衡；在囚徒困境中这一均衡是唯一的（且是局中人的严格占优战略），而这里还存在一个有效率的均衡。因此，这个模型无法预言银行挤提什么时候发生，但却证明它们能作为一种均衡现象发生。

第三节　关税和国际市场的不完全竞争

一、模型

考虑两个完全相同的国家，用 $i = 1,2$ 表示。每个国家有一个选择关税税率的政府、一个生产国内消费和出口产品的企业和一群消费者，他们或者在国内市场购买国内企业的产品或者买国外企业的产品。如果国家 i 的市场总量是 Q_i，那么市场出清价格为 $P_i(Q_i) = a - Q_i$。国家 i 中的企业（以后称企业 i）为国内市场生产 h_i，并出口 e_i。因此 $Q_i = h_i + e_j$。企业的边际成本为常数 c，并且没有固定成本。所以企业 i 的生产总成本是 $C_i(h_i,e_i) = c(h_i + e_i)$。另外产品出口时企业还要承担关税成本（费用）：若国家 j 的政府制定的关税税率为 t_j，企业 i 出口 e_i 给国家 j，于是企业 i 必须支付关税 $t_j e_i$ 给政府 j。

博弈的时间顺序如下：

首先，政府同时选择关税税率 t_1 和 t_2。

其次，企业观察到关税税率，同时选择其为国内消费和出口的生产数量 (h_1,e_1) 和 (h_2,e_2)。

第三，企业 i 的得益是其利润，政府 i 的得益是为本国的总福利，其中国家 i 的总福利是国家 i 的消费者剩余、企业 i 获得的利润和政府 i 从企业 j 中收取的关税收入的总和：

$$\pi_i(t_i,t_j,h_i,e_i,h_j,e_j) = [a - (h_i + e_j)]h_i + [a - (e_i + h_j)]e_i - c(h_i + e_i) - t_j \cdot e_i, W_i(t_i,t_j,h_i,e_i,h_j,e_j)$$

$$= 1/2 \cdot Q_i^2 + \pi_i(t_i,t_j,h_i,e_i,h_j,e_j) + t_i \cdot e_j$$

二、第二阶段:企业产出选择博弈

假设政府已选择了关税税率 t_1 和 t_2。如果 $(h_1^*,e_1^*,h_2^*,e_2^*)$ 是企业 1 和 2 之间(两市场)博弈的纳什均衡,那么,对每个企业 i,(h_i^*,e_i^*) 必须满足:

$$\max_{h_i,e_i}\pi_i(t_i,t_j,h_i,e_i,h_j^*,e_j^*)$$

因为 $\pi_i(t_i,t_j,h_i,e_i,h_j^*,e_j^*)$ 可以表示为企业 i 在市场 i 中的利润(它仅是 h_i 和 e_j^* 的函数)和在市场 j 的利润(它仅是 e_i、h_j^* 和 t_j 的函数)的和,企业 i 在两市场的最优化问题可简化成一对问题,在每个市场分别求解:h_i^* 必须满足:

$$\max_{h_i\geq 0}h_i(a-(h_i+e_j^*)-c)$$

且 e_i^* 必须满足:

$$\max_{e_i\geq 0}e_i(a-(e_i+h_j^*)-c)-t_je_i$$

假设 $e_j^*\leq a-c$,我们有:

$$h_i^*=(a-e_j^*-c)/2 \tag{7.14}$$

再假设 $h_j^*\leq a-c-t_j$,就有:

$$e_i^*=(a-h_j^*-c-t_j)/2 \tag{7.15}$$

(我们推出的这一结论与上面两个假定相符)。对每个 $i=1,2$ 必须同时满足两个最优反应函数(7.14)和(7.15)。这样我们就有 4 个未知数 $(h_1^*,e_1^*,h_2^*,e_2^*)$ 的 4 个方程。这 4 个方程可简化成两组,每组包括有两个未知数的两个方程。其解是:

$$h_i^*=(a-c+t_i)/3,\quad e_i^*=(a-c-2t_j)/3 \tag{7.16}$$

我们知道在古诺博弈中,两个企业选择的均衡数量是 $(a-c)/3$,但这个结论是在假定对称的边际成本下推导出来的。相反,(7.16)所描述的均衡中,政府的关税选择使边际成本不再对称。例如在市场 i 中,企业 i 的边际成本是 c,但企业 j 的边际成本为 $c+t_i$。因为企业 j 的成本较高,它想生产的就较少。但如果企业 j 要降低产出,则市场出清价格又会提高,所以企业 i 又趋向于多生产,在此情况下,企业 j 的产出就又会降低。所以均衡时,h_i^* 随 t_i 的提高而上升,e_j^* 随 t_i 的提高而(以更快的速度)下降。

三、政府间关税博弈

在解出了政府选择关税时,其后两个企业之间在第二阶段的博弈结果之后,现在我们就能把两个政府间在第一阶段的相互作用描述为下面的同时行动博弈。

首先,政府同时选择关税税率 t_1 和 t_2;其次,政府 $i(i=1,2)$ 的得益为 $W_i(t_i,t_j,h_1^*,e_1^*,$

h_2^*,e_2^*),其中 h_i^* 和 e_i^* 是(7.16)中描述的 (t_i,t_j) 的函数。我们现在解出这一政府间博弈的纳什均衡。

为了简化记法,我们把 h_i^* 取决于 t_i、e_i^* 取决于 t_j 隐于式中:令 $W_i^*(t_i,t_j)$ 代表 $W_i(t_i,t_j,$ $h_1^*,e_1^*,h_2^*,e_2^*)$,表示政府 i 选择关税税率 t_i,政府 j 选择关税税率 t_j,企业 i 和 j 按(7.16)式中的纳什均衡行动时政府 i 的得益。如果 (t_1^*,t_2^*) 必须满足 $\max_{t_i \geq 0} W_i^*(t_i,t_j^*)$ 但 $W_i^*(t_i,t_i^*)$ 又等于:

$$\frac{(2(a-c)-t_i)^2}{18} + \frac{(a-c+t_i)^2}{9} + \frac{(a-c-2t_j)^2}{9} + \frac{t_1(a-c-2t_j)}{3}$$

所以 $t_i^* = (a-c)/3$ 这一结果对每一个 i 都成立,并不依赖于 t_j^*,因此,在这个模型中,选择的关税税率是 $(a-c)/3$,是每个政府的占优战略(在其他模型中,如边际成本递增的模型中,政府的均衡战略就不是占优战略)。把 $t_i^* = t_j^* = (a-c)/3$ 代入(7.16)得:

$$h_i^* = 4(a-c)/9, \quad e_i^* = (a-c)/9$$

这就是第二阶段企业的产量选择。由此,这个关税博弈的子博弈完美解是:

$$t_1^* = t_2^* = (a-c)/3, h_1^* = h_2^* = 4(a-c)/9, e_i^* = e_2^* = (a-c)/9$$

在子博弈完美解中,每个市场的总产量是 $5(a-c)/9$。然而如果政府选择关税税率等于 0,则每个市场的总产量就是 $2(a-c)/3$,等于古诺模型中的结果。因而,在政府选择其占优战略关税时,市场 i 的消费者剩余(它仅仅是市场 i 的总产量的平方的一半)比政府选择零关税时要低。事实上,零关税是社会最优的选择,在 $t_1 = t_2 = 0$ 时,是下式的解:

$$\max_{t_1,t_2 \geq 0} W_1^*(t_1,t_2) + W_2^*(t_2,t_1)$$

因此,政府就有激励签一个协定,相互承诺零关税(即自由贸易)(如果关税为负——即补贴是可行的,政府选择的社会最优是 $t_1 = t_2 = -(a-c)$,这会使国内企业为本国消费者提供的产出为零,并向另一个国家出口完全竞争条件下的产出)。所以,假定企业 i 和 j 在第二阶段按方程(7.16)给出的纳什均衡行动,政府在第一阶段的互动决策是囚徒困境式问题:唯一的纳什均衡是其占优战略,而对整个社会却是无效率的。

第四节　锦标赛

一、模型

考虑两个工人为同一个老板工作。工人 $i(i=1$ 或 $2)$ 生产的产出 $y_i = e_i + \varepsilon_i$,$e_i$ 是努力程度，ε_i 是随机扰动项。生产的程序如下：

第一，两个工人同时选择非负的努力水平：$e_i \geq 0$；

第二，随机扰动项 ε_1 和 ε_2 是相互独立的，并服从期望值为 0、密度函数为 $f(\varepsilon)$ 的概率分布；

第三，工人的产出是可观察的，但他们的努力水平的选择是不可观察的，因此，工人的工资依赖于他们的产出，但不（直接）取决于他们的努力水平。

假设老板为激励工人努力工作，而在他们中间开展工作竞赛。工作竞赛中的优胜者（即产出高的工人）得到的工资是 W_H；失败者的工资是 W_L。工人得到工资 W 并付出努力程度 e 的收益是 $u(W,e) = W - g(e)$，其中 $g(e)$ 是努力工作的负效用，是递增的凸函数（即 $g'(e) > 0, g''(e) > 0$）。老板的收益是 $y_1 + y_2 - W_H - W_L$。

二、第二阶段：工人的选择

现在我们用博弈论术语来分析这个问题。老板是局中人 1，他的行动 a_1 是选择工作竞赛中支付的工资水平 W_H 和 W_L。这里不存在局中人 2。两个工人是局中人 3 和 4，他们观察第一阶段选择的工资水平，然后同时选择行动 a_3 和 a_4，即努力选择 e_1 和 e_2。最后，局中人各自的收益如前已给出。由于产出（从而也是工资）不仅是局中人行动的函数，而且也是随机扰动项 ε_1 和 ε_2 的函数，用局中人的预期收益进行分析。

假如老板已选择了工资水平 W_H 和 W_L。如果一对努力（e_1^*，e_2^*）是第二阶段两个工人之间博弈的纳什均衡，则对每个 i，e_i^* 必须使工人 i 的预期工资减去努力的负效用后的净所得最大化，即 e_i^* 必须满足

$$
\max_{e_i \geq 0} W_n \text{Prob}\{y_i(e_i) > y_i(e_j)\} + W_L \text{Prob}\{y_i(e_i) \leq y_i(e_i)\} - g(e_i)\} - g(e_i) \tag{7.17}
$$

$$
= (W_H - W_L)\text{Prob}\{y_i(e_i) > y_i(e_j^*)\} + W_L - g(e_i)
$$

式中 $y_i(e_i) = e_i + \varepsilon_i$。（7.17）的一阶条件：

$$
(W_H - W_l) \frac{\partial \text{Prob}\{y_i(e_i) > y_j(e_j^*)\}}{\partial e_i} = g'(e_i) \tag{7.18}
$$

也就是说，工人 i 选择努力程度 e_i，使得额外努力的边际负效用 $g'(e_i)$ 等于额外努力的边际所得，后者是对优胜者的奖励工资 $W_H - W_L$ 和因努力程度提高而使获胜概率的边际增加的积。

根据贝叶斯法则：

$$
\text{Prob}\{y_i(e_i) > y_i(e_j^*)\} = \text{Prob}\{e_j > e_j^* + \varepsilon_i - e_i\}
$$

$$
= \int_{\varepsilon_j} \text{Prv} \mid \varepsilon_i > e_j^* + \varepsilon_j - \varepsilon_i \mid f(\varepsilon_j) d\varepsilon_j
$$

$$= \int_{\varepsilon_j} \left[1 - F(e_j^* - e_i - \varepsilon_j) \right] f(\varepsilon_j) \mathrm{d}\varepsilon_j$$

因此,一阶条件(7.18)可简化为

$$(W_H - W_L) \int_{s_j} f(e_j^* - e_i + \varepsilon_j) f(\varepsilon_j) \mathrm{d}e_j = g'(e_i)$$

在对称的纳什均衡(即 $e_1^* = e_2^* = e^*$),我们有

$$(W_H - W_L) \int_{\varepsilon_j} f(\varepsilon_j)^2 \mathrm{d}\varepsilon_j = g'(e^*) \qquad (7.19)$$

因为 $g(e)$ 是凸函数,所以优胜获得的奖金越高(即 $W_H - W_L$ 的值越大),就会激发大的努力,这和我们的直觉一致。另一方面,假如奖金不变,产出的随机扰动项越大,就越不值得努力工作,因为竞赛的结果可能由运气决定而不取决于努力水平。

三、老板的选择

下面分析博弈的第一阶段。假设工人同意参与竞赛(而不是另谋高就),那么他们对给定 W_H 和 W_L 的反应,就会是方程(7.17)所描述的对称的纳什均衡战略(这里,我们忽略不对称均衡的可能性,在这种均衡中,工人的努力选择由角点解 $e_1 = e_2 = 0$ 给出,而不是由(7.18)的一阶条件给出)。同时假设工人可寻求其他就业机会,得到的效用为 U_a。因为在对称的纳什均衡中每个工人在竞赛中获得优胜的概率为一半(即 $\mathrm{Prob}\{ y_i(e_i) > y_i(e_j) \} = 1/2$),如果老板想诱导工人参与竞赛,那么他必须选择工资满足

$$W_H/2 + W_L/2 - g(e^*) \geqslant U_a \qquad (7.20)$$

假设 U_a 足够低,使得老板愿意诱导工人参与竞赛,则他会在(7.20)的约束条件下,选择使其预期利润 $2e^* - W_H - W_L$ 最大的工资水平。最优时,式(7.20)中的等号成立。

$$W_L = 2U_a + 2g(e^*) - W_H \qquad (7.11)$$

于是预期利润就成为 $2e^* - 2U_a - 2g(e^*)$。因此老板考虑的问题就是使 $e^* - g(e^*)$ 最大化,这时他选择的工资水平应使得与之相应的努力 e^* 满足这一条件。所以最优选择下的努力程度满足一阶条件 $g'(e^*) = 1$,把它代入式(7.19),得到最优激励 $W_H - W_L$ 满足:

$$(W_H - W_L) \int_{\varepsilon_j} f(\varepsilon_j)^2 \mathrm{d}\varepsilon_j = 1$$

和(7.21)式一起,可解得 W_H 和 W_L 的值。

第八章 子博弈完美纳什均衡的应用：讨价还价

　　讨价还价或者谈判,在人们的经济生活中是很重要的,可以说处于每一个社会的核心。作为个人(例如,与雇主就薪酬进行的争论,在市场和集市里就价格进行的讨价还价),作为厂商和企业(例如,就薪酬和工会进行的谈判,和其他企业和厂商经常进行的商务谈判),作为国家(例如,与其他国家就双边或多边的国际事务进行谈判),在社会的各个阶层和圈子里就众多事务而讨价还价。讨价还价是这样一种局势,其中两个局中人之间有共同的利益要合作,但在到底如何合作方面却存在利益冲突。也就是说,就可能结果的集合(它包括两个或多个元素)中的一个结果达成协议,可以使参与讨价还价的各局中人获得共同收益,但他们对结果的集合却存在着利益冲突。以博弈论为基础对讨价还价进行分析,纳什作出了开拓性贡献,20世纪80年代以来,基于罗宾斯坦对讨价还价理论的贡献,以博弈论为基础的讨价还价理论取得了长足的进展。本章以一个假想的例子为基础,分析在双边讨价还价(即两个人)的情形中,经济代理人的理性行为。

第一节　有耐心的讨价还价

　　例 8.1　考虑有两方就一种服务的价格进行谈判以达成一个合约。假设买方叫三毛,卖方叫昭君,三毛愿意支付的最高价不超过300元,昭君不接受任何低于200元的价格,这些都是共同知识。买方愿意支付的300元的最高价是买方的保留价格,卖方愿意接受的200元最低价格是卖方的保留价格。谈判价格与保留价格的差是每个交易者的交易所得。因此,只要能达成一个协议,三毛和昭君的交易所得都将增加100元。把这100元想成是一个馅饼要在双方之间进行分配或许是有帮助的。

　　将他们之间的谈判模型化为一个动态博弈,其中三毛先行动,对服务出价 P_1。昭君然后或者接受或者拒绝这个出价。如果昭君接受,博弈结束,交易就在该出价上完成。然而如果昭君拒绝第一个出价,则她提出一个还价 P_2,三毛接受或者拒绝这个还价,然后谈判结束。这个博弈的扩展型表述如图 8-1 所示。

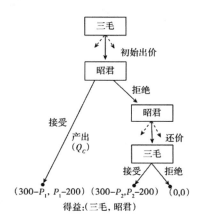

图 8-1　讨价还价的博弈树

一旦要价被接受,每个局中人的得益等于该局中人的交易所得。如果没有出价被接受,则交易没有发生,每个局中人的得益为 0 元。当局中人在接受或者拒绝之间无差异时,则假设该出价被接受。

利用逆向归纳求解,只要昭君的最后还价不超过 300 元,三毛就会接受。理由很简单,如果三毛接受了超过 300 元的出价,他不会比接受不超过 300 元的出价的境况好。如果把博弈树往上移到另一个结点,显然昭君将会拒绝接受三毛做出的任何低于 200 元的出价,因为接受任何其他的出价将会忽略她在下一轮给出更赚钱的还价的能力。这意味着三毛压价虽然对他有利,但或许会在博弈一开始就出价 300 元购买这个服务,因为他会随便出价 300 元结束博弈。这里存在最后行动者的优势(后动优势),由于能够做出最后出价,这使昭君具有摄取全部剩余的能力,或者换句话说,"吃掉整个大饼"。

这个博弈对出价的轮回和谁先行动非常敏感。例如,如果博弈只有一轮,因此昭君就没有机会提出还价,则三毛的最优策略是只出价 200 元购买这一服务。昭君会接受这一出价,因为她在接受或者拒绝出价之间没有差异。在这种情况下,三毛能摄取全部 100 元的剩余。读者可以证明如果三毛第一个出价,出价的轮数是奇数,则三毛得到的得益等于全部剩余;但如果出价的轮数是偶数,则昭君将得到全部剩余。

第二节　对称无耐心的讨价还价

现在假设出价不止一两个回合,而是 100 个回合。而且,假设推迟达成协议使得谈判有成本。这一成本可能与未来收益相对于现在收益的贴现有关。当交易者的时间机会成本大时,即使是谈判推迟很少几天的价值也可能非常昂贵。对于许多人而言,这一成本可能主要包括因必须处理不稳固的且充满潜在压力的情况所造成的烦恼。例如,谁愿意没有所得却和旧车的卖主争论不休呢?

为使问题具体,假设推迟一个回合达成协议的成本减少了双方局中人的交易所得 3%。即局中人有对称的无耐心。如前一样,继续假设三毛和昭君在接受或拒绝出价无差异时接受出价。

有 100 个出价回合,要画出一个完全的博弈树是困难的,而且也没有必要。仍然利用逆向归纳求解三毛和昭君的理性策略。考虑始于昭君第 100 回合和最后出价的子博弈。和上一节一样,昭君会还价 300 元履行服务,三毛会接受这个还价。现在向后移到始于三毛在第 99 回合出价的子博弈。和以前一样,三毛知道当他必须决定他在第 99 回合出价多少时,他能从昭君在第 100 回合的出价中预期子博弈完美出价是多少。不过,和以前不一样的是,他会出价 297 元从昭君购买服务,昭君将接受这一出价。这个数字是从计算昭君推迟达成协议一回合的成本中算出来的。记住可分配的剩余是 100 元,而推迟一回合达成协议的成本是接受出价后其剩余额的 3%。昭君等到第 100 回合后可获得全部剩余,但因为她无耐心,她会宁愿接受 3% 的损失使讨价还价在第 99 回合结束。因此,昭君将接受任意大于或等于 297 元的第 99 回合的出价,拒绝任何损失。从三毛的观点看,今天的 3 元比明天什么也没有要好,三毛将出价 297 元。

但是昭君知道三毛同样是无耐心的。因为三毛在第 99 回合获得 3 元的得益,三毛有可能会在第 98 回合接受低于 3 元的 3% 剩余(0.09 元),因此,昭君会在第 98 回合对其服务还价 297.09 元,从而获得 97.09 元的剩余。这 0.09 元不仅高于她等待另一个回合所赚得的收益,而且这个还价使得她避免了等待成本。再一次,三毛知道昭君有可能等待接受三毛在第 97 回合的出价 294.16 元(第 98 回合所得剩余的 3%)。三毛又获得一个比他等待要大的剩余(5.84)。

谈判过程的每一回合都对卖方和买方有一个成本。这一成本只有通过平分剩余对其他局中人有吸引力才可避免。局中人做出最优出价的份额列于表 8 - 1 中。通过使用逆向归纳,最后发现三毛的最优初始行动是出价251.65元给昭君购买她的服务,昭君将接受这一出价。结束时三毛的交易所得为48.35元,而昭君的交易所得为51.65元。注意剩余接近按50/50平分,但后行动者昭君继续对三毛有微弱的优势。

表8-1 讨价还价博弈的纳什均衡结果:各种出价和对称无耐心

回合数	出价者	卖方(昭君)的份额	买方(三毛)的份额
100	卖方	100.0%	0.0%
99	买方	97.0%	3.0%
98	卖方	97.1%	2.9%
97	买方	94.2%	5.8%
4	卖方	53.4%	46.6%
2	买方	51.8%	48.2%
1	买方	53.2%~51.7%	48.3%

第三节 无耐心讨价还价的一般模型

利用这一分析正好平分剩余,取决于出价的回合数和交易成本的大小。如果推迟成本对两个局中人都相同,回合数大,且一期推迟成本很小,则50/50平分就会发生。虽然经验证据证明经常是50/50的平分,但情况并不总如此。我们显然也看到了交易所得并非按50/50进行平分的。

事实上,假设昭君推迟交易的成本大于三毛推迟交易的成本,这样说是因为昭君在收到收入方面比收到服务方面更不具有耐心。特别地,假设推迟降低了昭君交易所得6%,但只降低三毛交易所得3%。在这种情况下,局中人有不对称的无耐心。对昭君来说,在第100回合还价300元仍然是最优的,因为她知道三毛会接受这个出价,但现在三毛在第99回合的最优出价是294元,而不是297元。在第98回合,昭君知道三毛会从交易中得到5.82元(6元的97%),因此她会以294.18元供给其服务。部分的最优出价的份额如表8-2所示。

表8-2 讨价还价博弈的纳什均衡结果:各种出价和不对称无耐心

回合数	出价者	卖方(昭君)的份额	买方(三毛)的份额
100	卖方	100.0%	0.0%
99	买方	94.0%	6.0%
98	卖方	94.2%	5.8%
97	买方	88.5%	11.5%

续表

回合数	出价者	卖方(昭君)的份额	买方(三毛)的份额
96	卖方	88.9%	11.1%
…	…	…	…
4	卖方	34.8%	65.2%
3	买方	32.7%	67.3%
2	卖方	34.7%	65.3%
1	买方	32.6%	67.4%

三毛最优的初始出价现在是 232.60 元,昭君接受而不愿意推迟达成协议。注意剩余的分配大约是 2:1,对三毛有利,这正好和他们推迟成本的比例(6:3)相反。这不是巧合,下面进行证明。

无耐心通常用贴现因子表示。一个人花其剩余部分的 $x\%$ 等待另一个回合等价于说取消 $t+1$ 回合的交易所得应从因推迟前一回合的交易所得中扣除 $(1-x)\%$。$(1-x)\%$ 是局中人的贴现因子。无耐心越大(x 值越高),贴现因子就越低(更多的未来被贴现)。用 δ_B 表示买方的贴现因子,δ_S 表示卖方的贴现因子。在本节的讨价还价例子中 $\delta_B = 0.97$,$\delta_S = 0.94$。

前面的例子都假设回合数是固定的。其实在很多讨价还价环境中,出价和要价的回合数基本上是无限的。现代讨价还价理论的一个重要结论归功于罗宾斯坦,这个结论是这种类型的博弈有唯一的子博弈完美纳什均衡。

定理 8.1(罗宾斯坦定理):假设有两个局中人 S 和 B,他们利用轮流出价进行分配剩余的讨价还价。局中人 B 首先出价;可以进行的出价的回合数没有限制;两个局中人的贴现因子分别为 $0 < \delta_S < 1, 0 < \delta_B < 1$;当局中人在接受或拒绝出价无差异时假设接受出价。则这个讨价还价博弈有唯一的子博弈完美纳什均衡,其中局中人 B 立即要求给 S 的剩余比例是 $\dfrac{\delta_S \cdot (1 - \delta_B)}{1 - \delta_S \cdot \delta_B}$,留给自己的比例是 $\dfrac{1 - \delta_S}{1 - \delta_S \cdot \delta_B}$,且 S 接受。

下面证明罗宾斯坦定理。

假设买方先行动,按比例 (w_B, w_S) 分配固定数目的钱,其中 w_B 和 w_S 分别是买方和卖方所得的比例。为简化起见,假设这一钱的总数是 1 元。然后卖方接受或拒绝分配,这一回合结束。如果卖方拒绝分配,他随后还价,买方可以接受或拒绝。至此这与前面讨论的模型相同。然而不同之处在于只要局中人拒绝出价博弈就继续下去。理论上博弈将永远进行下去。

这个博弈有无穷多个子博弈,子博弈之一就是博弈本身。用 G_1 表示这个博弈。假设这个博弈至少有一个子博弈完美纳什均衡。在 G_1 的子博弈完美纳什均衡中,令 Q_B 表示买方的最大得益,q_B 表示买方的最小得益。整个博弈的另一个子博弈在卖方做出其第一个还价给买方的子根开始,称这个博弈为 G_2。令 Q_S 表示卖方在 G_2 的所有子博弈完美纳什均衡中能获得的最大得益,q_S表示卖方在这些子博弈完美纳什均衡中所得到的最小得益。第三个子博弈开始于买方向卖方做出其第二个出价的子根,称此博弈为G_3。这些子博弈如图$8-2$所示。它和G_1开始的方式相同,买方向卖方出价;和G_1一样,此博弈包括其他出价,出价数没有限制。最后,得益在每个时期下降δ_B和δ_S,如在G_1中一样。这意味着G_3在策略上等价于G_1。如果局中人到达这个博弈,就和它从开始一样。这意味着Q_B是G_3的子博弈完美纳什均衡中买方的最大得益,q_B是买方的最小得益。

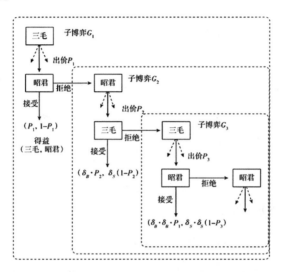

图$8-2$ 罗宾斯坦改变出价的讨价还价博弈的前三个子博弈

考虑在G_1第一回合对买方的某些约束。为了使出价有任何接受的机会(即为了使它是子博弈完美的),卖方必须至少收到$\delta_S \cdot q_S$。这是因为一旦博弈进行到子博弈G_2,卖方能保持得益q_S,但是因为这个博弈是未来的一个回合,得益必须用δ_S贴现以使它能与立即的得益进行比较。当然,如果卖方至少得$\delta_S \cdot q_S$,且分配的总数是1。则买方可得到的最多是$1-(\delta_S \cdot q_S)$。这意味着

$$Q_B \leq 1 - (\delta_S \cdot q_S) \tag{8-1}$$

使用类似的逻辑,能求得q_B的边界。如果买方给卖方的出价大于或等于$\delta_S \cdot Q_S$,他就接受它。这是因为他知道一旦博弈进行到子博弈G_2,他能够至多得到Q_S。因此,当博弈是G_1,买方的出价超过$\delta_S \cdot Q_S$就没有意义。这意味着买方至少立即可得$1-(\delta_S \cdot Q_S)$,或者

$$q_B \geq 1 - (\delta_S \cdot Q_S) \tag{8.2}$$

如果买方拒绝卖方的还价,则博弈继续到子博弈G_3,其中买方做出其第二个出价。容易证明,颠倒先前逻辑中买方和卖方的位置,两个进一步的约束可施加到得益Q_B、Q_S、q_B和q_S。这些约束:

$$Q_S \leq 1 - (\delta_B \cdot q_B) \tag{8.3}$$

和

$$q_s \geq 1 - (\delta_B \cdot Q_B) \tag{8.4}$$

(8.4)式两边同乘以 $-\delta_s$，再加 1 得不等式：

$$1 - (\delta_s \cdot q_s) \leq 1 - \delta_s \cdot (1 - \delta_B \cdot Q_B) = 1 - \delta_s + (\delta_s \cdot \delta_B \cdot Q_B) \tag{8.5}$$

方程(8.5)和(8.1)的不等式表明：

$$Q_B \leq 1 - \delta_s + (\delta_s \cdot \delta_B \cdot Q_B) \tag{8.6}$$

整理(8.6)得不等式：

$$Q_B \leq \frac{1 - \delta_S}{1 - (\delta_S \cdot \delta_B)} \tag{8.7}$$

类似地(8.3)两边同乘以 $-\delta_s$，再加 1 得：

$$1 - (\delta_s \cdot Q_s) \geq 1 - \delta_s \cdot (1 - \delta_B \cdot q_B) \tag{8.8}$$

结合方程(8.2)和(8.8)，整理得不等式：

$$q_B \geq \frac{1 - \delta_S}{1 - (G_s \cdot \delta_B)} \tag{8.9}$$

但方程(8.7)和(8.9)表明：

$$Q_B \leq \frac{1 - \delta_S}{1 - (G_s \cdot \delta_B)} \leq q_B \tag{8.10}$$

根据定义，Q_B 和 q_B 是此博弈所有子博弈完美纳什均衡中买方的最大和最小得益。这意味着

$$Q_B \geq q_B \tag{8.11}$$

对于方程(8.10)和(8.11)是真，就要求：

$$Q_B = q_B = \frac{1 - \delta_S}{1 - (\delta_S \cdot \delta_B)} \tag{8.12}$$

类似的逻辑可得到结论：

$$Q_s = q_s = 1 - \frac{1 - \delta_S}{1 - (\delta_S \cdot \delta_B)} = \frac{\delta_S \cdot (1 - \delta_B)}{1 - (\delta_S \cdot \delta_B)} \tag{8.13}$$

因而当可能的回合数是无限时，两个局中人的均衡得益是确定的，只取决于两个局中人的贴现因子和谁先行动。通常"更有耐心"的局中人，即贴现因子最大的局中人得到剩余的一半多。这并不总是真的，因为首先做出出价的局中人有（小的）先动优势。例如，当 $\delta_S = 0.75, \delta_B = 0.70$，即使卖方更具耐心，买方预言得到馅饼的 53%。

在这个博弈中存在先动优势的事实提出了一个问题，因为在多数情况下，谁先行动不是预定的而是双方谈判的结果。如果讨价还价的这个方面决定了讨价还价的结果，则预先的谈判涉及谁先行动很重要。现在是什么决定了这个"预先讨价还价的讨价还价"的结果呢？

在讨价还价阶段无限时,在多数情况下,谁先行动是不重要的。理由是随着两个局中人的贴现因子趋于1,先行动者的优势趋于0。出价之间的时间间隔是贴现因子的一个重要决定因素。出价之间的间隔越短,推迟协议的成本就越低。这意味着随着出价之间的时间间隔递减,两个局中人的贴现因子将接近于1,但是他们的速率可能不一样。

假设买方和卖方的贴现因子是出价之间时间间隔 t 的减函数。用 $\delta_B(t)$ 和 $\delta_S(t)$ 表示贴现因子,用 $(w_S^*(t), w_B^*(t))$ 表示剩余的子博弈完美纳什均衡的分配。根据定理8.1,比率 $\dfrac{w_B^*(t)}{w_S^*(t)}$ 等于 $\dfrac{1-\delta_S(t)}{\delta_S(t)\cdot(1-\delta_B(t))}$。我们想要确定 $\dfrac{w_B^*(t)}{w_S^*(t)}$ 的界线使得出价之间的时间间隔趋于0。显然,情况必须是 $\delta_B(0)=\delta_S(0)=1$。而且假如两个贴现因子函数是可微的,且 $-\delta_B'(0)=r_B>0$, $-\delta_S'(0)=r_S>0$。数字 r_B 和 r_S 是买方和卖方的瞬间推迟成本,则利用 L'Hopital 法则,随着 t 趋于0,$\dfrac{w_B^*(t)}{w_S^*(t)}$ 收敛于 $\dfrac{r_S}{r_B}$。即局中人同意按正好等于瞬间推迟成本比率的倒数的比率分配剩余。谁先行动不再重要。

第四节 序贯双边讨价还价的经验证据

有大量的实验试图阐明人们如何在简单环境中进行讨价还价。不过,这些实验提出的问题通常比回答的问题多。

最简单的讨价还价实验是独裁者博弈。一个参与者即独裁者,被要求在他自己和另一个无名的参与者之间分配固定数量的钱。独裁者设计的分配策略是他自己获得全部数量的钱。然而,对于自利的行为者,这一策略只被不到一半的独裁者所选择。

稍微复杂的实验博弈是赋予第二个局中人一些任意的权力。最后通牒博弈要求第一个参与者提出一个分配固定钱数的方案。第二个局中人可以接受或拒绝。如果分配方案被拒绝,两个局中人什么都得不到。理性的子博弈完美的自利的策略组合是第一个局中人提出的分配方案把接近钱的总数给他,剩下的只有最小的部分给第二个局中人。第二个局中人面临的选择是一个小的正数(接受分配方案)或什么也没有(拒绝分配方案),他应该选择接受。不过,在这种实验博弈中,第一个局中人大多选择50/50的分配。而且,一般地第二个局中人拒绝非0分配。研究者付出了很多的努力去解释这些结果。他们认为修正实验结构(例如利用市场语言而非中性语言或使局中人"赢得"第一个局中人的权利)就能大大地改变结果。

第三类实验博弈是允许把贴现与出价联系起来。Binmore、Shaked 和 Sutton 的重要论文报告了实验结果,其中第一个局中人被要求在自己和第二个局中人之间分配 100 便士。第二个局中人接受分配方案,结束博弈,其得益就是第一个局中人所提出的分配,或者拒绝分配。如果第二个局中人拒绝分配,则第二个局中人提出只分配 25 便士。第一个局中人可能接受这个新的分配,结束博弈,其得益是第二个局中人所提出的,或者拒绝分配,两个局中人什么也得不到。本质上未来的得益贴现为 75%。子博弈完美(自利)结果是第一个局中人提出按 75/25 分配,第二个局中人接受。这些实验的参与者希望博弈只进行一次,但那些决定第二个行动者的法则的人不希望在第二次是第一个行动者。在第一个博弈中,提出的平均分配是第一个局中人 57 便士,而多数的建议是 50 便士。在第二个博弈中,(第二个局中人成为第一个局中人),平均增加到 67 便士,接近子博弈完美纳什均衡。尽管看似有一些子博弈完美纳什均衡预言的证据,但进一步的研究证明这些结果对实验结构相当敏感。例如,改变贴现因子就能够极大地修正结果。

关于讨价还价博弈实验的报告,观察到的一个共同事实是局中人做出的决策最终使他们处境变坏,此种情况出现的频率很高。最明显的例子是第二个局中人在最后通牒博弈中做出拒绝第一个局中人提出的非 0 分配的决策。Binmore、Shaked 和 Sutton 在其实验中发现了类似的行为。他们发现相当大量的第一回合出价被第二个局中人拒绝,接着第二个局中人在第二回合提出的建议使其所得的货币比他们最初在第一回合出价时的货币少。这显然不是子博弈完美自利的行为。一种可能的解释是在这些博弈中局中人发现极端的得益不一致,且愿意放弃现金以平分得益。Prasnikar 和 Roth 设计的实验观察被称之为最佳射程博弈,在一个不同的实验环境中看到局中人如何愿意避免得益的不同。在这个动态博弈中,局中人 1 首先被要求选择其愿意提供的整数,用 Q_1 表示。由于观察到这一数字,局中人 2 然后必须选择其愿意提供的整数,记为 Q_2。两个局中人提供的每一单元要花掉局中人的成本为 0.82 美元。每个局中人的收益为:

$$R(Q_1,Q_2) = \begin{cases} \max\{Q_1,Q_2\} - 0.05 \cdot \sum_{j=1}^{\max\{Q_1,Q_2\}-1} i, & \max\{Q_1,Q_2\} > 1 \\ 1, & \max\{Q_1,Q_2\} = 1 \\ 0, & \max\{Q_1,Q_2\} = 0 \end{cases} \tag{8.14}$$

读者可以证明子博弈完美自利均衡是,局中人 1 提供的数字为 0,局中人 2 提供的数字为 4。均衡时局中人 1 的得益是 3.70 美元,而局中人 2 的得益仅为 0.42 美元,因此,子博弈完美纳什均衡行为时,局中人的得益差别较大。局中人只花相对小的成本就会使得益明显趋于公平。例如,如果局中人 2 提供的数字不是 4 而是 2,他就会减少自己的得益 0.11 美元,而减少局中人 1 的得益 1.75 美元。当然,如果什么也不提供,就会使得益为 0(公平规则

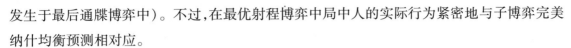

发生于最后通牒博弈中)。不过,在最优射程博弈中局中人的实际行为紧密地与子博弈完美纳什均衡预测相对应。

由此可见,讨价还价实验的证据难以解释。情况似乎是,讨价还价实验中的公平性问题难以捉摸,但是自利的理性减弱了这点。

第五节　一个讨价还价例子:分摊沉没成本

例8.2　考虑一天然气田的所有者决定如何向市场推销其产品。他所有的天然气对于生活在天然气田周围的社区的居民是潜在有价值的产品。但是为了实现其价值,必须铺设输气管道,因为管线目前不存在。社区居民认为天然气很有价值,使得他们愿意支付管线的成本、钻探成本以及输气成本。显然这就是互利交易可能的情况。

管线投资具有下面一些特征。第一,管线建设投资很大,且必须在天然气交货前进行。第二,如果社区居民决定未来从其他地方购买天然气,管线的残余价值应占其建设成本的很小比例。用经济学家的话说,向这一社区居民交付天然气的固定成本很大(该固定成本随产出的大小而变化),也称之为沉没成本(如果天然气生产商因需求低而决定关闭管线,这个成本是不可恢复的)。

然而,一旦做出投资,社区居民会认识到,他们支付的天然气价格远远超过了交货的边际成本。天然气交货的边际成本只包括通过管线输送天然气的成本,而不包括建设管线的成本。不过,从天然气生产商的观点看,他可以只索要价格高到足以补偿管线成本和生产天然气的边际成本。管线建成后天然气交货的边际成本与管线建成前交货的边际成本的差是问题的关键。

消费者对生产者有支配权。正如任何一本经济学教科书中所讲的,企业只需要补偿其可变成本就可继续营业。一旦管线建成,生产者会愿意接受等于生产的边际成本的价格而非生产的平均成本的价格(包括管线成本)。边际成本与平均成本的差是由管线的沉没成本大所造成的。假设社区居民会做他们能够"套牢"生产者的事情即只付给生产者等于生产的边际成本的价格,或者起码可游说地方当局减少输送到他们社区天然气的比率。

生产者在展望未来时,会认识到一旦管线建成后他容易被套牢。如果这些恐惧足够大,如果天然气定价的契约不够严密,不能够在未来极大地减少套牢的机会,则有可能的是管线绝不会被建设。这意味着此种巨大的互利交易绝不可能成为事实。

有人会说,如果社区自己建设管线,可以避免了"套牢"问题。为什么这不可能发生的理由是:尽管社区作为一个整体可能愿意支付巨大的管线建设成本,但是没有一个人可能有倾向或意愿去完成此项巨大的投资。那些有公共热情的人或许会作为煽动者使社区一起投资,但糟糕的(现实的)事实是有许多人不愿意加入这个集团中。他们宁愿免费搭车而不愿意加入。结果,这种方法总是要失败。

前面多处用到了"或许"和"可能"。要使上面描述的结果更确定,需要更具体的例子。

前面的天然气生产者的例子有两个基本的要素。一是投资决策必须在该投资利益签约前做出。二是投资只对一小部分人有价值,即投资的次优用途的价值小。

假设新西伯利亚天然气公司(一个俄罗斯的私人所有的天然气生产者和销售者),正考虑建设一条管线到俄罗斯中部的一个城市图曼,目前这个城市没有天然气生产者提供服务。社区居民集体愿意为每立方米天然气付 90 卢布。在任意给定的年份,他们需要总共 10000 立方米的天然气,意味着每年愿意支付 900000 卢布。设利率为 10%,消费者集体愿意支付的现值是 900 万卢布。

新西伯利亚天然气公司能够建设一条管线,成本为 300 万卢布。一旦建成,每立方米天然气的成本是固定的,等于 50 卢布。满足图曼的需求产生的年营运成本 500000 卢布。在利率 10% 的情况下,营运成本流量在管线生命期的现值是 500 万卢布。因此,建设管线并供应天然气给图曼的居民将花 800 万卢布。为了完成模型,最后假设管线没有残余价值,新西伯利亚天然气公司和图曼的居民在管线建成前不能达成一个有约束力的协议。

建设管线输送天然气给图曼的居民产生 100 万卢布的净收益。这个剩余必须在图曼的居民和西伯利亚天然气公司之间分配。显然,如果管线建设的话,图曼居民和西伯利亚天然气公司两个都可变好。然而需要记住的是,管线必须在图曼居民和西伯利亚天然气公司之间有约束力协议达成前建设。一旦管线建成,西伯利亚天然气公司愿意接受的每立方米天然气的最小数是 50 卢布,而图曼居民愿意支付的最大数是每立方米 90 卢布。每立方米的净收益是 40 卢布。每年 10000 立方米时,总净收益现值等于 40 万卢布。

博弈的局中人是图曼的居民和西伯利亚天然气公司。博弈的顺序是:西伯利亚天然气公司先行动,决定是否建设管线到图曼;然后图曼居民和西伯利亚天然气公司就天然气交易条款进行讨价还价。假设讨价还价博弈本身是一个动态博弈,如本章前面所讨论的许多讨价还价博弈一样。当双方彼此可以相继快速改变出价时,并且他们知道彼此的瞬间推迟成本,他们同意按与推迟成本的比率的反比分配剩余。在这种情况下,假设这些推迟成本相同,且是共同知识。则图曼居民和西伯利亚天然气公司会同意在他们之间平分净收益。

这个讨价还价过程的意义是重大的。在管线建成前为了保证管线无盈亏,西伯利亚天然气公司必须确定每立方米天然气的价格为 80 卢布。通过得到这一价格,企业就能保证每年 800000 卢布的收益,其现值等于 800 万卢布。因为这正好与建设管线供应天然气给图曼居民的成本相当,西伯利亚天然气公司正好无盈亏。

然而如果西伯利亚天然气公司建设管线,就能期望正好在图曼和它自身之间平分剩余的价格。这意味着西伯利亚天然气公司能够理性地预期与图曼谈判的价格是每立方米70卢布。因为每立方米低于其无盈亏价格10卢布(在建设管线前计算),所以他们将选择不建设管线。

建设管线即使能使双方处境变好,但在管线建设前不能达成有约束力的协议,结果使管线不能建设。如果在投资决策前可以成功地达成一个合约,西伯利亚天然气公司供应天然气所需最小价格一直是每立方米80卢布。图曼居民愿意得益的最大价格仍然是每立方米90卢布,谈判结果的价格是每立方米85卢布。在这种情况下,管线应该能建成,交易没有进一步的所得。

第九章　子博弈完美纳什均衡的应用：
宏观经济政策博弈

博弈论不仅在微观经济学中有广泛的应用,而且最近在宏观经济学中,也广泛运用博弈论方法分析研究宏观经济问题,这里首先介绍用博弈论方法分析宏观经济政策动态一致性的一个模型。该模型以巴罗和戈登、马修·坎佐内里等的工作为基础。所谓政府政策的动态一致性指的是,一个政策不仅在制定阶段应该是最优的(从政府的角度看),而且在制定之后的执行阶段也应该是最优的(假如没有任何新的信息出现)。如果一个政策只是在制定阶段是最优的,而在执行阶段并不是最优的,这个政策就是动态不一致的。这里介绍的模型是以货币政策为例的。模型背后的基本故事是:雇主和工人就名义工资谈判之后,中央银行选择货币供给,货币供给量决定通货膨胀率。如果工资合同不能完全指数化,雇主和工人在决定工资时都会尽力预测通货膨胀。然而一旦确定不完全指数化的名义工资,高于预期通货膨胀水平的实际通货膨胀将侵蚀名义工资,使工人实际收入下降,导致雇主雇佣人数增加,生产增加。因此,货币当局面临着在通货膨胀成本和由意料之外通货膨胀(即高于预期通货膨胀水平之上的通货膨胀)引起的失业率下降及产出增加之间的权衡。在完全信息和理性行为模型中,选择子博弈完美纳什均衡策略,工人将能够预测中央银行的行为,即使中央银行在工人签订其劳动合同后选择通货膨胀率。

在本章的模型中,中央银行选择比它喜欢的要高的通货膨胀水平。问题的核心是中央银行无法使其较低的通货膨胀率的承诺可信。这样,问题就成为中央银行如何在事前承诺较低的和更可取的通货膨胀率。

第一节　通货膨胀

宏观经济中最重要的两个问题是通货膨胀和失业,特别是通货膨胀,经常出现在大众媒体上,也是老百姓经常议论的经济话题。然而,对什么是通货膨胀,在经济学家中并没有一致的定义。表面上看,通货膨胀是一般物价水平的持续上升。价格水平的一时上升不是通货膨胀,单一商品价格的上升也不是通货膨胀,即使像石油这样重要的产品也是如此。例如,石油的价格的非预期上升之后是否会是通货膨胀取决于雇主、家庭和政府对此上升做出如何的反应。

世界各国都曾经历过最严重的通货膨胀率。图9-1(a)是美国1955—1996年时期的"核心"通货膨胀率。核心通货膨胀率是除食品和能源外的所有消费品价格的平均增长百分比。这两类商品的剔除降低了因世界能源和食品价格在1973年、1974年、1979年和1986年的短暂变化所引起的扭曲。图9-1(b)是美国1989年以来通货膨胀率与核心通货膨胀率的变化。图9-2是中国1952年以来的通货膨胀率(居民消费价格指数变化率)。可以看出,1952年以来,中国经历了几次加速的通货膨胀。

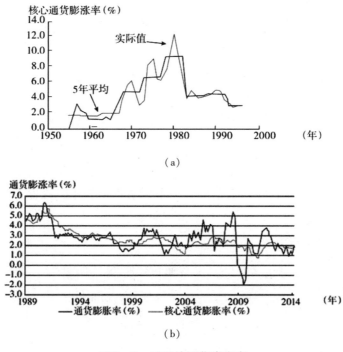

(a)

(b)

图9-1　美国的通货膨胀率

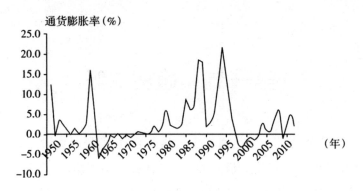

图 9 - 2　中国的通货膨胀率(1952—2015 年)

第二节　简单的宏观经济模型

一、一致性

宏观经济建模强调的是经济的总体行为,而忽略单个市场的行为。下面的模型包括的总量有:就业水平 L_t,物价水平 P_t,货币供应 M_t,货币工资 W_t,实际工资 R_t,和预期物价水平 P_i^e。

用自然对数测定所有的价格和总量。用小写字母表示这些自然对数,如 m_t 代表货币供应 M_t 的自然对数。首先,变量在时间 t 的自然对数与该变量在时间 $t-1$ 的自然对数的差近似于该变量在 $t-1$ 和 t 之间的增长率。即

$$\ln(X_i) - \ln(X_{i-1}) = x_i - x_{i-1}, \approx \frac{X_{i-1}}{X_{i-1}} \tag{9.1}$$

其次,两个变量比率的自然对数等于它们对数的差,即 $\ln\left(\dfrac{X}{Y}\right) = \ln(X) - \ln(Y) = x - y$。

再次,1 的自然对数等于 0。自然对数这最后一个性质意味着原始变量 X 单位的选择决定了变换变量 $\ln(X) = x$ 的零点。

在讨论中,利用下面的定义:

$$\pi_t \equiv p_1 - p_t - 1 \text{ 通货膨胀率}$$
$$\pi^e_t \equiv p_1 - p_1 - 1 \text{ 预期通货膨胀率} \tag{9.2}$$
$$g_t \equiv m_1 - m_1 \text{ 货币供应增长率}$$

下面的恒等式:

$$r_t \equiv w_t - p_t \quad \text{（用自然对数）表示实际工资} \qquad (9.3)$$

为简化起见，标准化

$$m_1 = 0$$
$$p_1 = 0 \qquad (9.4)$$

由等式(9.2)和(9.4)得

$$\pi_2 = p_2$$
$$\pi_2^e = p_2^e \qquad (9.5)$$
$$r_2 = w_2 - \pi_2$$

二、行动和博弈的顺序

为了避免某些非基本的技术细节，用高度程式化的动态博弈建立经济模型，博弈进行两个时期。第一个时期，工人选择其在第二个时期工作的货币工资。他们在做出此决策时不知道第二个时期的物价水平。第二个时期的开始，中央银行选择通货膨胀率。然后雇主选择雇佣水平。博弈树如图9-3所示。

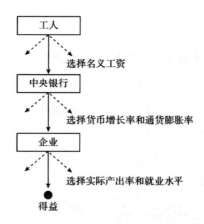

图9-3　工人、雇主和中央银行之间进行的宏观经济政策博弈的博弈树

中央银行通过控制货币供应增长率间接控制通货膨胀率。虽然在经济学家中还没有解决货币增长与通货膨胀之间的因果联系，但可以在这里采取极端的货币主义观点，假设通货膨胀是由货币增长引起的。即

$$\pi_2 = \varphi(g_2) \qquad (9.6)$$

其中$\varphi(g_2)$是严格增函数。

赞成货币增长和通货膨胀之间的因果关系的证据可在各国的统计数据中找到，如图9-4所示。由于假设因果关系，此后假设中央银行直接选择通货膨胀率π_2。

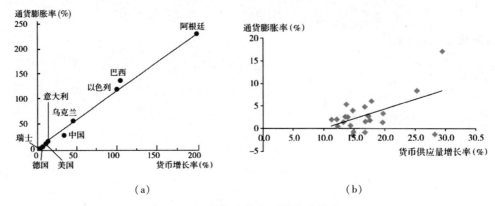

图 9 - 4 通货膨胀与货币供应量的关系

三、策略

工人的策略是货币工资 w_2。中央银行的策略是通货膨胀政策 $\pi_2(w_2)$。在此博弈中,通货膨胀率依赖于工人选择的工资的事实是中央银行绩效差的一个重要原因。雇主的策略是雇佣法则 $l_2(w_2, \pi_2)$。

四、得益

工人是效用最大化者,其效用取决于实际收入和闲暇。给定实际工资,就业的增加引起工人的实际收入增加,但闲暇减少。收入和闲暇的边际效用递减意味着对任意的实际工资 r_t,存在一个效应最大化的劳动供给水平 $l^s(r_t)$,这就是劳动供给曲线。为简单起见,假设:

$$l_s(r_t) = \alpha \cdot r_t \tag{9.7}$$

其中 α 是一个常数,它等于实际工资变化1%所引起的劳动供给的百分比变化,即 α 是劳动供给相对于实际工资的弹性。假设工人想要使雇主最终选择的就业水平 l_2 与效用最大化的就业水平 $\alpha \cdot r_2$ 之差最小。具体地假设工人的得益函数 v_w 的形式是

$$v_w(w_2, l_2, \pi_2) = -[l_2 - \alpha \cdot (w_2 - \pi_2)]^2 \tag{9.8}$$

中央银行的目标很简单。它有一个就业和通货膨胀的目标值,记为 $\bar{l}_2$ 和 $\tilde{\pi}_2$,想要用一个政策工具 π_2 使 l_2 和 π_2 逼近这两个目标值。假定中央银行的目标是最大化得益函数

$$v_{FR}(w_2, l_2, \pi_2) = -(l_2 - \bar{l}_2)^2 - u_C \cdot (\pi_2 - \tilde{\pi}_2)^2 \tag{9.9}$$

其中方程(9.9)的外生变量 μ 表示中央银行目标中就业目标和通货膨胀目标的相对重要性。μ 越大,通货膨胀目标的权重就越大,就业目标的权重就越小。方程(9.9)中的两项被平方的事实意味着当 l_2 或 π_2 离目标值越远,效用的边际损失增加。大缺口比小缺口的痛苦要大。

雇主是利润最大化的价格接受者。在利润最大化的就业水平上,劳动力的边际产品等于实际工资率。这个条件定义了劳动需求函数 $l^d(r_t)$。为简化起见,假设劳动的(对数)需求函数是:

$$l^d(r_t) = -\eta \cdot r_t \tag{9.10}$$

在解释参数 η 时重要的是要记住变量采取的是对数形式。一般的情况,η 是劳动需求对实际工资率的弹性。利用实际工资率的表达式(9.5),则第二期劳动需求函数可写成:

$$l^d(r_t) = -\eta \cdot (\pi_2 - w_2) \tag{9.11}$$

雇主想要使它们的就业水平与利润最大化的就业水平之差最小。具体地假设雇主的利润函数是:

$$v_E(w_2, l_2, \pi_2) = -[l_2 - \eta \cdot (\pi_2 - w_2)]^2 \tag{9.12}$$

劳动供给数量等于劳动的需求数量时劳动力市场处于均衡。方程(9.7)和(9.10)意味着当 r_t(实际工资的对数)为 0 时这就会发生。在这个均衡实际工资处的就业水平是自然就业水平。选择的单位是使得自然就业水平等于 1,这表明它的对数为 0。即使劳动力市场均衡,有些工人将继续寻找那些报酬高于他们迄今已经得到的报酬的工作。这些工人是自愿失业者,他们的失业叫作摩擦性失业。至于现代竞争经济能否存在就业低于自然水平的宏观经济均衡(在此种均衡,有些工人愿意在目前的实际工资水平上工作,但雇主不愿意雇佣他们,这些工人是非自愿失业者)这仍然是一个有待解决的问题。本书后面将考察均衡时非自愿失业存在的环境。

第三节　宏观经济均衡

一、子博弈完美纳什均衡

因为这是一个完美信息动态博弈,我们可用逆向归纳确定此博弈的子博弈完美纳什均衡。

雇主最后行动。给定工人选择的货币工资和中央银行选择的通货膨胀率,雇主利润最大化策略是最大化 $v_E(w_2, l_2, \pi_2)$,雇主的利润函数中只有一个变量需要确定即 l_2。容易看到,最优就业水平 $l_2^*(w_2, \pi_2)$ 等于 $\eta \cdot (\pi_2 - w_2)$。这就是经济中的总就业函数:

$$l_2^*(w_2, \pi_2) = \eta \cdot (\pi_2 - w_2) \tag{9.13}$$

中央银行第二行动。它的最优策略是最大化：

$$V_{FR}(w_2, l_2^*(w_2, \pi_2), \pi_2)$$

即它选择 π_2，最小化：

$$[\eta \cdot (\pi_2 - w_2) - \tilde{i}_2]^2 + \mu \cdot (\pi_2 - \tilde{\pi}_2)^2 \qquad (9.14)$$

容易证明中央银行的最优通货膨胀政策是：

$$\pi_2^* = \frac{\mu \cdot \tilde{\pi}_2 + \eta \cdot \tilde{l}_2 + \eta^2 \cdot w_2}{\mu + \eta^2} \qquad (9.15)$$

工人先行动。他们对工资合同的选择依赖于他们对就业和通货膨胀率的预期。通货膨胀预测 π_2^e 在宏观经济学文献中叫作通货膨胀预期。工人对通货膨胀的预期是什么？理性使得工人向前看并使用由中央银行最优通货膨胀政策所产生的通货膨胀来作为其预期。这意味着：

$$\pi_2^e = \pi_2^*(w_2) \qquad (9.16)$$

如果工人依这种方式行为，就说他们的预期是有理性的通货膨胀预期。把子博弈完美策略代入工人的得益函数得：

$$
\begin{aligned}
&v_w\{w_2, l_2^*[w_2, \pi_2^*(w_2)], \pi_2^*(w_2)\} \\
&= -\{l_2^*[w_2, \pi_2^*(w_2)] - \alpha[w_2 - \pi_2^*(w_2)]\}^2 \\
&= -\{\eta \cdot [\pi_2^*(w_2) - w_2] - \alpha[w_2 - \pi_2^*(w_2)]\}^2 \\
&= -(\eta + \alpha^2) \cdot [\pi_2^*(w_2) - w_2]^2
\end{aligned}
\qquad (9.17)
$$

这个表达式在 $\pi_2^*(w_2^*) = w_2^*$ 处最大，或者

$$w_2^* = \tilde{\pi}_2 + \frac{n}{M}\tilde{i}_2 \qquad (9.18)$$

把方程(9.18)代入(9.15)一式就得到

$$\pi_2^*(w_2^*) = \tilde{\pi}_2 + \frac{n}{M}\tilde{l}_2 \qquad (9.19)$$

因为 $\pi_2^*(w_2^*) = w_2^*$，第二时期均衡的实际工资率(用对数表示) r_2^* 将等于0。于是对劳动供给方程和劳动需求方程意味着

$$l_2^d(r_2^*) = l_2^s(r_2^*) = 0 \qquad (9.20)$$

这表示劳动力市场处于均衡。

因此，当且仅当 $\tilde{l}_2 = 0$，中央银行才达到其通货膨胀和就业目标。为什么中央银行可能认为自然就业水平是社会次优的，会把就业水平的目标定在自然水平之上，有许多理由。这些理由主要是：

（1）所得税降低了工人所得的有效工资率,从而产生对工作的逆向激励,且劳动供给可能减少。

（2）失业补偿降低了搜寻新岗位的成本,从而使实际失业率人为提高。

（3）工会的垄断把工资推到了在市场出清工资水平之上,因此减少了劳动需求的数量。

（4）雇主的垄断使工资低于竞争水平,从而减少了劳动供给的数量。

只要 $\tilde{l}_2$ 严格为正,中央银行就没有达到其就业目标 $\tilde{l}_2$ 和通货膨胀目标 $\tilde{\pi}_2$。中央银行不能改变就业水平是这个模型的非常重要的结论。因为工人的通货膨胀预期证明是正确的,这个均衡也就具有完美预见的特征。完美预见假设没有不确定性的结果。如果存在不确定性,则工人的通货膨胀预期只在平均水平上是正确的。这种预见叫作无偏预见。

二、数值例子

例9.1　假如中央银行设定的目标通货膨胀率是2%,目标就业水平在自然就业水平之上的2%,这两个目标的权重相同。这表明 $\tilde{\pi}_2 = 0.02$,$\tilde{l}_2 = 0.02$,且 $\mu = 1$。再假设劳动需求的工资弹性是单位弹性,即 $\eta = 1$。我们可以在二维(就业和通货膨胀)平面上表示中央银行的得益函数,画出与不同得益水平相联系的等值线,如图9-5所示。等值线是中央银行的无差异曲线。等值线的半径越小,得益就越大。显然最高得益位在目标值 $\tilde{\pi}_2$ 和 $\tilde{l}_2$。

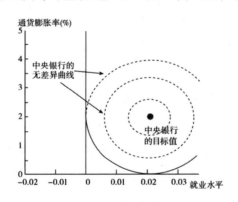

图9-5　中央银行的无差异曲线

中央银行向国内媒体公告其两个目标。如果工人相信中央银行的公告,即 $\pi_2^e = 0.02$,则工人将签订的工资合同是 $w_2 = 0.02$。如果中央银行保持其承诺,维持通货膨胀率2%的水平,雇主将会根据总就业函数做出反应,经济处于自然就业水平上。

这一结果用图9-6中的点 A 表示。纵轴是通货膨胀率,横轴是就业水平(以对数表示)。假设 $w_2 = 0.02$,画出了总供给曲线。中央银行的通货膨胀与就业目标对应图中点 B。

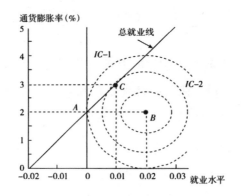

图 9-6　总供给曲线

如果工人相信中央银行的承诺保持通货膨胀为 2%，则中央银行会违背其承诺，选择更高的通货膨胀，以便使就业在自然就业水平之上。

这个结果的问题是，虽然中央银行可以承诺保持通货膨胀为 2%，一旦工人把名义工资设定为 0.02，中央银行保持其承诺就不是理性的。中央银行的承诺是时间不一致性的。如果中央银行保持其承诺，就应该在无差异曲线 $IC-1$ 上。接近点 B 的无差异圆和中央银行较高的得益相联系。因为中央银行只能控制通货膨胀率，必须等雇主确定就业，中央银行最后受到沿着总就业线的通货膨胀率/就业的组合和限制。中央银行受总供给曲线约束的"最高"无差异圆是 $IC-2$。中央银行最后可选择 3% 的通货膨胀率并等待雇主确定就业（用对数表示）等于 0.01，达到这个无差异圆。因此，经济最后是在 C 点。这意味着时期 2 的实际工资将比工人认为的他们最初谈判的货币工资要低。雇主对较低实际工资的反应是雇佣超过自然就业水平的就业。

在自然就业水平和均衡工资上，工人最大化他们的效用，雇主以对物价水平的预期为基础最大化他们的利润。一旦货币工资固定，虽然雇主可以自由改变就业水平，但工人必须默许并供应这一就业水平。当就业超过自然就业水平，工人在更低的实际工资水平上供应比他们最初预期的要多的劳动。相反，当就业低于自然就业水平，工人在较高的实际工资水平上供应比他们最初预期要少的劳动。在这两种情况下，工人后悔他们在时期 1 与雇主自愿签订的合同。当工人相信中央银行时，中央银行对就业水平有影响。

因为中央银行承诺通货膨胀保持在 2% 的水平是没有约束力的，且使通货膨胀比此承诺高正是其利益所在，所以工人不会相信中央银行的公告。他们相信的唯一承诺是中央银行实际上执行的通货膨胀。这些限制将使得中央银行的无差异曲线与雇主的总供给函数相切。在本书的例子中，此点是唯一的，D 点已在图中画出（见图 9-7）。如果中央银行承诺把通货膨胀保持在 4% 的水平，且工人相信这一承诺，则名义工资将设定为 0.04。在假设 w_2

=0.04下总供给曲线向上倾斜。给定总供给曲线,中央银行能做的最优的反应是把通货膨胀率设定为0.04,这正是工人所期望的。于是雇主将选择自然就业水平,子博弈完美纳什均衡结果是自然就业水平和4%的通货膨胀率。

因此中央银行承诺把通货膨胀率保持在4%的水平是可信的,它必须重新使其通货膨胀目标设定超过2%和就业目标低于2%。这一结果是唯一的,它与所有局中人各方的理性行为一致。从中央银行的观点看,这一结论大大坏于如果中央银行能够承诺2%的通货膨胀率所得的结果。

宏观经济政策博弈的子博弈完美纳什均衡,就业处于自然水平,工人对通货膨胀率的预期证明是正确的。

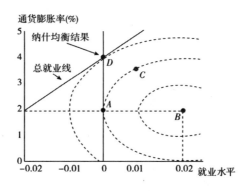

图 9-7 纳什均衡结果

第四节 中央银行问题的一个解:事前承诺

上面讨论的简单政策博弈的通货膨胀结果部分是由于中央银行不能在工人和雇主签订货币工资前固定其货币增长政策。如果工人确信此通货膨胀选择是中央银行自身的利益所在,中央银行就能达到其通货膨胀目标(尽管不是其就业目标)。这意味着必须改变博弈的得益使得选择低通货膨胀政策是新博弈的均衡策略。

例如,如果通货膨胀率超过了其公告的目标值,中央银行的货币政策委员会的成员就提出重新设置。这就使得从中央银行利益出发,通货膨胀不会超过这一目标值。然而,因为中央银行不能完全控制通货膨胀率,委员会的成员会发现此种承诺风险很大。作为一个经验事实,在美国或其他国家,没有中央银行知道要做出此种承诺。这表明对通货膨胀率的控制程度可能太低。

结果,可能需要从外部给中央银行施加惩罚。但是,政府似乎不愿意施加这种惩罚。原因之一是,在许多国家(美国是一个重要的例外),中央银行的领导人是政府强力成员(通常是政府内阁成员)。在此情况下,中央银行对就业和通货膨胀的"偏好"就只是政府的部分偏好。这说明没有无私的"外部机构"存在用于管理中央银行。

第四篇／ 重复博弈

第十章　重复博弈

第一节　重复博弈的构成

目前所分析的策略局势是只进行"一次"的博弈。而在现实世界中,经济行为主体间的相互作用大多是重复进行的,比如,个人要和同一个雇主进行重复谈判,人们会多次在同一食品店买东西,人们会重复买同一商标的物品,新企业要不断评估是否进入市场与在位的垄断者竞争,国家和国家之间在 WTO 下就削减关税进行多次谈判,工人和雇主必须经常预测由中央银行选择的通货膨胀率等,这些都是重复博弈的例子。

局中人重复进行策略相互作用的博弈叫作重复博弈。考虑下面的例子:两个蔬菜摊,位于同一公路旁,彼此相互接近。每个摊位的所有者必须在每天早上同时选择其蔬菜价格。一旦选定价格,他们在第二天前就不能改变,因此,每天两个蔬菜摊必须在相同的行动集合中选择,尽管他们可能并不总是选择相同的行动。例如,天气要影响他们交易的价格。然而每天的价格博弈的结构是相同的,他们在任何一天的早上拥有的信息将不同于他们在其他早上的信息,但行动的顺序、这些行动的时间顺序和他们可采取的行动每天都是相同的。则称一天中发生的博弈为重复博弈的一个阶段。全部阶段构成两个蔬菜摊主进行的完全博弈。此博弈的一个阶段如图 10 -1 所示。

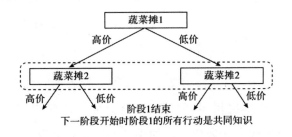

图 10 -1　蔬菜定价博弈的一个阶段

在图 10-1 中,引入了一个新的元素。把蔬菜摊 2 的决策结用虚线圈起。虚线内的决策结在相同的信息集内。信息集阐明了每个局中人在博弈中行动时他们所知道的东西。把某些局中人的决策结圈起,使得他们位于相同的信息集中,这样当博弈达到这些结中的一个时,局中人不知道到了哪个结。他所知道的全部是他正在信息集的某个决策结选择行动。图 10-1 表明蔬菜摊 1 的所有者在蔬菜摊 2 的所有者之前设定价格,这一顺序意味着第一个局中人在设定价格时不知道第二个局中人的价格。图 10-1 也揭示第二个所有者的两个决策结在相同的信息集中。这说明第二个所有者必须在不知道其竞争者的价格下做出其价格决策。用前面的术语说,两个局中人"同时"行动。

可以想象,绘制即使只有几个阶段的重复博弈的博弈树也是相当复杂的。不过,描述任一阶段的博弈树就足以阐明整个博弈。有时,博弈的阶段数是无限的。当博弈的阶段数是无限的时,所有局中人都是策略型局中人,他们都知道其他每个人过去的行动,则称此博弈为超级博弈。

前面提出的寻找单个阶段博弈的子博弈完美纳什均衡的方法同样可用于重复博弈。当一个局中人决定在博弈的任一阶段采取行动时,该局中人要理性地考虑此行动对其对手在博弈的未来阶段的行为的影响。子博弈完美纳什均衡的核心特征是只有可信的策略才被选择。如果一个局中人想要使其对手清楚:如果对手选择特定的行动,他就要报复。这个报复必须是可信的。可信性的检验总是相同的:如果阻止失败,执行威胁是局中人最优利益所在吗?

第二节　重复博弈的双头垄断

例 10.1　从考察两个制衣公司 R 和 T 之间的一阶段双头垄断开始。两个制造商制造的 W 牌下装是完全的替代品,在世界市场上以相同的价格 P 售卖。反市场需求函数:

$$P(Q_R + Q_T) = \begin{cases} 22 - (Q_R + Q_r), & Q_R + Q_r < 22 \\ 0, & Q_R + Q_r \geqslant 22 \end{cases} \tag{10.1}$$

其中 Q_R 和 Q_T 是两个企业的产出,用每年百万条下装表示。两个企业的边际成本相同,都为每条下装 10 元,固定成本也相同,为每年 900 万元。这些固定成本不是沉淀成本。如果企业完全停工,企业会把成本降为 0 元。如果我们用百万元度量成本,R 和 T 的成本函数 $C_R(Q_R)$ 和 $C_T(Q_T)$ 为:

$$C_i(Q_i) = \begin{cases} 9 + 10 \cdot Q_i, & Q_i > 0 \\ 0, & Q_i = 0 \end{cases} \qquad (10.2)$$

$i = R, T$。由此,两个企业的利润函数 $\pi_R(Q_R, Q_T)$ 和 $\pi_T(Q_R, Q_T)$ 为:

$$\pi(Q_R, Q_T) = P(Q_R + Q_T) \cdot Q_i - C_{Q_i}(Q_i)$$

$$= \begin{cases} 0, & Q_{i=0} \\ Q_1 \cdot [22 - (Q_R + Q_T)] - (9 + 10 \cdot Q_i), & Q_i > 0 \text{ 且 } Q_R + Q_T < 22 \\ -(9 + 10 \cdot Q_1), & Q_i > 0 \text{ 且 } Q_R + Q_T \geq 22 \end{cases} \qquad (10.3)$$

如果两个企业能合作结,最大化其联合利润:

$$\pi_R(Q_R, Q_T) + \pi_T(Q_R + Q_T) =$$

$$\begin{cases} (22 - (Q_R + Q_T)) \cdot [Q_R + Q_T - (18 + 10] \cdot (Q_R + Q_T), & Q_R > 0 \text{ 且 } Q_T > 0 \\ (22 - Q_R) \cdot Q_R - (9 + 10 \cdot Q_R), & Q_T = 0 \text{ 且 } Q_R > 0 \\ (22 - Q_T) \cdot Q_T - (9 + 10 \cdot Q_T), & Q_R = 0 \text{ 且 } Q_T > 0 \end{cases} \qquad (10.4)$$

这样一个企业每年生产 600 万条下装,而另一个企业不生产。由于生产一条下装的边际成本为常数,且两个企业的边际成本相同,生产 600 万条下装的可变成本完全不依赖于两个企业之间的产出组合。然而两个企业可通过一个企业卖掉其资产停止生产来把它们的共同固定成本降低到 900 万元。下面称这个产出水平为卡特尔产出,记为 $Q_{R,T}^*$。当两个企业生产卡特尔产出时,W 牌下装的世界市场价格是 $P(Q_{R,T}^*) = 16$,两个企业得到的年联合利润是 2700 万元,或(如果平均分配),每个企业得 1350 万元。

当然,在有些国家此种卡特尔协定面临实施问题,如美国,这种卡特尔不仅法庭不能实施,而且是非法的,所以企业不可能依赖法庭帮助它们实施这种协定。如果一个企业承诺生产卡特尔产出水平对其他企业来说是可信的,则第一个企业生产卡特尔产出就必须是其最优利益所在。也就是说,此承诺必须是企业的一个子博弈完美纳什均衡。这类多局中人协定,其中所有局中人同意某特定行为,且行为和子博弈完美纳什均衡一致,就是一个自我实施的协定。

假设两个制衣公司必须在年初就工厂规模、织品和劳动力签订有约束力的一年期合同。那么两个企业将在年初被迫选择其年产出,而事前不知道其他企业的决策。假定两个企业最大化(长期利润流)的现值。因为暂时只讨论一阶段博弈,短期和长期利润相同。在研究同时行动的古诺双头垄断博弈时,得到此博弈有一个唯一的纳什均衡。为求得这个唯一的纳什均衡,可以分两步进行。首先,两个企业不生产,利润为 0。利用方程(10.3),就能得到如果产出高于 1200 万条下装,企业就亏损,因此它严格劣于 0 产出,此后可以不考虑。第二步是推导两个企业的最优反应函数。一个企业的最优反应函数说明了该企业在给定其他企业的产出水平下的利润最大化的产出水平。因为两个企业是同质的,只要确定了 R 的最优反应函数就行了。T 的最优反应函数和 R 的最优反应函数形式相同。

因为 R 有完全停止生产的选择,最优反应函数 Q_R^{BR} 满足利润最大化条件:

$$\frac{\partial_{H_i}(Q_R, Q_T)}{\partial Q_R}\Big|_{R = QR_s = QR_R^*(Q_T)} = 12 - Q_T - 2Q_R^{BR}(Q_T) = 0 \qquad (10.5)$$

或者等价的公式:

$$Q_R^{BR}(Q_T) = 6 - \frac{1}{2}Q_T \qquad (10.6)$$

要求 R 的利润在 $Q_R^{BR}(Q_T)$ 为非负。如果 R 的利润在 $Q_R^{BR}(Q_T)$ 为负,则 R 的最优产出水平为 0。因为:

$$\pi_\pi(Q_R^{BR}(Q_T), Q_T) = (6 - \frac{1}{2}Q_T) \cdot (22 - ((6 - \frac{1}{2}Q_T) + Q_T))$$

$$- (9 + 10 \cdot (6 - \frac{1}{2}Q_T)) \qquad (10.7)$$

当且仅当 $6 - \frac{1}{2}Q_T < 3$ 或 $Q_T > 6$ 百万,R 在 Q_R^{BR} 处的利润为负。因此 R 和 T 的最优反应函数:

$$Q_R^{BR}(Q_T) = \begin{cases} 6 - \frac{1}{2}Q_T, & Q_T \leqslant 6 \\ 0, & Q_T > 6 \end{cases} \qquad (10.8)$$

和

$$Q_T^{BR}(Q_R) = \begin{cases} 6 - \frac{1}{2}Q_R, & Q_R \leqslant 6 \\ 0, & Q_R > 6 \end{cases} \qquad (10.9)$$

找到方程(10.8)和(10.9)的交点就得古诺——纳什产出 $Q_T^* = Q_R^* = 400$ 万条,年总产 800 万条。我们称此产出是古诺产出。均衡时每条下装的卖价是 $P(4+4) = 14$ 元,每个企业获得的年利润是 700 万元。这比两个企业合作时的利润少 650 万元。

现在从另一个角度分析这个博弈。为了使例子更生动,设想两个公司的 CEO(首席执行官),R 公司的张三和 T 公司的李四在 12 月的一个假日聚会中碰头。在一个角落里,李四平静地给张三指出:"如果我们不合作,每家生产 400 万条下装,这是我们不得不做的,但不是我们两家企业的利益所在。"他继续说,"如果我们都把产出削减到 300 万条,我们会把市场价格提升到 16 元,使我们的利润增加 28%。"张三说,他也有类似的伟大想法,他将劝他的企业在来年削减其产出。然而口说无凭。

李四并没有提出他们中的哪一个企业关闭,也没有说两个企业平分因一个企业生产600万条而得的巨额利润。因为李四和张三沿着这条线索达成的任何协定显然不具有法律的约束力,此协定是不可信的,先选择关闭的企业实际上只能获得0利润,而其他企业独得2700万元的利润。如果李四把选择限定为其中的某一个就是潜在可信的。

只要张三回到公司,把他在聚会上与李四的交谈告诉其CFO(首席财务执行官)王二。他们会怎么做呢?他们是继续执行其生产400万条的计划还是把他们的产出削减到如李四所提出的那样到300万条?当然,两个首席执行官也考虑还有许多其他的产出可选择,但为简化起见,我们只把产出限制为这两个。我们称把年产出削减到300万条的决策为合作,保持古诺纳什均衡产出的决策为背叛。假设T也只考虑相同的两个选择,与这些产出选择相关联的得益,如表10-1所示。

表10-1　R和T之间的古诺双头垄断博弈

		R	
		合作($Q_R=3$)	背叛($Q_R=4$)
T	合作($Q_T=3$)	(9,9)	(6,11)
	背叛($Q_T=4$)	(11,6)	(7,7)

如果T相信R会合作,则他的最优行动是背叛。另一方面,如果T预期R会背叛,则T同样会背叛。T有一个严格占优策略即背叛,因此,存在唯一的严格占优策略纳什均衡,其中两个企业都背叛,生产400万条,每个企业只获得700万元的利润。这些企业在玩囚徒困境博弈。

此均衡依赖于企业只做出一次产出决策,然后决不再次碰头的假设。当然,如果假设R和T不只互动一次,而是在市场上年年相互作用就更现实一些。除非CEO先天是短视的,否则他们就不仅应对当前的利润感兴趣,而且对未来的利润感兴趣。如果这里描述的博弈只是重复博弈的一个阶段,均衡是什么呢?可能找到两个企业合作的均衡吗?如果能,保持此种合作的策略是什么?

第三节　有限重复博弈

在前面的例子中,R和T是W牌下装市场的双头垄断者,因为他们超前于其他下装制造者预见到有一股时尚的到来。这个好运只要时尚流行就会持续。假设经验告诉我们这股时尚只流行两年。那么古诺阶段博弈将完全重复两次。这个重复博弈的扩展形式如图10-2所示。R的前两个决策结在同一信息集内,这说明在第一年R和T同时行动。这两个局中人在第二年行动时知道前两个行动。这就是为什么 T 有四个决策结的原因,每个行动组合中有一个在第一年采用,没有一个位于一个信息集内。R 在最后八个可能的决策结中的一个行动,这八个决策结位于四个信息集中,每个行动组合中有一个会在第一年采用。这意味着 T 和 R 在第二年彼此不知道对方的决策。总之,图 10 - 2 是 T 和 R 行动两次的博弈,每次同时行动,每个局中人在第一年采取的行动在第二年是共同知识。

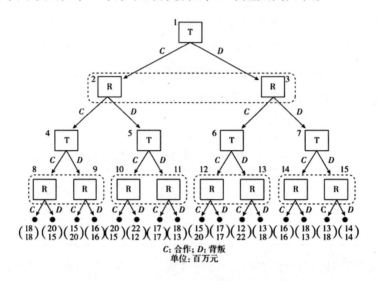

图 10 - 2 两阶段重复博弈的博弈树

在两阶段重复博弈的第一阶段,R 和 T 同时决定是合作还是背叛。观察到各自的产出,第一阶段结束。第二阶段在性质上与第一阶段相同。R 和 T 再次同时选择是合作还是背叛。然后博弈结束。得益列于博弈树的末端,不是因为那是它们实现的时间,而是因为假设企业关心长期利润,而非短期利润。为了使计算简单,不考虑两个时期的贴现因素,考虑如果两个企业在两个阶段都选择合作时的得益。在这种情况下,它们都希望每年赚 900 万元,或者两年赚 1800 万元。此外,如果 R 在第一期选择合作,第二期背叛,而 T 总是选择合作,则 R 第一年赚 900 万元,第二年赚 1100 万元,总计是 2000 万元。T 第一年赚 900 万元,第二年赚 600 万元,总计 1500 万元。

这个博弈包括两个序贯行动(两个阶段)和同时行动(在每个阶段)。策略包括阶段 1 的产出选择(不知道对手的产出选择)和阶段 2 的产出选择(不知道对手在该阶段的产出选择),阶段 2 的选择依赖于两个局中人在阶段 1 的产出选择。可以确定的是,一个局中人通过威胁其他局中人是否能影响其他局中人的行为。一个威胁是承诺在博弈的第二阶段,如果对手在博弈的第一阶段选择特殊的行动,它就在第二阶段选择某个行动。当然,为了使威胁能影响对手的行为,威胁必须可信。也就是说,实际上实施威胁必须是该局中人的利益所在,否则它将难以阻止对手。

因为这个重复博弈是部分序贯的,逆向归纳方法可用于找到一个子博弈完美纳什均衡。首先,解第二阶段的博弈,剪掉博弈树,然后解博弈的第一阶段。即使第二阶段的子博弈包含同时行动,它有一个唯一的(严格占优策略)纳什均衡,其中两个局中人背叛,选择古诺产出。每个企业在第二年只赚700万元。重要的是要注意这些行动的最优性独立于第一阶段所发生的事情。不管第一阶段发生什么,现在阶段2的理性行为都已知。博弈树被向后剪枝,这样做就到了第一阶段,它正是单阶段同时行动的古诺博弈。此博弈的得益是第一阶段的得益加上第二阶段的得益700万元。因为所有第一阶段的得益都加上了相同的数,最大化这些新得益等价于最大化第一阶段的得益。因此"简化了"的博弈等价于第一阶段古诺博弈。我们知道此博弈的唯一纳什均衡是两个企业都选择古诺产出,所以均衡时,两个企业在两个阶段都背叛,重复并不产生合作。

如果使博弈重复足够多次,情况又如何呢? 例如,假如两个企业希望市场在两年后消失,但它们只提前一周选择它们的产出。同时行动阶段博弈现在重复104次。显然,和以前一样,逆向归纳选择相同类型的子博弈完美纳什均衡。在博弈的最后一阶段,两个企业发现选择古诺产出对它们有利,而不管它们早先的产出。现在103阶段是(子)博弈的最后阶段,两个企业的最优利益仍然是选择古诺产出,使我们向后剪枝到了博弈树的另一个阶段。当然,这个过程一直重复下去直到博弈的第一阶段,在第一阶段两个企业的最优利益仍然是选择古诺产出。利用逆向归纳法,解得唯一子博弈完美纳什均衡是两个企业在每个阶段选择古诺产出。这个论证是合理的,不管博弈重复多少次。

两个局中人在进行重复有限囚徒困境阶段博弈时绝不会合作的预言和大量的经验事实也不一致。在现实中人们进行重复囚徒困境时,它们通常要合作,直到接近博弈结束,在此点上合作最终被打破。

在上面所用的逆向归纳须满足以下条件:①没有一个局中人在设定其第一期产出时就固定第二期产出;②两个局中人彼此知道对方的得益;③两个局中人知道它们所进行的重复博弈重复多少次才是合理的。这三个条件相当强,通常很难满足。

第四节 模型的修正

一、事前承诺

回到前面的例子,R 和 T 从事两阶段重复博弈,每个阶段都是囚徒困境。现在做出如下改变:在博弈的第一阶段,两个企业同时公告其两个时期的产出。这些公告是有约束力的。时期 2 公告的产出可能依赖于对手在时期 1 的选择。例如,一个企业可能采用针锋相对的政策,即如果对手在时期 1 合作,它承诺在时期 2 合作,但如果对手在时期 1 背叛,它就在时期 2 背叛。

如果有约束力的承诺是可能的,两阶段重复博弈就转换成一阶段静态博弈。在这个一阶段博弈中两个企业的策略是:①阶段 1 的产出水平,记为 Q_{1R} 和 Q_{1T};②阶段 2 的产出水平,它依赖于两个企业在阶段 1 的产出,记为 $Q_{2R}(Q_{1R},Q_{1T})$ 和 $Q_{2T}(Q_{1R},Q_{1T})$。因为阶段 2 的产出承诺是有约束力的,企业在阶段 1 的初期同时选择其策略,在阶段 2 不能改变。在阶段 2 它们只实施该策略。

这个博弈有多个纳什均衡。其中一个均衡组合是两个企业在两个阶段把产出设定为 400 万而不管对手在第一阶段的选择如图 10 − 2 所示。

表 10 − 2 "非合作"的纳什均衡策略:有事前承诺的重复古诺博弈

	R	T
Q_{1i}	400 万	400 万
$Q_{2i}(Q_{1i},Q_{1j})$	400 万	400 万

为了阐明这点,设想你是 R 公司的 CEO,你相信 T 公司在两个阶段不可取消的承诺是生产 400 万条下装。从第二阶段开始,不管第一阶段会发生什么,也不管对手随后的策略是什么,生产 400 万条下装是一个严格占优策略。现在移到第一阶段。因为你相信自己的行动对对手在第二阶段的行动没有影响,所以你的最优行动是选择古诺产出(至少它在阶段博弈是占优的)。

现在考虑表 10 − 3 中的策略。如果两个企业遵循这些策略,则每个企业在第一阶段生产 300 万条,第二阶段生产 400 万条。阶段 1 的价格是 16 元,阶段 2 的价格是 14 元。虽然它们没有在第二阶段合作,但它们要在第一阶段合作。每个企业的利润第一阶段是 900 万元,第二阶段 700 万元或者总计是 1600 万元。要阐明这的确是博弈的一个纳什均衡,需要证明没有一个企业会单方面改变其策略,获得比 1600 万元多的总利润。

因为两个企业同质,均衡策略相同,这样只需证明 R 在 T 遵循"合作"策略时不能赚得比 1600 万元多就行了。第一,假如 R 在第一阶段生产 300 万条,而 T 在第二阶段生产 400 万条,对此的最优反应是背叛,同样生产 400 万条。给定 T 的第一阶段的行动,假如 R 决定考虑其最优反应函数,如方程(10.8)所示,把产出增加到 450 万条可使第一阶段利润最大。这会使其第一阶段利润增加到 1125 万元,但它将触发 T 在第二阶段的报复。它知道 T 在第二阶段将给市场提供 600 万条,使价格下降,使得 R 不能在任一产出水平上有利可得。R 对 T 的威胁的最优反应是在第二阶段完全关闭,什么也得不到。其两个阶段的利润是 1125 万元,低于其在(局部)和 T 合作时获得的 1600 万元。

表 10 - 3　"合作"的纳什均衡策略:有事前承诺的重复古诺博弈

	产出
Q_{1i}	300 万
$Q_{2i}(Q_{1i}, Q_{1j})$	0,如果 $Q_{1j} > 300$ 万 400 万,如果 $Q_{1j} \leq 300$ 万,且 $Q_{1i} \leq 300$ 万 600 万,如果 $Q_{1j} > 300$ 万,且 $Q_{1i} \leq 300$ 万

二、贴现未来

早先证明 R 和 T 绝不会合作时,假设不仅相互作用的数量有限,而且相互作用的数量是固定的且是共同知识。相反,如果假设互动的次数是无限的,且今天所得的利润比遥远的未来所得的利润更值钱。具体地讲,假设从现在起 N 期的 1 元利润在今天的现值是 δ^N,$0 < \delta < 1$。常数 δ 是局中人的贴现因子。例如,如果贴现因子等于 50%,则下一期的 1 元,今天只值 0.5 元,两期后的 1 元今天只值 0.25 元;等等。如果 R 或 T 获得的利润流是 $\{\pi_1, \pi_2, \cdots, \pi_t, \cdots\}$,其中时期 1 是"现在",则此利润流的现值是 $\sum_{i=1}^{\infty}(\delta^{i-1} \cdot \pi_i)$。我们发现用常数 $1-\delta$ 乘以效用函数进行标准化是方便的。这使得不管贴现因子是多少,每期 1 元的收入的现值是

$$(1-\delta) \cdot \sum_{t=1}^{\infty}(\delta^{t-1} \cdot 1) = 1。$$

更一般地讲,如果每期给决策者 M 元利润,则现值等于 $M = (1-\delta) \cdot \sum_{t=1}^{\infty}(\delta^{t-1} \cdot M)$。

新博弈中未完成的博弈树如图 10 - 3 所示。现在除第一期外有无限的阶段数。在每个阶段,R 和 T 在知道博弈到此阶段的全部过程的情况下决定其产出。

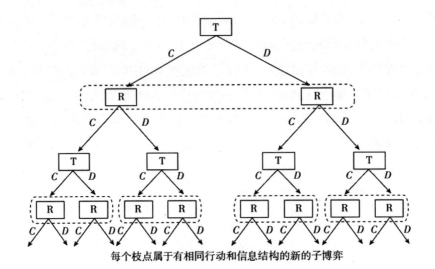

每个枝点属于有相同行动和信息结构的新的子博弈

图 10 - 3   有相同行动和信息结构的新的子博弈的每个枝

称两个企业在 t 阶段前的序贯选择,为博弈到 t 阶段的历史,记为 H_t。因为博弈无限进行,企业 i 的一个纯策略是下面的产出选择序列:

(1)阶段 1 选择产出 Q_{i1};

(2)阶段 2 的产出选择,它取决于局中人在阶段 1 的产出记为 $Q_{i2}(H_2)$;

(3)阶段 3 的产出选择,它取决于局中人在阶段 2 的选择记为 $Q_{i3}(H_3)$;

……

(t)阶段 t 的产出选择,它取决于到此时博弈的历史记为 $Q_{it}(H_t)$,等等。

产出选择序列 $\{Q_{i1}, Q_{i2}(H_2), \cdots, Q_{it}(H_t), \cdots\}$ 记为 S_i。因此,S_R 是 R 的策略,S_T 是 T 的策略。每个策略组合确定两个企业的产出序列,从而产生利润序列。例如,假如 R 和 T 选择在每个阶段都生产 400 万条下装的古诺产出的策略,则两个企业在每个阶段将赚 700 万元。虽然利润得益的数量是无限的,但这个无限的利润流提供的效用正好为有限的 700 万元。

(一)"非合作"均衡

在前面章节中,非合作均衡产出,通常叫作古诺产出,作为一个子博弈完美纳什均衡结束。考虑两个企业顽强地采用非合作策略,此策略如表 10 - 4 所示。

表 10 - 4   顽强的非合作策略

	产出
Q_{1i}	400 万
$Q_{it}(H_t)$	400 万

当与顽强的非合作对手博弈时,每个阶段的最优反应是选择古诺产出。任何其他的选择都将导致当前阶段更低的利润,且不能用未来的利润补偿,因为它不影响对手的行为。因

此,表10-4的策略组合(再次)构成一个子博弈完美纳什均衡。

这个均衡有些问题,因为它完全依赖于教条行为。不管其他企业做什么,没有一个企业会改变对其他企业在下一阶段将生产多少的信念。如果你的对手连续10年生产合作产出,不考虑这个历史就得出它们从现在起就不合作似乎有点问题。更可能的是,它们两个都不知道它们在做什么或者它们正试图告诉你某些东西(比如"和我合作")。在这两种情况下,可能会增加今天合作,以及未来也合作的可能性。

(二)"合作"均衡

现在考虑合作均衡,其中做出的威胁是可信的。两个局中人的均衡策略就具有相当的惩罚性:只要对手合作,每个局中人就合作。一旦对手背叛,其他局中人就绝不会再合作,永远生产古诺产出。此策略,更准确地讲叫作你死我活策略。

假设R和T都希望每期在相同的环境中同时做出产出决策直到可预见的将来。即,它们在进行超级博弈。设δ是两个企业在每期用于贴现将来的贴现因子,假设每一额外的1元的利润产生$1-\delta$额外单位的效用。

为了更精确地描述你死我活策略,令HC表示全部历史(不管多长)的集合,其中每个企业总选择合作产出(300万),则你死我活策略如表10-5所示。

假如两个企业都采用你死我活策略,则在阶段1,两个企业生产300万条下装,在阶段2因为两个企业在阶段1合作,两个企业再次合作,选择300万为产量。阶段3、阶段4的情况也是如此。因为只要两个企业生产合作产出,就可得900万元的利润,该利润流的现值效用等于900万元。

假设R相信T已采用了你死我活策略。则R预期T最初会合作。R也预期要是它曾经背叛,则T此后将永远背叛。因为在此博弈中只要它想要对手在未来合作,则合作就是敏感的行动。R对T的策略的最优反应同样是此后永远背叛,这正是你死我活策略的真义所在。

表10-5 你死我活策略

	产出
Q_{1i}	300 万
$Q_{ti}(H_t)$	300 万,如果 $H_t \in HC$ 400 万,其他

现在证明R在博弈的任一阶段选择合作比背叛要好的条件。利用的明显的事实是,在博弈的任一阶段,未来的得益是相同的,因为博弈保持扩展到无限。假如R在特定阶段背叛,在该阶段,R获得的利润是1100万元,但是因为两个企业从那时起都背叛,R从下一阶段起每年的利润是700万元直到最后。因此,在任一阶段背叛所得的效用流的现值是:

$$(1 - \delta) \cdot (1100 \text{ 万} + \sum_{j=2}^{\infty} \delta^{t-1} \cdot 700 \text{ 万}) = (1 - \delta) \cdot 1100 \text{ 万} + \delta \cdot 700 \text{ 万} \quad (10.10)$$

必须和不背叛的效用比较。如果：

$$900 \text{ 万} > (1 - \delta) \cdot 1100 \text{ 万} + \delta \cdot 700 \text{ 万} \quad (10.11)$$

只要 δ 大于 0.5，R 就会发现在任何阶段不背叛是其最优利益所在。

总之，只要 T 的贴现因子足够高（即 T 不是特别无耐心），T 同样会合作，除非 R 不合作，在该点上 T 同样是不饶人的，会再次不合作。这正是你死我活策略，证明了你死我活策略是对对手也采用你死我活策略的最优反应，只要未来利润的前景在今天有高的值。由此，此博弈的子博弈完美纳什均衡是两个企业都使用你死我活策略。

第五节　民间定理

在理想世界中，可供选择的均衡数相对少。在重复双头垄断博弈中，发现了两个子博弈完美纳什均衡。还有均衡吗？还有更多的均衡吗？要回答如此重要的问题，需要把两个企业可能选择的策略集合限制在合理的数量内。

从另一个不同的角度看此博弈。利用你死我活策略，两个企业在时期 1 增加了低利润的可能性。此外，每个企业通过在每个时期选择不生产就能保持自己的利润为 0。在一个重复博弈中，背叛合作均衡必须受到惩罚。其他局中人可能施加给一个局中人的最低效用水平是该局中人的最小效用水平。正式地讲，定义 U_i 是 $\min_{S_{-i}} \max_{s_i} U_i(S_1, \cdots, S_N)$。$U_i$ 是局中人 i 的效用，$S_{-i} = \{S_1, \cdots, S_{i-1}, S_{i+1}, \cdots, S_N\}$ 是除局中人 i 外的每个局中人的策略组合。U_i 是局中人 i 的对手所能保持给它的最低效用水平，前提是如果预见它们的行动并对此做出最优反应。对 R 和 T，各自能够做出的对另一个最坏的选择是使价格很低，使得其生产任何产出都无利可得。因为两个企业有关闭而什么也不得的选择，它们的最小最大效用是 0。对两个企业，任何得益组合，给予它们两者不低于其最小最大效用，就被说成是个体理性的。

采用某个策略组合（不必是纳什均衡策略组合）能得到的两个局中人的得益表叫作可行组合。在下装双头垄断博弈中，可以证明可行的现值效用水平 (π_T, π_R) 正好是集合 $\{(\pi_T, \pi_R) : \pi_T + \pi_R \leqslant 1800 \text{ 万}\} \cup \{(2700 \text{ 万}, 0), (0, 2700 \text{ 万})\}$。图 10-4 画出了下装双头垄断博弈的可行得益和个体理性的得益向量。

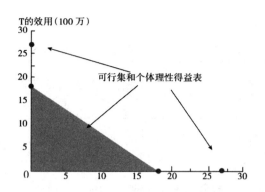

图 10 - 4　可行和个体理性得益集合

民间定理:任何给定的个体理性和可行的得益表也是重复博弈的一个子博弈完美纳什均衡的得益表,只要贴现因子 δ 充分接近 1。之所以称此为民间定理,因为它存在了很长时间,却没有人清楚记得谁首先提出或谁首先证明了它。

民间定理是一个很坏的问题吗? 有证据表明,民间定理可能不如人们所想像的那样是一个坏问题。在许多应用中,有可能用诸如局中人之间的对称性减少合理均衡的数量。另外,当贴现因子不接近 1 时,均衡得益向量集合可能非常小,即如果局中人充分地无耐心,则重复博弈几乎就是一次博弈,其子博弈完美纳什均衡得益表的集合就只是和一阶段博弈的纳什均衡得益表一致。

第六节　贝特兰德重复博弈

在静态贝特兰德(定价)双头垄断博弈中,边际成本是常数,且等于平均成本,有一个唯一的纳什均衡,是两个企业所定的价格等于边际成本。然而如果假设两个企业在和这里相同的环境中重复碰头。就会看到,如果碰头数有限,且是共同知识,则唯一子博弈完美纳什均衡产生和静态博弈相同的解:两个企业的定价等于边际成本。

但是如果博弈重复无限次,且两个企业不对未来贴现太大,则和古诺模型一样,结论会发生戏剧性变化。利润最大化垄断价格记为 P_m,边际成本为 c,博弈历史集合为 HC,其中两个企业每期的要价是 P_m,考虑表 10 - 6 的策略。

表 10 - 6 贝特兰德博弈的你死我活策略

	价格
P_{1i}	Pm
$P_{ti}(H_i)$	P_m，如果 $H_t \in HC_c$ ，其他

在贝特兰德模型中，消费者从要价最低的企业处购买商品。如果两个企业要价相同，假设市场在两个企业之间平分。垄断利润记为 π_m。我们现在寻找你死我活策略是两个企业的子博弈完美纳什均衡策略所满足的条件。证明你死我活策略是企业1对企业2采用你死我活策略的最优反应。如果两个企业都采用你死我活策略，则它们在每期都索要垄断价格，平分市场，获得效用得益 $\frac{1}{2}\pi_m$。假设企业2采用你死我活策略，企业1背叛垄断价格，把它的价格削减很小的量，从而占领整个市场。这在第一阶段产生的利润（稍稍低于 π_m）。但由于企业2报复，以后每个阶段的利润为0。由此，企业1的效用流的现值等于 $(1-\delta) \cdot (\pi_m + \delta \cdot 0 + \delta^2 \cdot 0 + \cdots) = (1-\delta) \cdot \pi_m$。背离策略的得益与保持均衡策略的得益相同或更低，当且仅当 $(1-\delta) \cdot \pi_m \leq \frac{1}{2} \leq \delta$，且企业2已经采用了你死我活策略，则至少在第一阶段，企业1也将选择垄断价格。而且，同样的逻辑可证明只要你死我活策略要求企业2索要垄断价格，企业1总索要垄断价格。另外，如果你死我活策略要求企业2把价格定在边际成本上，则企业1的最优反应是以后永远使其价格正好等于边际成本。

读者可以证明，垄断价格和边际成本的定价策略与如果有一个企业曾经做出了其他定价就永远按边际成本定价是子博弈完美纳什均衡，这可以用来检验你对民间定理的理解。

$\frac{1}{2} \cdot \pi_m$，即 $\frac{1}{2} \leq \delta$ 时成立。

第五篇 / 静态贝叶斯博弈

第十一章　贝叶斯纳什均衡

经济学最重要的一个新思想是:私人信息是有价值的资源,它和劳动力、土地或技术的使用一样,私人信息的利用能影响经济与社会福利。所谓"私人信息"指的是有些局中人知道而另一些局中人不知道的关于世界状态的知识。私人信息的例子包括公司的财务状况,有些股东知道,而其他人不知道;新工作的申请者,她的努力意愿和加班的意愿,潜在的雇主就不知道;等等。有此种"私人信息"的互动局势叫作不完全信息博弈,也叫作贝叶斯博弈。贝叶斯博弈包括静态贝叶斯博弈和动态贝叶斯博弈。这一章和下一章讨论静态贝叶斯博弈。从第十三章开始研究动态贝叶斯博弈。

我们已经看到,当一个局中人不知道其他局中人的行动时,策略型表述和纳什均衡就是找到局中人彼此的理性策略的充分的工具。纳什均衡"只"要求每个局中人可用的策略和得益是共同知识。然而,这个要求排除了许多重要的策略局势,如拍卖、劳动合同的谈判和公司接管战。在这些局势下,有些局中人通常不知道其他人对可能结果的赋值。例如,石油公司有在某块土地上钻探石油的权利,但不知道另一个公司相信这个权利值多少。这说明得益不是共同知识。此类博弈叫作不完全信息博弈。

要看到不完全信息所产生的问题。假设你大学毕业正在找工作,你对你将愿意从事的工作的认识比潜在的雇主要好。希望保证得到某些雇主提供的工作,你或许发现它就是你的兴趣所在,你向给你提供工作的雇主保证这正是你所寻找的。雇主的问题是决定是否相信你,你的问题是使你的陈述可信。这显然是一种策略局势。且你或你的中间人都不完全知道你将和谁讨论。如果你不对中间人提出的相对低的初始薪酬表示关注,这将被解释成一种你喜欢大量工作的信号,且确信你会做得好,很快会提升;中间人把这解释成你处在危机中,愿意接受任何工作;或者他决定你的反应没有告诉他你多么喜欢此工作? 他对你的行为的解释依赖于他认为你所遵循的策略。为了弄清楚你的策略,他必须知道你的动机。但你的动机(即你的偏好或得益)正是他所不知道的。

约翰·豪尔绍尼找到了一种研究局中人有不完全信息的博弈并建立模型的方法,并因此获得诺贝尔经济学纪念奖。他的解是把不完全信息博弈转换成完全但不完美信息博弈。豪尔绍尼变换把有不同得益的局中人看成是有不同类型的局中人。豪尔绍尼提出,用自然先行动,"选择"每个局中人的类型就可建立此类博弈的模型。局中人开始知道他们的类型但其竞争者不知道。新博弈叫作贝叶斯博弈,可用我们迄今所引入的工具进行分析。

本章的安排是第一节描述豪尔绍尼变换,并描述贝叶斯纳什均衡概念。第二节继续证明混合策略如何能被解释成关于对手类型的不确定性。最后,提出显示原理,它使得博弈理论家能设计特殊的博弈——如使卖方预期收益最大化的拍卖法则。

第一节　豪尔绍尼变换和贝叶斯纳什均衡

例 11.1　最简单的不完全信息博弈的例子是进入威慑博弈。有两个局中人,一个是在位企业,一个是潜在进入者。在位企业必须决定是否扩大其工厂的生产能力。同时,进入者必须决定是进入与在位企业竞争还是不进入市场。生产能力的增加使得在位企业能以较低的成本生产更多的产出,因此,当且仅当在位企业不扩大生产能力时进入者进入才是有利可图的。然而在位企业的得益依赖于两件事:进入者是否进入和工厂生产能力扩大的成本。这些成本可高可低。如果成本低,这两个局中人的得益如表 11-1A 所示。如果成本高,他们的得益如表 11-1B 所示。在位企业知道这些成本,但进入者不知道。也就是说,进入者对将要进行的博弈有不完全信息。

表 11-1　进入威慑博弈的得益

A 扩大生产能力的成本低			
		在位企业	
		扩大	不扩大
进入者	进入	(-1,2)	(1,1)
	不进入	(0,4)	(0,3)
B 扩大生产能力的成本高			
		在位企业	
		扩大	不扩大
进入者	进入	(-1,-1)	(1,1)
	不进入	(0,0)	(0,3)
得益:(进入者,在位企业)			

不管进行的是哪个博弈,进入者如果基于在位企业的扩大决策决定进入,那么当且仅当在位企业不扩大生产能力时进入者才想要进入。根据得益,进入者看到当在位企业成本高时存在一个占优策略:不扩大。在位企业成本低时也有一个占优策略:扩大。对手的事实我们无法做进一步的分析。

豪尔绍尼的洞察是看到当局中人必须形成关于对手如何行动的信念的时候,他们也必须形成他们在进行哪个博弈的信念。豪尔绍尼提出的建立如进入威慑博弈这种策略局势的模型如下:

新博弈有三个局中人:进入者、在位企业和自然。在位企业可能有两种类型:"低成本"或"高成本",此处的成本是生产能力扩大的成本。在位企业的得益取决于此成本,因此就取决于它的类型。在新博弈中,自然先行动,确定在位企业的类型。在位企业知道它的类型(即它知道它的得益),但进入者不知道。进入者的得益仍然是共同知识。自然选择在位企业是高成本的概率叫作关于这一类型的先验信念,这是共同知识。在这个例子中,我们假设这个概率是1/3。新博弈的一种解释是,在位企业和进入者随机配对,在位企业是高成本的比例是1/3。我们称新模型为进入威慑博弈2。进入者的策略仍然是要么进入、要么不进入的行动。然而在位企业的策略现在包括一对行动,它的类型是低成本时采取的行动和它的类型是高成本时采取的行动。一个策略的例子是:(扩大,不扩大),意味着成本低时扩大,成本高时不扩大。如果进入者的策略是进入,在位企业的策略是(扩大,不扩大),则进入者的得益是 -1 的概率是2/3,得益是1的概率是1/3。因此预期得益是 $\frac{2}{3} \times (-1) + \frac{1}{3} \times 1 = -\frac{1}{3}$。

类似地讲,不进入的预期得益是0。在给定在位企业在两种可能的世界状态中每一个最高得益的意义上,我们已经确定了这个策略是在位企业的最优策略。虽然进入者能够预测在位企业在每种世界状态会采取什么行动,但它在行动前不知道世界状态。使用前面引入的术语,进入者在选择一次抽彩。如果进入者是预期效用最大化者,表11-1的得益就是它的结果的冯·诺依曼—摩根斯坦效用,则它将选择产生最高预期得益的抽彩。显然,不进入是对(扩大,不扩大)的最优反应,因此可以安全地得出结论{不进入,(扩大,不扩大)}是这个博弈的一个纳什均衡,即使我们还没有正式地把这个概念扩展到不完全信息博弈中。

但利用这些均衡策略时,产生两个结果。如果在位企业是低成本的,则它扩大生产能力,但如果在位企业是高成本的,它就不扩大生产能力。

一般地讲,每个局中人都可能有一个以上的类型。例如,拍卖就是这种情况,其中,竞买人对将要卖的物品的估价是私人信息。而且,局中人的类型可能是随机依赖性,意味着关于一个局中人的类型的知识揭示了另一个局中人类型的信息,如拍卖中如果拍卖物品有转卖价值,竞买人有独立的估价。拍卖物品转卖价值的估价构成了每个竞买人的类型。如果一个竞买人的估价高于标准价值,则它可能意味着拍卖物品的转卖价值高于标准价值。结果,我们会预期其他每个竞买人的估价高于标准价值。这两个估价被说成是正相关的。

我们知道,完全信息静态博弈可用策略形式表述,它包括三个要素:局中人集合,每个局中人的(纯)策略集合和每个局中人在各种可能策略集合或策略组合下的得益集合。在静态

博弈中,(纯)策略完全与行动相对应。以类似的方式,静态贝叶斯博弈包括五个要素,它们都是共同知识:

第一是局中人集合。第二是每个局中人的行动集合,行动用小写字母表示。每个局中人的一个行动构成一个行动组合,用大括号"{ }"表示。第三是每个局中人可能的类型集合,类型用小写表示。每个局中人知道自己的类型而不知道其他局中人的类型。我们用符号 $-i$ 表示"其他局中人"。每个局中人的一个类型构成一个类型组合,用中括号"[ ]"表示。局中人对每个可能的类型组合的概念有共同的先验信念。局中人组合是 $[t_1, \cdots, t_N]$ 的概率记为 $P[t_1, \cdots, t_N]$。这些概率构成第四个要素。每个行动组合 $\{m_1, \cdots, m_N\}$ 和类型组合 $[t_1, \cdots, t_N]$ 产生每个局中人的一个得益;局中人 i 的得益一般记为 $U_i(m_1, \cdots, m_N; t_1, \cdots, t_N)$。得益构成第五个要素。注意局中人的得益取决于他自己的类型和其他局中人的类型。例如,一个企业的利润一般依赖于其工人的生产力(他们的类型)和他们如何努力工作(他们的行动)。

进入威慑博弈有两个局中人:进入者和在位企业。进入者有两个可能的行动:进入和不进入。在位企业也有两个行动:扩大和不扩大。而进入者只有一种类型——正常类型,在位企业有两个类型:低成本和高成本。这意味着有两个可能的类型组合:[正常,低成本]和[正常,高成本]。如果进入者有两个可能的类型,则就可能有四个可能的类型组合。先验信念是类型组合[正常,低成本]的概率是 2/3,而[正常,高成本]的概率是 1/3。进入威慑博弈的得益如表 11 - 1 所示。例如,U 进入者(进入,扩大,正常,高成本) = -1。

一般地,在静态贝叶斯博弈中,我们对局中人 i 的行为说些什么呢? 显然局中人 i 的行动可能取决于他的类型。因此 i 的一个纯策略包括局中人类型的函数的行动,一般记为 $S_i(t_i)$。我们用斜体且第一个字母大写表示策略。每个局中人的一个策略构成一个策略组合,用大括号表示。因为局中人的类型是随机选择的,一个策略组合的结果是不确定的。用前面的术语说,每个策略组合确定了结果集合的一次抽彩。我们假设局中人是预期效用最大化者,基于条件预期效用选择策略。

在我们说明条件预期效用的意思之前,必须引入条件概率的概念。设 t_{-i} 是除 i 外的局中人的类型组合。即 $t_{-i} = [t_1, \cdots, t_{i-1}, t_{i+1}, \cdots, t_N]$。则 $P_i[t_{-i} | t_i]$ 表示给定局中人 i 的类型 t_i,其他局中人有类型组合 t_{-i} 的概率。这就是条件概率的例子。这一条件概率可利用下面的公式从先验信念中计算出来。

$$P[t_{-i} \mid t_i] = \frac{P[t_1, \cdots, t_{i-1}, t_i, t_{i+1}, \cdots, t_N]}{P_i[t_i]} \tag{11.1}$$

其中 $P_i[t_i]$ 是局中人 i 的类型的边际概率,等于:

$$P_i[t_i] = \sum_{t=1} P[t_1, \cdots, t_{i-1}, t_i, t_{i+1}, \cdots t_N] \tag{11.2}$$

在本书的多数博弈中,局中人的类型彼此随机独立。局中人 A 的类型随机独立于局中人 B 的类型,即 A 从自己类型的知识中不知道 B 的类型。正式地,局中人 i 的类型随机独立于其对手类型,如果对每个类型组合 $[t_1, \cdots, t_i, \cdots, t_N]$,我们有:

$$P[t_{i-1} \mid t_i] = P[t_1, \cdots, t_{i-1}, t_{i+1}, \cdots, t_N] = \sum_{t_i} P[t_1, \cdots, t_{i-1}, t_i, t_{i+1}, \cdots, t_N] \quad (11.3)$$

但局中人采用策略组合 $S = \{S_1(t_1), \cdots, S_N(t_N)\}$ 时,类型为 t_i 的局中人 i 的条件预期效用(CEU)是:

$$EU_i(S, t_i) = \sum_{t_{-i}} U_i(S_1(t_1), \cdots, S_i(t_i), \cdots, S_N(t_N); t_1, \cdots, t_i \cdots, t_N) \cdot P_i[t_{-1} \mid t_i]$$

$$(11.4)$$

其中加总是对其他局中人的所有可能类型组合。

如果我们用"条件预期效用"代替"得益",(严格和弱)占优策略、占优策略均衡、重复占优策略均衡和纳什均衡的概念都可自然扩展到这一新类型的博弈。下面我们正式定义静态贝叶斯博弈的纳什均衡的扩展,称之为贝叶斯纳什均衡。

定义 11.1:一个策略组合:

$$S^* = \{S_1^*(t_1), \cdots, S_N^*(t_N)\}$$

是一个静态贝叶斯博弈的贝叶斯纳什均衡,当且仅当对每个局中人 i,局中人 i 的每个类型 t_i,和局中人 i 的每个可选策略,$EU_i(S^*, t_i) \geqslant EU_i(S_1^*(t_1), \cdots, S_i(t_i), \cdots S_N^*(t_N), t_i)$。即局中人的策略是对其他局中人策略的最优反应,不管局中人的类型如何。

我们现在证明策略组合{不进入,(扩大,不扩大)}是进入威慑博弈 2 的唯一(纯策略)贝叶斯纳什均衡。为了找到所有的纯策略贝叶斯纳什均衡,我们构造博弈的策略形式,如表 11-2 所示。此表是一个新表。行列分别与两个局中人的策略相对应,但框内的内容不同。逗号左边括号内的数字是进入者的 CEU。这个 CEU 只有一个数字,因为进入者只有一种类型。逗号右边括号内的两个数字是在位企业的 CEU。其中第一个数字是低成本类型的在位企业的 CEU,第二个数字是高成本类型的在位企业的 CEU。唯一的贝叶斯纳什均衡的 CEU 是{不进入,(扩大,不扩大)}。

我们现在阐明每个局中人的均衡策略是其他局中人均衡策略的最优反应,不管局中人是什么类型。给定在位企业的策略(扩大,不扩大),进入者如果进入其 CEU 是 $-\frac{1}{3}$,如果不进入,其 CEU 是 0,这意味着最优反应是不进入。给定进入者的策略不进入,如果在位企业是低成本的,则采用策略(扩大,扩大)或(扩大,不扩大)使其 CEU 最大化。如果在位企业是高成本的,则采用策略(扩大,不扩大)或(不扩大,不扩大)使其 CEU 最大。策略(扩大,不扩大)是唯一的对不进入的最优反应的策略,不管在位企业的类型是什么。

表 11 – 2   进入威慑博弈 2 的策略形式

		在位企业			
		（扩大，扩大）	（扩大，不扩大）	（不扩大，扩大）	（不扩大，不扩大）
进入者	进入	（（ -1），（2，-1））	（（ -1/3），（2，1））	（（1/3），（1，-1））	（（1），（1，1））
	不进入	（（0），（4，0））	（（0），（4，3））	（（0），（3，0））	（（0），（3，3））

第二节   混合策略的贝叶斯纳什均衡

在引入混合策略时，我们假设：局中人曾随机地选择其行动。我们注意到混合策略的另一种解释是它表示局中人将要做什么是不确定的。我们没有分析这种不确定性的来源。约翰·豪尔绍尼提出，不确定性可能是由于存在对对手的得益的某些不确定性。他推测，任何混合策略的纳什均衡总可解释为类似于少数不完全信息博弈的纯策略均衡，而不是对其他局中人正在随机选择其行动的信念，比方说抛掷一个骰子或硬币。小量的无知怎么有这种效应呢？因为如果局中人利用混合策略是最优的，则他必定在某些行动中是无差异的。与这些行动相联系的得益的任何最小变化将破坏这种无差异。现在某些行动显然是劣的或优的。因此，如果对手对这些得益即使有最轻微的不确定，他将对他会采取的行动产生不确定——即使他相信他不是随机行动。现在用熟悉的例子——情爱博弈来陈述这一思想。

例 11.2   我们知道情爱博弈是一对热恋中的恋人小张和小红，他们正在独立地决定晚上如何度过。其策略形式如表 11 – 3 所示，S 代表小红，R 代表小张。已经证明，此博弈有混合策略纳什均衡：{（沙龙：1/4，俱乐部：3/4），（沙龙：2/3，俱乐部：1/3）}，这里第一个策略是小红的混合策略，第二个是小张的混合策略。

然而假如这两个局中人不完全知道另一方的得益。假设小红对小张不喜欢俱乐部的程度有某些不确定，小张对小红如何不喜欢沙龙有些不确定。其他得益是共同知识。假设得益如表 11 –4 所示，现在可以建立此博弈的模型。

表 11 – 3   情爱博弈（完全信息）

		小张	
		沙龙	俱乐部
小红	沙龙	（5，12）	（0，0）
	俱乐部	（0，0）	（10，4）
		得益：（S，R）	

表 11 - 4 情爱博弈(不完全信息)

		小张	
		沙龙	俱乐部
小红	沙龙	$(5 + \varepsilon_S, 12)$	$(0,0)$
	俱乐部	$(0,0)$	$(10, 4 + \varepsilon_R)$
		得益:(S,R)	

小红知道 ε_S,但不确切知道 ε_R 的值,而小张知道 ε_R,但不知道 ε_S 的值。这里,ε_S 是小红的类型,ε_R 是小张的类型。假设 ε_S 和 ε_R 是独立的随机变量,且在 $-\delta$ 和 $+\delta$ 之间成均匀分布,是共同知识。这意味着 $E(\varepsilon_R) = E(\varepsilon_S) = 0$。在原博弈的此种变形中,每个局中人的纯策略是一个函数,比方说 $S(\varepsilon)$,从可能的类型集合 $[-\delta, \delta]$ 到可能的行动集合 {沙龙,俱乐部}。一般地讲,这些函数可能很复杂。不过,每个局中人的纳什均衡策略 $S_S^*(\varepsilon)$ 和 $S_R^*(\varepsilon)$ 很简单,且用两个数字 τ_S 和 τ_R 代表,我们称之为转换参数,如下:

$$S_S^*(\varepsilon) = \begin{cases} 沙龙, & 如果 \varepsilon > \delta - \tau_S \\ 俱乐部, & 如果 \varepsilon \leq \delta - \tau_S \end{cases} \qquad S_R^*(\varepsilon) = \begin{cases} 沙龙, & 如果 \varepsilon < \delta - \tau_S \\ 俱乐部, & 如果 \varepsilon \geq \delta - \tau_S \end{cases} \quad (11.5)$$

小红的均衡策略取这种形式的理由是随 ε 增加,沙龙选择更有吸引力,随 ε 减少,俱乐部选择更有吸引力。所以,如果对某个 ε 值如 $\tilde{\varepsilon}$ 选择沙龙最优,则对所有大于 $\tilde{\varepsilon}$ 的 ε 值仍然是最优的。类似地讲,如果对某个 ε 值,比方说 $\tilde{\varepsilon}$,俱乐部选择最优,则对所有小于 $\tilde{\varepsilon}$ 的 ε 值仍然是最优的。反之对小张亦成立。我们用其转换参数定义均衡策略。

因为局中人的行动取决于对手不知道的变量,所以每个局中人对其他人的行动是不确定的——即使两个局中人都明显不是随机的。因为局中人的类型在 $[-\delta, \delta]$ 上均匀分布,容易证明均衡策略组合引起小张看出小红选择沙龙的概率是 $\frac{1 - \tau_S}{2}$,小红看出小张选择沙龙的概率是 $\frac{1 - \tau_R}{2}$。注意到没有一个局中人随机选择行动,关于他们行为的不确定性是由于他们偏好的不确定性引起的。可以证明随着参数 δ 趋于 0,$\frac{1 - \tau_S}{2}$ 收敛于 1/4,$\frac{1 - \tau_R}{2}$ 收敛于 2/3。这两个极限是原完全信息博弈的均衡混合概率,所以在我们修正的博弈模型中,局中人的纯策略均衡行为非常接近于原情爱博弈中的混合策略均衡的局中人的行为。

当 ε 等于局中人的门槛 $\delta \cdot \tau$,选择沙龙的预期效用正好等于选择俱乐部的预期效用。这表明两个门槛满足下面两个方程:

$$(5 + \delta \cdot \tau_s)\left(\frac{1 + \tau_R}{2}\right) = 10\left(\frac{1 - \tau_R}{2}\right) \quad 12\left(\frac{1 - \tau_S}{2}\right) = (4 + \delta \cdot \tau_R)\left(\frac{1 + \tau_S}{2}\right) \quad (11.6)$$

当 δ 等于 0 时,两个方程就是线性的,解为 $\tau_R = 1/3, \tau_S = 1/2$,表明小红看到小张选择沙

龙的概率 $\frac{1+\tau_R}{2} = 2/3$，小张看到小红选择沙龙的概率 $\frac{1-\tau_S}{2} = 1/4$。于是用微分的隐函数定理得方程(11.6)当 δ 充分接近 0 时有解。

第三节　显示原理和机制设计

迄今，我们所分析的博弈都视为给定的，我们的任务是找到均衡。如果有人问相反的问题：给定局中人集合，他们在结果集合中的得益和他们关于这些得益的私人信息，是否可构造一个静态贝叶斯博弈，其贝叶斯纳什均衡满足某种确定的特征？例如，设计哪种拍卖使卖方的预期收益最大化？答案相当困难，因为有如此众多的拍卖形式都可能达到目的。拍卖是口头拍卖还是密封拍卖？赢家应支付其出价还是价格？是否部分取决于输家提出的出价？更本质的是，最高竞买人应赢得拍卖吗？还是用与出价无关的标准决定赢家？竞买人应预先缴纳一笔费用吗？卖方应设置赢家出价的底限吗？如果这样，保留价格应预先公布还是保密？

博弈论的一个分支涉及此种问题，叫作机制设计。设计博弈使得他们的均衡有确定的特征，要比确定单个博弈的均衡困难得多。美国西北大学的迈尔森对设计博弈作出了重要贡献。他提出的原理叫作显示原理。显示原理使博弈的设计者把问题分成两个非常易于处理的方面。

第一，设计者把自身限制到一个非常简单的贝叶斯博弈，叫作激励相容直接机制（ICDM）。直接机制（DM）是一个静态贝叶斯博弈，其中局中人只报告其类型给"仲裁人"，这些报告决定了局中人的得益。如果真实地报告一个人的类型是贝叶斯纳什均衡策略，则一个DM是激励相容的。现在设计者在数量很小的博弈中寻找有合意特征的博弈。目前博弈设计者的工作没有做完，因为ICDM无疑要求一个无私利的"仲裁人"，以便局中人向他报告其类型。

第二，找到不需要仲裁人的博弈形式，并有和ICDM相同的均衡。这就是最优博弈。

迈尔森对机制设计的贡献是认识到，任何贝叶斯博弈的任何贝叶斯纳什均衡总可用恰当构造的ICDM"表示"。所谓"表示"指的是，对每个类型组合，ICDM均衡时局中人的行动和得益与原博弈均衡时的完全相同。这个结论叫做显示原理。这里用静态博弈描述并证明它，但它同样容易扩展到包括动态博弈中。

定理11.1（显示原理）：任何静态贝叶斯博弈的任何贝叶斯纳什均衡都可用激励相容直

接机制表示。

例11.3 下面,以两个局中人为例,论证显示原理。假设有两个局中人小王和巴特尔,他们之间进行的是静态贝叶斯博弈。用 t_A 和 t_B 表示他们的类型,m_A 和 m_B 表示他们的行动,$S_A(t_A)$ 和 $S_B(t_B)$ 表示他们的策略,$U_A(m_A, m_B, t_A)$ 和 $U_B(m_A, m_B, t_A)$ 表示他们的得益。假设 $\{S_A^*(t_A), S_B^*(t_B)\}$ 是这个博弈的贝叶斯纳什均衡策略组合。我们将构造一个 ICDM,给定两个局中人,均衡时他们的预期得益相同。

在 ICDM 中,每个局中人报告其类型给中立的仲裁人。这些报告记为 r_A 和 r_B。当局中人报告 r_A 和 r_B 时,小王得到的收益 $\tilde{U}_A(r_A, r_B, t_A) = U_A(S_A^*(r_A), S_B^*(r_B), t_A)$,巴特尔得到的收益是 $\tilde{U}_B(r_A, r_B, t_B) = U_B(S_A^*(r_A), S_B^*(r_B), t_B)$。这样就已经构造了一个 DM,使得如果两个局中人真实地报告其类型,则他们得到的收益和他们在原博弈均衡时得到的收益相同。因此,假设 DM 是激励相容的,DM 给予局中人的得益和他们在原博弈的贝叶斯纳什均衡时的得益相同。这就是 DM"表示"该均衡的意义。DM 的激励相容性容易看到,假如有一个局中人,比方说是小王,采用了总报告真实类型的策略,但另一局中人巴特尔撒谎,报告其类型是 t' 而不是真实类型 t_B,那么无论小王如何报告,巴特尔得到其已在原博弈中采取行动 $S_B^*(t')$ 而非 $S_B^*(t_B)$ 所得的收益。因为 $\{S_A^*(t_A), S_B^*(t_B)\}$ 是原博弈的贝叶斯纳什均衡策略组合,定理11.1 说巴特尔采用此种行动不能变得更好,有可能更坏,于是巴特尔错误报告其类型不比真实报告其类型好。因为不管其类型如何这都是真的,所以真实报告是对小王真实报告的最优反应。同样真实报告也是对巴特尔真实报告的最优反应。所以我们构造表示原贝叶斯博弈的 DM 是激励相容的。

显示原理使得迈尔森能够回答我们提出的使卖方预期收益最大的拍卖形式的问题。如果每个买方的估价只为买方自己所知,其他买方估价的信息不能改变其估价——在拍卖文献中称此拍卖环境为独立私人价值,则标准的密封拍卖将产生给卖方最高的预期出价。

迈尔森等人还利用显示原理研究了双边贸易,即最典型的经济互动。他们提出了下面的问题:假设每个交易者的保留价格只为该交易者所知,是否有贸易法则确保商品总能从卖方到买方进行自愿交易,无论贸易什么时候使他们两者处境都变好?迈尔森证明,一般的答案是:没有!无论利用什么法则——不论讨价还价、改变出价还是双边拍卖——总会存在保留价格,使得买卖双方通过交易出价变得更好,要不均衡时就没有交易发生了。

第十二章 贝叶斯纳什均衡的应用：
拍卖博弈

第一节 拍卖类型

　　拍卖(Auction)是一种古老的市场交易方式,早在公元前约 500 年的古巴比伦就出现了拍卖现象。近年来,随着市场经济的发展,拍卖不仅深入到经济生活的各个领域,而且因为拍卖是规则明晰、规范化的市场,所以,用博弈论来给拍卖建模已成为博弈论研究的一个重要方面。

一、拍卖的含义

　　拍卖(Auction)一词源于希腊语"augere",原意是增加的意思。今天所理解的拍卖,从广义上讲,是通过市场价格来配置资源的过程。例如,经济学家 R. P. McAfee 给拍卖下的定义是:拍卖是一种市场状态,此市场状态在市场参与者出价基础上具有决定资源配置和资源价格的明确规则。从狭义上讲,拍卖是具有一定适用范围,有特殊规则的市场交易行为。在确定的时间和地点,通过一定的组织机构,以公开竞价的方式,将特定物品或财产所有权转让给特定的应价人。

二、拍卖的类型

(一)按竞价方式分类

　　各种不同的拍卖之间存在着很大的差别,因此,有必要对拍卖进行分类。广泛运用和分析的拍卖类型主要有四种。

(1)英国式拍卖,又叫升价拍卖、增价拍卖、公开拍卖、口头拍卖,在拍卖中,拍卖物的竞价(即买方提出的购买价)由低至高、依次递增,直到以最高价格成交为止。这一拍卖既可以由卖方报价,又可以由买方各自报价。

规则:竞买人可以自由地提高自己的出价。如果没有竞买人想再进一步提高自己的出价,那么出价最高的竞买人成为买受人,支付其所出的价格,并得到拍品。

策略:局中人的策略是一个出价序列。这个出价序列是以下三者的函数:拍品对该局中人自己的价值、该局中人有关其他局中人对拍品估价的先验估计、所有局中人的出价行为。局中人会根据他的信息集的变化调整他自己的出价。

得益:赢得拍卖的局中人的得益是拍品对他的价值减去他的最高出价。

(2)荷兰式拍卖,又称降价拍卖、减价拍卖,在荷兰的鲜花销售中多用此种拍卖形式,在拍卖中,拍卖物的竞价(即卖方提出的出售价)由高到低、依次递减,直到以适当的价格成交为止。

规则:卖者宣布一个要价,然后他不停地降低这一价格,直至一个买者让他停止要价,并在当前的叫停价上买下拍品。

策略:局中人的策略是决定在何时让拍卖者停止要价。这个出价是拍品对局中人自己的价值,以及他对其他局中人的估价的先验信念的函数。

得益:赢得拍卖的局中人的得益等于拍品对他的价值减去他的出价。

(3)一级价格密封拍卖:

规则:各买方不知道其他买方的出价,每一买方单独提交其报价,出价最高的买方赢得标的物。最终价格为该赢家的报价(即价格是最高的或"第一价格")。

策略:局中人的策略是一个出价。这个出价是物品对局中人自己的价值,以及他对其他局中人的估价的先验信念的函数。

得益:赢得拍卖的局中人的得益等于物品对他的价值减去他的出价。

(4)二级价格密封拍卖:

规则:每一买方在看不见彼此出价的情形下独立出价,出价最高的人赢得该标的物。与一级价格密封拍卖不同的是,赢家出的价钱不是他自己的出价,而是第二高的出价,或者"第二价格"。由于威廉·维克瑞于1961年首先提出这一拍卖方式,因此称之为维克瑞拍卖。

策略:局中人的策略是一个出价。这个出价是物品对局中人自己的价值,以及他对其他局中人的估价的先验信念的函数。

(二)按物品价值分类

得益:赢得拍卖的局中人的得益等于物品对他的价值减去所有出价中的次高价格。

还有一种较常用的分类标准是竞买人赋予被拍卖物品的不同价值。拍卖的主要特征之一是存在不对称信息。我们把局中人 i 从拍品上所得到的效用折算成人民币 V_i 元，称之为物品对他的价值。把局中人 i 对他自己所得到的价值的估计 $\hat{V}_i$，称之为他的估价。据此，可以把拍卖划分为私人价值拍卖、共同价值拍卖和相关价值拍卖。

（1）在私人价值拍卖中，每个局中人都确切地知道物品对他的价值，这一价值是私人信息，因此他们可能仍然需要估计物品对其他局中人的价值。例如收藏家们参加了一次古董桌椅拍卖，而且他们都不准备再次出售他们的收藏，那么这次拍卖就是私人价值拍卖。

（2）在共同价值拍卖中，拍品的实际价值对所有买主而言都是相等的，但是各买方都拥有关于该拍品实际价值的私人信息。例如，一块待租油田的价值取决于该油田地下有多少石油。各买方可能会观测到有关该油田含油量的地理特征或信号。在此情况下，某一买方如果能够了解到其他买方的信息，他就会改变对该油田的估计。

（3）相关价值拍卖是一个范围很广的概念，共同价值拍卖是它的一个特例。在相关价值拍卖中，不同局中人对物品的估价是相关的，但被拍卖物品对各个局中人的价值可能是不同的。实际上，我们在现实中观察到的每一个拍卖都是相关价值拍卖。

第二节　价格优先密封拍卖

例 12.1　考虑下面的价格优先密封拍卖。有两个投标人，分别为 $i=1,2$。投标人 i 对商品的估值为 V_i——即若投标人 i 付出价格 p 得到商品，则 i 的得益为 V_i-p。两个投标人的估价彼此独立，并服从 $[0,1]$ 区间上的均匀分布。投标价格不能为负，且投标人同时提交各自的投标价。出价较高的投标人赢得商品，并支付他所报的价格，另一个投标人的收益和付出都为零。在投标价格相等的情况下，赢者由抛硬币决定。投标人是风险中性的。所有这些都是共同知识。

为了把这个问题化为标准型静态贝叶斯博弈，我们必须确定行动空间、类型空间、信念和得益函数。局中人 i 的行动是给出一个非负的投标价格 b_i，其类型即是他的估价 V_i（在抽象博弈 $G=\{A_1,A_2;T_1,T_2;P_1,P_2;U_1,U_2\}$ 中，行动空间是 $A_i=[0,\infty)$，类型空间是 $T_i=[0,1]$）。由于估价是独立的，局中人 i 相信不管 V_i 的值是多少，V_i 服从在区间 $[0,1]$ 上的均匀分布。最后，局中人 i 的得益函数是：

$$U_i(b_1, b_2; V_1, V_2) = \begin{cases} V_i - b_i, & b_i > b_j \\ \dfrac{(V_i - b_i)}{2}, & b_i = b_j \\ 0, & b_i < b_j \end{cases} \tag{12.1}$$

要求出这个博弈的贝叶斯纳什均衡,我们从构造局中人的策略空间开始。我们已经讲过,在静态贝叶斯博弈中,一个策略是由类型到行动的函数,因而,局中人 i 的策略为函数 $b_i(V_i)$,据此可以决定局中人 i 在每一种类型(即对商品的估价)下选择的投标价格。在贝叶斯纳什均衡中,局中人 1 的策略 $b_1(V_1)$ 是对局中人 2 的策略 $b_2(V_2)$ 的最优反应,反之亦如此。形式上,策略组合 $(b(V_1), b(V_2))$ 是一个贝叶斯纳什均衡,如果对 $[0,1]$ 中的每一 V_i,$b_i(V_i)$ 是满足:

$$\max_{b_i}(V_i - b_i)\text{Prob}\{b_i > b_j(V_j)\} + \frac{1}{2}(V_i - b_i)\text{Prob}\{b_i = b_j(V_j)\} \text{ 的解。}$$

我们首先假设该问题存在一组线性均衡解:$b_1(V_1) = a_1 + c_1 V_1$,$b_2(V_2) = a_2 + c_2 V_2$。应该明确的是,我们不是限制了局中人的策略空间,使之只包括线性策略,而是允许局中人选择任意的策略。这里我们要讨论的是它是否存在线性的均衡解。结果证明,由于局中人的估价是均匀分布,线性均衡解不仅存在而且是唯一的,其结果是 $b_i(V_i) = V_i/2$。也就是说,每个局中人给出的投标价格等于其估价的一半。这样,一个投标价格反映了投标方在拍卖中遇到的最基本的权衡:投标价格越高,中标的可能性越大;投标价格越低,一旦中标所得的收益就越大。

假设局中人 j 采取策略 $b_j(V_i) = a_j + c_j V_i$,对一个给定的 V_i 值,局中人 i 的最优反应是:

$$\max_{b_i}(V_i - b_i)\text{Prob}\{b_i > a_j + c_j V_j\}$$

的解。这里我们用到了 $\text{Prob}\{b_i = b_j(V_j)\} = 0$ 这一事实(因为 $b_j(V_j) = a_j + c_j V_j$,V_j 服从均匀分布,因此 b_j 也服从均匀分布)。因为局中人 i 的投标价格比局中人 j 的最低可能投标价格低是没有意义的,而且局中人 i 的投标价格高于 j 的最高可能投标价格又显然很愚蠢,我们有 $a_j \leqslant b_i \leqslant a_j + c_j$,所以,

$$\text{Prob}\{b_i > a_j + c_j V_j\} = \text{Prob}\left\{V_j? < \frac{b_i - a_j}{c_j}\right\} = \frac{b_i - a_i}{c_j} \tag{12.2}$$

因此,局中人 i 的最优反应是:

$$b_i(V_i) = \begin{cases} \dfrac{(V_i + a_j)}{2}, & V_i \geqslant a_j \\ a_j, & V_i < a_j \end{cases} \tag{12.3}$$

如果 $0 < a_j < 1$，那么就有一些相同的 V_i 值，使得 $V_i < a_j$，其中 $b_i(V_i)$ 就不是线性的了，而是在开始时呈平直，后半段开始倾斜。由于我们要找的是线性均衡，就可以排除 $0 < a_j < 1$，而只讨论 $a_j \geq 1$ 和 $a_j \leq 0$ 的情况。不过前一种情况下均衡不可能发生，因为估价较高一方对投标价格的最优选择是不低于估价较低一方的投标价，我们有 $c_j \geq 0$，但此时 $a_j \geq 1$ 意味着 $b_j(V_j) \geq V_j$，而这不可能是最优的。从而，如果 $b_i(V_i)$ 是线性的，那么，就必定有 $a_j \leq 0$，在这种情况下，$b_i(V_i) = (V_i + a_j)/2$，于是可得 $a_i = a_j/2$ 及 $c_i = 1/2$。

对于局中人 j，假定局中人 i 采取策略 $b_i(V_i) = a_i + c_i V_i$，重复上面的分析，就得到 $a_i \leq 0$，$a_j = a_i/2$，$c_j = 1/2$。解这两组结果构成的方程组，得 $a_i = a_j = 0$，$c_i = c_j = 1/2$，即 $b_i(V_i) = V_i/2$，这正是早先所讲过的。

此博弈中是否有其他的贝叶斯纳什均衡？如果投标方估价的概率分布发生变化，均衡的投标价格将如何变化？对这些问题的分析不能假设线性策略存在，即上面的方法——假定线性策略存在，然后推出使策略符合均衡条件的系数——对此问题的分析无用，而且试图猜测这个博弈中其他均衡的函数形式是徒劳无用的，况且当估价服从任何其他分布时，线性均衡不存在。

下面我们假设在估价服从均匀分布的条件下，推导出一种对称的贝叶斯纳什均衡。我们证明，在局中人的策略严格递增且可微的假定下，唯一对称贝叶斯纳什均衡就是已经推导出的线性均衡。这里所用的技术方法很容易地扩展到较广类型的估价分布类和两个以上投标人的情形。

假设局中人 j 采取策略 $b(\cdot)$，假定 $b(\cdot)$ 严格递增和可微，于是给定 V_i 值，局中人 i 的最优投标价格应满足：

$$\max_{b_i}(V_i - b_i)\,\mathrm{Prob}\{b_i > b(V_j)\}$$

令 $b^{-1}(b_j)$ 表示投标人 j 在选择投标价格 b_j 时一定持有的估价，即若 $b_j = b(V_j)$ 则 $b^{-1}(b_j) = V_j$。由于 V_j 服从区间 $[0,1]$ 上的均匀分布，$\mathrm{Prob}\{b_i > b(V_j)\} = \mathrm{Prob}\{b^{-1}(b_i) > V_j\} = b^{-1}(b_i)$。因此局中人 i 的最优化问题的一阶条件为：

$$-b^{-1}(b_i) + (V_i - b_i)\,\frac{d}{db_i}b^{-1}(b_i) = 0 \tag{12.4}$$

这个一阶条件是给定投标方 i 的估价 V_i，投标方 i 对投标方 j 选用策略 $b(\cdot)$ 的最优反应的隐函数方程。如果要使策略 $b(\cdot)$ 是对称的贝叶斯纳什均衡，要求一阶条件的解应该是 $b(V_i)$：即对投标方 i 每一可能的估价，投标方 i 都不希望偏离策略 $b(\cdot)$，只要投标方 j 也选择同一策略。要满足这个要求，把 $b_i = b(V_i)$ 代入一阶条件得：

$$-b^{-1}(b(V_i)) + (V_i - b_i(V_i))\,\frac{d}{db}b^{-1}(b(V_i)) = 0 \tag{12.5}$$

当然,$b^{-1}(b(V_i))$ 就是 V_i,而且 $d(b^{-1}(b(V_i)))/db_i = 1/b'(V_i)$,即 $d(b^{-1}(b_i))/db_i$ 衡量为使投标价格发生单位变动,投标方 i 的估价必须发生多大变化,而 $b'(V_i)$ 衡量如果估价发生单位变化,其投标价格将随之发生多大变动,因而 $b(\cdot)$ 必须满足一阶微分方程:

$$- V_i + (V_i - b(V_i)) \frac{1}{b'(V_i)} = 0 \qquad (12.6)$$

可以简化表示为 $b'(V_i)V_i + b(V_i) = V_i$。这个微分方程的左边正好是 $d(b(V_i)V_i)/dV_i$。对方程两边同时积分得:

$$b(V_i)V_i = 1/2 V_i^2 + k \qquad (12.7)$$

k 是积分常数,要消去 k,我们需要一个边界条件。所幸的是,简单的经济推理就提供了一个边界条件:没有局中人愿意出高于自己估价的投标价格,因而我们要求对所有的 V_i,$b(V_i) \leq V_i$。特别地讲,我们要求 $b(0) \leq 0$,由于投标价格为非负,这意味着 $b(0) = 0$,因此 $k = 0$,$b(V_i) = V_i/2$,这正是前面的结论。

第三节　双向拍卖

例 12.2　我们下面考虑买方和卖方对自己的估价都存在私人信息的情形。比如,卖方是一个工人,买方是一家企业。企业知道工人的边际产品,工人知道自己的机会成本。我们这里分析的是一个叫作双向拍卖的交易博弈。卖方确定一个卖价 P_s,买方同时给出一个买价 P_b,如果 $P_b \geq P_s$,那么交易以 $P = (P_b + P_s)/2$ 的价格进行,如果 $P_b < P_s$,就不发生交易。

买方对标的商品的估价为 V_b,卖方的估价为 V_s。双方的估价都是私人信息,并且服从 $[0,1]$ 区间上的均匀分布。如果买方以价格 P 购得商品,那么买方的得益(效用)为 $V_b - P$;如果没有交易,则买方的效用为 0。若卖方以价格 P 卖出商品,则卖方的效用为 $P - V_s$;若没有交易,则卖方的效用也为 0(双方的效用函数衡量因交易而带来的效用变化;如无交易,则双方的效用没有变化。我们也可以把卖方的效用定义为:当以价格 P 成交,卖方的效用为 P,交易不发生时效用为 V_s,两者并不存在实质区别)。

在这个静态贝叶斯博弈中,买方的一个策略是函数 $P_b(V_b)$,它明确了买方在每一可能的类型下将会给出的买价。同样,卖方的一个策略是函数 $P_s(V_s)$,它明确了卖方在不同的估价下的要价。如果下面两个条件成立,策略组合 $\{P_b(V_b), P_s(V_s)\}$ 是一个贝叶斯纳什均衡:对 $[0,1]$ 区间内的每一 V_b,$P_b(V_b)$ 应满足:

$$\max_{P_b}\left[\frac{P_b + E[P_b(V_b) \mid P_b(V_b) \geq P_s]}{2} - V_s\right]\mathrm{Prob}\{P_b \geq P_s\} \qquad (12.8)$$

（12.8）式中 $E[P_s(V_s)|P_b \geq P_s(V_s)]$ 是在卖方价格小于等于买方价格的条件下，卖方价格的预期值。对 $[0,1]$ 区间的每一 V_s，$P_s(V_s)$ 应满足：

$$\max_{P_s}[\frac{P_i + E[P_b(V_b)|P_b(V_b) \geq P_s]}{2} - V_s]\text{Prob}\{P_b \geq P_s\} \qquad (12.9)$$

其中 $E[P_b(V_b)|P_b(V_b) \geq P_s]$ 是在买方价格大于等于卖方价格 P_s 的条件下，买方价格的预期值。

这个博弈有多个贝叶斯纳什均衡。例如：考虑下面的单一价格均衡，即如果交易发生，交易价格就只是单一价格。对于区间 $[0,1]$ 上的许多 X 值，令买方的策略是：如果 $V_b \geq X$，则出价 X，否则出价为 0；同时设卖方的策略是：若 $V_s \leq X$，则要价为 X，否则要价为 1。给定买方的策略，卖方的选择是：或者以 X 成交或者不成交，因此，卖方的策略是对买方策略的最优反应，因为如果卖方的估价小于 X，他更愿意以价格 X 成交，而不希望没有交易，即成交是他的最优反应，反之亦然。相同的论证还可以证明，买方的策略也是对卖方策略的最优反应，因此，这些策略的确是一个贝叶斯纳什均衡。在这个均衡中，如图 12－1 所示标出的区域（V_s，V_b）组合都会发生交易；而对所有（$V_b \geq V_s$）的（V_s，V_b）组合来讲，交易都是有效率的，但在图中的阴影区域交易不会发生，尽管满足效率条件。

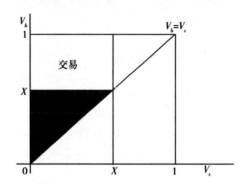

图 12－1　双向拍卖的单一价格均衡下的估价组合

现在推导双向拍卖的一个线性贝叶斯纳什均衡。和上一节一样，我们不限制局中人的策略空间，使之只包括线性策略，而仍允许局中人选择任意策略，看是否存在一个均衡，双方策略都是线性的。除单一价格均衡和线性均衡外，博弈还存在许多其他均衡，但线性均衡有着有趣的效率特征，我们将在后面进行分析。

假设卖方的策略是 $P_s(V_s) = a_s + c_s V_s$，则 P_s 服从区间 $[a_s, a_s + c_s]$ 上的均匀分布，所以（12.8）可化为：

$$\max_{P_b}[V_b - \frac{1}{2}(P_b + \frac{a_s + P_b}{2})]\frac{P_b - a_s}{c_s}$$

由上式的一阶条件可推出：

$$P_b = \frac{2}{3}V_b + \frac{1}{3}a_s \qquad\qquad (12.10)$$

因此,如卖方选择一个线性策略,则买方的最优反应也是线性的。同样,假设买方的策略是 $P_b(V_b) = a_b + c_b V_b$,则 P_b 服从区间 $[a_b, a_b + c_b]$ 上的均匀分布,因此(12.9)可化为:

$$\max_{P_s}\left[\frac{1}{2}\left(P_s + \frac{P_s + a_b + c_b}{2}\right) - V_s\right]\frac{a_b + c_b - P_s}{c_b}$$

由上式一阶条件可得:

$$P_s = \frac{2}{3}V_s + \frac{1}{3}(a_b + c_s) \qquad\qquad (12.11)$$

因此,若买方选择一线性策略,那么卖方最佳反应也是线性的。如果局中人的线性策略彼此都是最优反应,由(12.10)可知 $c_b = 2/3$,$a_b = a_s/3$,由(12.11)可知 $c_s = 2/3$,$a_s = (a_b + c_b)/3$,因此,线性均衡策略是:

$$P_b(V_b) = \frac{2}{3}V_b + \frac{1}{12} \qquad\qquad (12.12)$$

$$P_s(V_s) = \frac{2}{3}V_s + \frac{1}{4} \qquad\qquad (12.13)$$

如图 12 - 2 所示,前面讲过,在双向拍卖中,当且仅当 $P_b \geqslant P_s$,交易才发生。合并(12.12)和(12.13)的条件得,在线性均衡中当且仅当 $V_b \geqslant V_s + (1/4)$ 时交易才会发生,如图 12 - 3 所示(与图 12 - 3 的表示相印证,图 12 - 2 说明了卖方的类型高于 3/4 时,他的要价超过了买方的最高可能出价 $P_b(1) = 3/4$,并且买方的类型低于 1/4 时,他的要价低于卖方的最低可能要价 $P_s(0) = 1/4$。

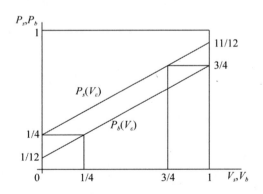

图 12 - 2　双向拍卖的线性均衡

比较图 12 - 1 和图 12 - 3,它们分别表示单一价格均衡和线性均衡下,交易发生所要求的估价组合。在这两种情况下,交易的潜在价值最大时(即 $V_s = 0$,$V_b = 1$ 时),都将会发生交易。但是单一价格均衡遗漏了一些有价值的交易(如 $V_s = 0$,$V_b = X - \varepsilon$,其中 ε 是足够小的正数),而且还包含了一些没有什么价值的交易(如 $V_s = X - \varepsilon$,$V_b = X + \varepsilon$)。相反,线性均衡漏过了所有价值不大的交易,只包含了价值至少在 1/4 以上的交易。这表明,用局中人的预期所得税,线性均衡要优于单一价格均衡,但同时还需要研究是否存在另外的均衡,使其中局中人福利状况更好。

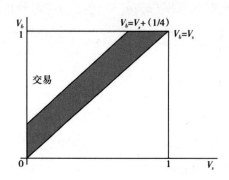

12 - 3 双向拍卖线性均衡下的估价组合

Myerson 和 Satterthwaite(1983)证明,对于这里考虑的估价的均匀分布,双向拍卖的线性均衡中,局中人的期望所得高于博弈的其他任何贝叶斯纳什均衡(包括但不只限于单一价格均衡)。这意味着,双向拍卖中不存在这样的贝叶斯纳什均衡:交易当且仅当它是有效率时将会发生(即当且仅当 $V_b \geq V_s$)。他们也证明,后一结果相当普遍:若 V_b 在区间 $[X_b, Y_b]$ 上连续分布,且 V_s 在 $[X_s, Y_s]$ 上连续分布,其中 $Y_s > X_b, Y_b > X_s$,那么就不存在买方和卖方愿意进行的讨价还价博弈,在其贝叶斯纳什均衡中,当且仅当有效率时交易发生。

作为对这一节的总结,我们把这一结果具体运用于就业模型:如果企业有工人的边际产品的私人信息(m),工人有自己的机会成本的私人信息(V),那么,企业和工人之间就不存在他们乐于进行的讨价还价博弈,当且仅当雇佣有效率(即 $m \geq V$)时达成雇佣协议。

第六篇 / 动态贝叶斯博弈

第十三章 完美贝叶斯纳什均衡

在动态博弈中,不知情的局中人可以通过观察知情对手的行动来了解博弈进行的某些信息。因为把此种学习融入分析很困难,这一章引入两个重要的工具:信息集和贝叶斯定理。

第一节 信息集

当动态博弈的局中人拥有私人信息时,关键是要留意谁在什么时候知道什么。信息集是经济学家用于掌握决策结不同但对决策者似乎是相同的线索的工具。本书运用软件博弈描述信息集的概念。软件博弈的博弈树,如图 13-1 所示。宏软先行动,中软第二个行动,可能有四个结果。如果中软在行动前不知道宏软的决策,也就不知道它是在决策结 D_2 还是决策结 D_3 做出决策。本书说决策结 D_2 和 D_3 位于相同的信息集上。简单地说,信息集是局中人不能区分的决策结的集合。当局中人到达位于包含一个以上决策结的信息集内的一个决策结时,他不完全知道自己在博弈树的哪里。

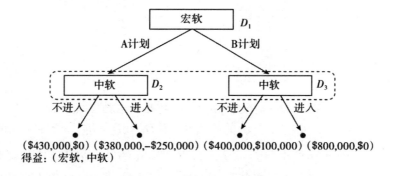

图 13-1 软件博弈的博弈树

当两个决策结在一个信息集时,本书在博弈树中用断线把这两个结包围起来表示,信息集的集合构成该博弈的信息区。

定义了什么是信息集和如何表示信息集后,现在考虑某些无效的信息集。使这些信息集无效的是,在每种情况下,局中人可用其关于博弈树的知识和他对前面行动的记忆在逻辑上可能推出自己已到了哪个决策结。无效信息集的第一个例子(见图13-2),其中属于两个不同局中人的决策结被显示在相同信息集中。当局中人3到达决策结D_3时,他知道他不在D_2,因为他在该结点没有行动。类似地讲,局中人2到达其信息集时,他知道他不在D_3。所以是无效的,信息集必须满足以下几个法则。

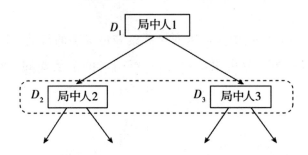

图13-2　包含属于不同局中人的结点的信息集

信息集法则1:任何信息集的所有结点必须属于同一个局中人。

图13-3中,结点D_1和D_2被安排为同一信息集内。根据定义,这意味着在这些结点行动的局中人应不能区分结点D_1和D_2。但结点D_2只有从D_1才能到达——而且只有局中人1选择"下"。局中人1会用其博弈树知识和他在结点D_1的行动知道他是否到达结点D_2,因此,图13-3把结点D_1和D_2放在同一信息集中是不正确的,而且把结点D_1、D_2和D_3包含在共同的信息集也是不正确的。要点是信息集不能包含局中人通过对博弈树的推理进行区分的结点。

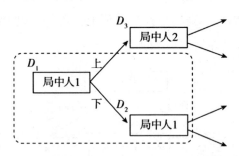

图13-3　信息集包含决策树的两个相继的结点

信息集法则2:如果决策结D_1是D_2的前列结,则D_1和D_2不能包含在相同的信息集中。

现在考虑图13-4中稍微不同的局势。假如决策结D_2允许局中人1只在行动1和2之间选择,决策结D_3允许局中人1只在行动1和3之间选择。如果局中人到达结点D_2,则他知道他的选择是行动1或2。因为他知道3不是他的选择,所以他知道他不在D_3,因此D_2和D_3在逻辑上是可区分的,不能在同一信息集中。

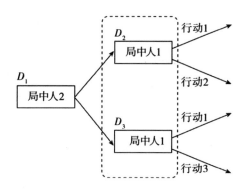

图13-4 一个信息集包含两个决策结,允许局中人做出不同的行动

信息集法则3:完全相同的行动集合可在一个信息集的各决策结中。

经济学中用到的博弈都是有完美记忆的博弈。在这些博弈中,没有局中人会忘记他曾经知道的信息,包括他和其他局中人早先观察到的行动。完美记忆含有两个对信息集的进一步约束。决策结 D_1、D_2、D_3 和 D_4 都属于局中人1,信息集是 $\{D_1\}$、$\{D_2\}$ 和 $\{D_3, D_4\}$（见图13-5）。这表明局中人1可区分结点 D_1 和 D_2,但他不能区分结点 D_3 和 D_4。但结点 D_3 只有局中人1在结点 D_1 选择"右"时才能到达,结点 D_4 只有局中人1在结点 D_2 选择"左"时才能到达。图13-5表明当局中人1到达结点 D_3 或 D_4,他"忘记"了他前面分别在 D_1 或 D_2 的行动,因此这不是完美记忆的博弈。

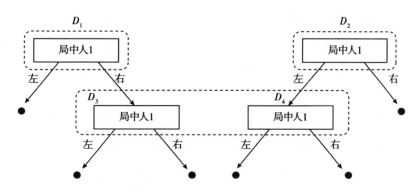

图13-5 局中人忘记前面曾采取的行动的博弈树

排除如图13-5的博弈树还是不够。完美记忆也排除了如图13-6所示的博弈树。在这个博弈中,局中人2的决策结 D_4 和 D_5 包含在同一信息集中。博弈只有局中人1在结点 D_1 选择"左"时,局中人2在结点 D_2 选择"下"时才能到达局中人2的决策结 D_4。类似地说,博弈只有局中人1在结点 D_1 选择"右"时,局中人2在结点 D_3 选择"下"时才能到达局中人2的决策结 D_5。因为结点 D_2 和 D_3 在不同的信息集中,局中人2知道他在结点 D_2 或 D_3 行动时局中人1在结点 D_1 的选择。但是结点 D_4 和 D_5 被证明在同一信息集中,这说明当局中人2到达结点 D_4 或 D_5 时,他忘记了局中人1早先的行动。

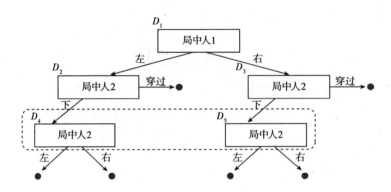

图 13 – 6　一个局中人忘记了他在博弈中早先所知道的博弈树

第二节　贝叶斯定理

在不完全信息动态博弈中,局中人的行动有时揭示了他的某些私人信息。如果这种情况发生,其他局中人就要考虑这种新信息。本书使用一种叫作贝叶斯修订的工具,并且首先把它用到一个简单的决策理论问题中,稍后再用到博弈中。

例 13.1　我们从石油钻探博弈的讨论开始。新塔石油公司的问题是它不知道在其陆地下是否有石油储藏。该企业相信有石油的机会是 10%。给定钻井高成本,如此低的成功概率使得钻井风险太大。不过,在该公司做出决策前,该公司可以进行地震实验来探测是否存在石油,地震实验显然也有错误的时候。存在两种错误类型:①实验表明有石油,而事实是没有;②实验表明没有石油,而事实是存在石油。第一类错误叫做不正确的正结果,第二类错误叫做不正确的负结果。在这个例子中,假设没有石油,不正确的正结果的条件概率是 25%;假设有石油,不正确负结果的条件概率是 5%。

新塔石油公司的决策树如图 13 – 7 所示。自然首先选择状态,即是否存在石油。新塔石油公司不能观察到这个行动。然后自然再次行动,确定地震实验的结果。新塔公司然后必须决定是否钻井。不钻井的得益为 0,钻一口干井亏损 1000 万元,钻一口喷井的利润是 2000 万元。不知道实验结果,钻井的预期得益等于 – 700 万元。然而假设新塔石油公司进行地震实验且结果为正,新塔公司该怎么办? 不钻井其确定结果是 0 利润,而钻井的得益是抽彩(2000 万元:π; – 1000 万元:$1-\pi$)。其中 π 是假设实验结果正时有石油的条件概率。注意它和假设有石油的正实验的条件概率不是一回事。根据手边的数据计算 π 的必要的工具是涉及条件概率的定理叫做贝叶斯定理。

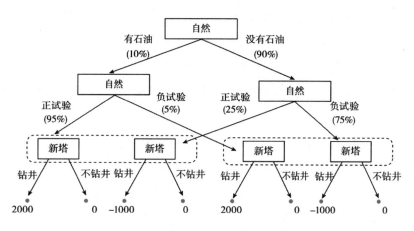

图 13 - 7 新塔公司的决策问题

贝叶斯定理:假如事件 $E_1, \cdots, E_N$ 是彼此完全互斥的,概率不为 0。再假设事件 F 有非 0 的概率。则对每个事件 i:

$$P(E_i \mid F) = \frac{P(F \mid E_i) \cdot P(E_i)}{P(F)}$$

$$P(F) = \sum_{i=1}^{N} P(F \mid E_i) \cdot P(E_i)$$

其中 $P(E_i \mid F)$ 是假设事件 F 已经发生,事件 E_i 将发生的概率。

贝叶斯定理允许一个局中人在知道 F 已经发生后,只用给定 E_i、F 将发生的条件概率和 E_i 的非条件概率,重新估计事件 E_i 的概率。概率 $P(E_i)$ 叫作 E_i 的先验概率,因为它表示局中人在知道事件 F 已经发生前的信念。类似地说,概率 $P(E_i \mid F)$ 是 E_i 的后验概率,因为它表示局中人在知道 F 后的信念。在博弈中贝叶斯修订只包括在观察到知情局中人的行动后用后验概率代替世界状态的先验概率。

为了把贝叶斯定理用到新塔石油公司的问题中,我们设 E_1 是事件"存在石油",E_2 是事件"没有石油",F 是事件"地震实验为正"。我们想要从有石油的先验概率的知识、不正确负实验结果的条件概率知识及不正确正实验结果的条件概率知识中,知道后验概率 $P(E_1 \mid F)$ (即给定实验为正时,存在石油的概率)。贝叶斯定理表明:

$$\begin{aligned} P(E_1 \mid F) &= \frac{P(F_{E_1}) \cdot P(E_{E_1})}{P(F_{E_1}) \cdot P(E_1) + P(E_2) \cdot P(E_2)} \\ &= \frac{0.95 \cdot 0.10}{0.95 \cdot 0.10 + 0.25 \cdot 0.90} \\ &= 0.30 \end{aligned} \tag{13.1}$$

因此,当实验为正时,只有 30% 的机会钻井成功。你或许会惊奇给定正实验结果时,有石油的条件概率如此低,因为实验似乎是相当精确的。你的推理忽略了正的实验结果可能发生的第二个方面:没有石油,但实验产生不正确的正结果。因为干井的概率非常高(90%),不正确正结果的条件概率并不很低(25%),则两个概率的积相当大(约23%)。因为这个数是方程(13.1)的分母,结果商很小。实验为正时钻井的预期得益等于-100万元。即使是风险中立的石油公司也会发现钻井无利可图。读者可以证明负实验意味着更大的预期亏损。

贝叶斯定理通常得到的结论是反直觉的。在目前的争论中提到的例子是对引起 AIDS 病毒传染的普遍的信息甄别,叫作 HIV 信息甄别。HIV 信息甄别由实验室实验组成,利用血液样本找到 HIV 病毒的抗体。这个实验并不简单。像最近所有的医学实验一样,存在"错误负"和"错误正"结果的机会。如果实验室发现没有 HIV 病毒的抗体,但当人事实上被传染时实验就产生"错误负"结果。如果人是最近才被传染,这就可能发生,因为人体要制造对病毒的抗体需要时间。目前"错误负"的比率如此低以至于我们假设它为0。如果实验发现存在对 HIV 病毒的抗体,但当人事实上没有被传染时,这个实验被说成是产生"错误正"结果。通过样本传染或部分实验室人员的错误,这就会发生。"错误正"结果的概率依赖于利用的实验。例如,ELIZA 实验的错误正错误率约7%。但当这个实验和相继的西方的墨汁实验相结合时,错误率可降低到0.005%。

目前估计美国成年人不到1%被传染上 HIV 病毒。但这个总传染率掩盖了人群的规模差异。例如,新兵和献血者的信息甄别表明妇女的传染率分别为0.01%和0.06%。假设所有妇女的传染率是0.01%,我们用"错误正"的错误率0.005%和"错误负"的错误率0%的实验进行普遍 HIV 检测。从一般人中随机选择的一名妇女不被传染上 HIV 病毒的概率是多少?即使实验结果是正的。本书利用贝叶斯定理找到答案。

设 E 是事件"没有被传染上 HIV 病毒",F 是事件"实验是正"。想要计算 $P(E|F)$,给定正实验结果没有传染的概率。当人被传染上时实验正的概率 $P(F|没有 E)$ 等于100%,当人没有被传染时实验正的概率 $P(F|E)$ 等于0.005%。最后,假设人被传染的概率 $P(E)$ 等于0.01%。于是由贝叶斯定理得

$$P(E|F) = \frac{P(FE) \cdot P(E)}{P(F) \cdot P(E) + P(F|notE) \cdot P(notE)}$$
$$= \frac{0.005\% \cdot 99.9\%}{0.005\% - 99.9\% + 100\% \cdot 0.01\%} \qquad (13.2)$$
$$= \frac{1}{3}$$

这说明所有实验是正的有 HIV 病毒的妇女中,有 1/3 事实上没有被传染。而且,这实际上是错误率的底界,因为它假设不正确负的概率是0。这个假设对扩大分母有影响,从而减少了 $P(E|F)$ 的值。

图 13 - 8 表明三个圆盘其颜色是白、灰色和黑色。白色是所有成年妇女人口。灰色是那些获得正结果的人口,黑色是被传染上 HIV 病毒的人口。黑色全部位于灰色中因为不正确负实验结果的数微不足道。没有被传染的妇女得到"错误正"的实验结果,用灰色的面饼圈表示,位于白色和黑色区域之间。在那些实验正中没有传染的概率 $P(E|F)$ 是灰色面饼圈的面积和全部灰色区面积(等于面饼圈的面积加上黑色区域的面积)的比率,如图 13 - 8 所示。

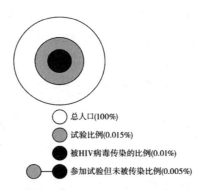

图 13 - 8 HIV 病毒传染妇女相对于病毒实验正的妇女的规模

第三节 完美贝叶斯纳什均衡

一旦不完全信息博弈被转换成完全但不完美信息博弈,就能决定此博弈的贝叶斯纳什均衡。在加入一个动态因素后,它们中有些包括不可信威胁,因而是难以置信的。本书处理这个问题时提出了一个解:从所有纳什均衡中剔除那些不是子博弈完美的。不幸的是,不完全信息博弈通常只有一个子博弈,即全博弈。结果,难以置信的均衡同样是子博弈完美的。为了"剔除它们",就必须有更精美的均衡概念。

前面定义了完美信息博弈的子博弈。在这些博弈中,每个决策结位于自己的信息集中。当博弈包含的信息集由一个以上的决策结组成时,子博弈的定义就需要修正。不过,这个修正很容易。在之前的定义中,博弈 G_T 的子博弈 G_s 构造如下:①G_s 有和 G_T 相同的局中人,虽然某些局中人可能在 G_s 中没有行动;②G_s 的初始结是 G_T 的子根;③G_s 的博弈树包括了这个子根、所有其后续结和它们之间的枝。需要修订第二个和第三个条件,以确保局中人无论何时在子博弈中有行动时,局中人在逻辑上可根据博弈树知识推出这点。这表明无论何时,子博弈中的决策结位于包含其他决策结的信息集中,它的决策结也必须是该子博弈的一部分。假如局中人的信息集包含两个决策结,一个是子博弈的一部分,另一个不是。如果该信息集在博弈进行中到达,则在该信息集行动的局中人就不能确保他是否在子博弈中进行。一个逻辑推理是,子博弈的每个初始结必须位于自己的信息集中。否则,若子博弈有一个以上的初始结,就不是一个良好定义的博弈。

例13.2 为了描述问题和解,本书修正前面引入的进入威慑博弈。在位企业必须决定是否扩大其工厂的生产能力,进入者必须决定是否进入市场与在位企业竞争。增加的生产能力使得在位企业能以更低的成本生产更多的产品。因此,当且仅当在位企业不扩大生产能力时,进入者进入才是有利可图的。假设进入者只在观察到在位企业的生产能力选择后但不知道在位企业的成本时决定是否进入。此动态博弈的博弈树如图13-9所示。

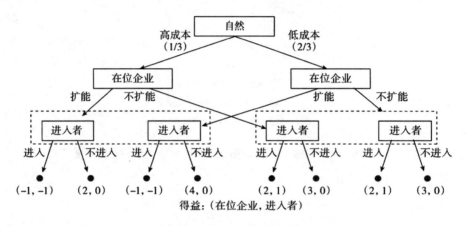

图13-9 进入威慑博弈3

在新博弈中,在位企业的策略和以前相同。它的策略阐明了对应于它的两种类型的行动。一个纯策略用一对行动如(扩大,不扩大)表示。第一个对应于成本高的行动,第二个对应于成本低时的行动。然而进入者现在有两个信息集,每个对应于在位企业的一个行动。现在一个纯策略是一对行动如(进入,不进入)。第一个行动是在位企业扩大时做出的,第二个行动是在位企业不扩大时做出的。博弈的标准型表述如表13-1所示。列是进入者的策略,行是在位企业的策略。条件预期得益的计算是这样的,考虑第一行和第一列,进入者总进入,在位企业总扩大,不管在位企业的成本是多少,进入者的得益是-1,因此它的条件预期得益是-1。另一方面在位企业高成本时的得益是-1,低成本时的得益是1,故而其条件预期得益是(-1,1)。

这个博弈有两个纯策略纳什均衡。在一个均衡中,在位企业是低成本时就扩大,当且仅当在位企业不扩大时,进入者进入。在第二个均衡中,在位企业决不扩大,进入者总进入。这个均衡极其难以置信。虽然在位企业的策略要求它决不扩大,但如果进入者曾经观察到在位企业扩大,它就不会执行它进入的威胁,因为它知道它将面临亏损,而不进入确保它不亏损。

如图 13 - 9 所示,这个博弈没有恰当子博弈。结果,所有纳什均衡都不是子博弈完美。这是真的,不仅这个博弈而且差不多所有用到豪尔绍尼变换的不完全信息博弈都如此。然而并非都丢失了子博弈。虽然进入者的两个信息集不可能是良好阐明的子博弈树的初始结,但这不阻碍进入者在每个信息集中的最优行动。理由是,在这个博弈中,进入者的得益只依赖于在位企业的生产能力,不依赖于设置生产能力的成本。博弈论的意义在于进入者可在观察到在位企业的行动后决定其得益,而不用知道世界状态,因此,在这个特殊情况下,进入者在两个信息集中的一个决定其最优行动,而没有猜测它已经到达信息集中的哪个结点。一般地讲,它在信息集中的最优行动将依赖于对到达信息集内每个决策结的概率的估计。它必须从观察其知情对手的行动中形成对世界状态的概率推断。

对应于每个信息集,概率估计的集合叫作局中人的信念组合。在进入威慑博弈 3 中,有四个信息集,虽然有两个是不重要的。重要的信息集是扩大和不扩大。信念本书用抽彩形式表示。例如,信念"(高:0.50,低:0.50)"指的是局中人相信在位企业高成本类型的机会是 50% ,低成本类型的机会是 50% 。信念组合表示为"{扩大:(高:0.50),(低:0.50),不扩大:(高:0.80,低:0.20)}"。

一个完美贝叶斯纳什均衡由一个策略组合构成,它们与局中人的最优化和表示概率法则特别是贝叶斯定理的信念一致。这意味着,首先,给定局中人的信念,策略组合必须是纳什均衡。此外利用策略组合和他的信念,局中人能计算在任一信息集中采取任何行动的预期效用,即使是采取均衡策略没有到达的信息集。相反,纳什均衡没有对局中人在此信息集的行动施加约束,因此本书要求给定局中人的博弈进行到此的行动,他的信念和所有局中人的策略的知识,每个局中人的策略总是选择使局中人预期效用最大的行动。称这个复杂的概念是"无不可信威胁"。其次,局中人在一定概率情况下,就必须利用贝叶斯修订形成他们基于共同先验信念和策略组合的信念。在考虑纳什均衡策略时,本书要求它们彼此相互一致性。此相互一致性策略和信念构成一个完美贝叶斯纳什均衡。

一个完美贝叶斯纳什均衡由一个策略组合和一个信念组合组成,使得给定局中人的信念,策略组合构成一个纳什均衡;在每个局中人的信息集中,给定局中人在该信息集关于世界状态的信念和其他局中人的策略,局中人的策略要求行动最大化其预期效用;只要可能,每个局中人的信念可用贝叶斯修订从均衡策略组合和共同的先验信念中推导出来。

如果把定义用到进入威慑博弈 3,可以看到如下的完美贝叶斯纳什均衡:策略组合{(不扩大,扩大),(不进入,进入)}和信念组合{扩大:(高:0,低:1),不扩大:(高:1,低 0)}。

表 13-1　进入威慑博弈 3 的标准型表述

		进入者			
		（进入,进入）	（进入,不进入）	（不进入进入）	（不进入,不进入）
在	（扩大,扩大）	{（-1,1）,（-1）}	{（-1.1）（-13）}	{（1,4）,（0）}	{（1.4）,（0）}
位	（扩大,不扩大）	{（-1,2）,（13）}	{（-1,3,（-13）}	{（1,2）,（2/3）}	{（13）,（0）}
企业	（不扩大,扩大）	{（21）,（-1/3）}	{（31）,（-3）}	{（2,4）,（1/3）}	{（3,4）,（0）}
	（不扩大,不扩大）	{（2,2）,（1）}	{（3,）,（0）}	{（2,2）,（1）}	{（3,3）,（0）}
条件预期得益:（（高成本在位企业,低成本在位企业）,（进入者））					

　　在许多经济学例子中,找到均衡涉及利用"算法"。例如,在完全竞争市场上找到均衡价格的一个算法是画出供给和需求曲线,找到曲线的交点。在完美信息博弈中找到均衡涉及的算法是逆向归纳。

　　然而,要找到贝叶斯纳什均衡还没有很好的算法。一个粗略的(即不是非常有帮助的)算法有三步:①提出可能的策略集合和信念集合;②检查提出的策略是否满足定义的第一个和第二个条件;③检查信念是否满足定义的第三个条件。因为通常可能的策略和信念的数量非常大,这种方法要花很长时间。不过,还有更好的搜寻均衡的方法,本书后面将提出许多关于寻找完美贝叶斯纳什均衡的提示。

第十四章 完美贝叶斯纳什均衡的应用：信号传递

有一类不完全信息博弈在经济学中非常有用,这就是信号传递博弈。信号传递是代理人在逆向选择下表明自己类型的一种手段。斯宾塞(Spence,1974)是第一个发现并研究此类策略局势的经济学家。

代理人间的不对称信息导致的逆向选择从而使得帕累托最优的交易不能实现,在极端情况下,市场交易甚至根本不存在。这时,如果拥有私人信息的一方有办法将其私人信号传递给没有信息的一方,或者后者有办法诱使前者揭示其私人信息,那么,交易的帕累托改进就可能实现。现实中确实有这样的机制存在,例如,就业市场上,工人选择受教育水平来作为自己能力的信号;旧车市场上,旧车的买主可以向买主承诺一定时期的维修保证,以传递车的质量的信号。这些就是信号传递。如图14-1所示给出了两种存在信号的模型的扩展型表述。如果代理人在合同提供之前选择信号,则称他向代理人传递信号;如果他在之后选择信号,则称委托人在对其进行甄别。

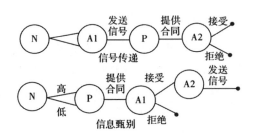

图14-1 信号博弈类型

第一节 信号博弈的完美贝叶斯纳什均衡

信号博弈是两个局中人之间的不完全信息动态博弈:信号发送者(S)和信号接收者(R)。博弈的时间顺序是:

（1）自然根据特定的概率分布 $P(t_i)$，从可行的类型集合 $T = \{t_1, \cdots, t_n\}$ 中赋予信号发送者某种类型 t_i，这里对所有的 i，$P(t_i) > 0$，且 $P(t_1) + \cdots + P(t_n) = 1$。

（2）发送者观察到 t_i，然后从可行的信号集 $M = \{m_1, \cdots, m_j\}$ 中选择一个发送信号 M_j。

（3）接收者观察到 m_j（但不能观察到 t_i），然后从可行的行动集 $A = \{a_1, \cdots, a_k\}$ 中选择一个行动 a_k。

（4）双方的得益由 $U_s(t_i, m_j, a_k)$ 和 $U_r(t_i, m_i, a_k)$ 给出。

在许多应用中，可行集合 T、M 和 A 是实数轴上的区间，而非上面考虑的有限集。而允许可行的信号集依赖于自然赋予的类型，可行的行动集又取决于发送者选择的信号的情况。

信号模型在经济学领域中，被广泛地应用。为说明其潜在应用的广泛性，这里给出其三个应用的规范结构，简述如下：

在 Spence（1973）的劳动力市场模型中，发送者是一个求职的工人，接收者是潜在的雇主市场，类型为工人的生产能力，信号是工人对教育的选择，行动是市场支付的工资。

在 Myers 和 Majluf（1984）的公司投资和资本结构模型中，发送者是需要为新项目融资的企业，接收者是潜在的投资者，类型是企业现有资产的盈利能力，信号是企业对融资收益承诺的权益份额，行动是投资者做出的是否投资的决策。

在某些应用中，信号博弈被融于更为丰富的博弈之中。例如，在第二步发送者选择信号之前，接收者可能会有一个行动，或者是在第四步接收者选择行动之后（或当时）发送者会有一定的行动。

这里我们把注意力放在 1～4 给出的抽象的信号博弈上，其具体应用留待后面进行分析。如图 14 - 2 所示给出了一种简单情形的扩展型描述（不考虑得益）：$T = \{t_1, t_2\}$，$M = \{m_1, m_2\}$，$A = \{a_1, a_2\}$，概率 $\text{Prob}\{t_1\} = p$，应指出的是，这里博弈的进行不是从树的最上端初始结依次到最下端的终点结，而是从树中间自然的初始行动依次进行到左右两端的终点结。

我们已经知道，（在任何博弈中）局中人的策略是一个完全行动计划——策略包含在考虑遇到的每一种情况下局中人将选择的行动，因此，在信号博弈中，发送者的一个纯策略是函数 $m(t_i)$，明确发送者为自然可能赋予的每一种类型时将选择的信号；接收者的一个纯策略是函数 $a(m_j)$，指明对发送者可能会发出的每一种信号将选择什么行动。在图 14 - 2 的简单博弈中，发送者和接收者都有四个纯策略。

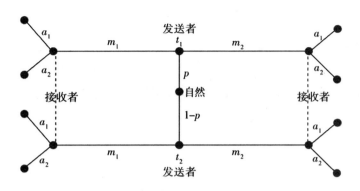

图 14 - 2　信号博弈

发送者策略 1:如果自然赋予类型 t_1,就选择信号 m_1;如果自然赋予类型 t_2,就选择信号 m_1。

发送者策略 2:如果自然赋予类型 t_1,就选择信号 m_1;如果自然赋予类型 t_2,就选择信号 m_2。

发送者策略 3:如果自然赋予类型 t_1,就选择信号 m_2;如果自然赋予类型 t_2,就选择信号 m_1。

发送者策略 4:如果自然赋予类型 t_1,就选择信号 m_2;如果自然赋予类型 t_2,就选择信号 m_2。

接收者策略 1:如果发送者选择信号 m_1,选择行动 a_1;如果发送者选择信号 m_2,选择行动 a_1。

接收者策略 2:如果发送者选择信号 m_1,选择行动 a_1;如果发送者选择信号 m_2,选择行动 a_2。

接收者策略 3:如果发送者选择信号 m_1,选择行动 a_2;如果发送者选择信号 m_2,选择行动 a_1。

接收者策略 4:如果发送者选择信号 m_1,选择行动 a_2;如果发送者选择信号 m_2,选择行动 a_2。

发送者的第 1 和第 4 个策略为混同策略,因为在不同类型时都发送相同的信号。第 2 和第 3 个策略为分离策略,因为不同的类型发送不同的信号。在有两个以上类型的模型中,也存在部分混同策略(或准分离策略),其中所有属于给定类型集的类型都发送相同的信号,但不同的类型集发送不同的信号。在前面两类型博弈中,也存在类似于混合策略的策略,叫作杂合策略。比如,类型 t_1 选择 m_1,但类型 t_2 却随机地选择 m_1 和 m_2。

我们现在把前面的要求 1~3 的非正式表述转化成信号博弈中对完美贝叶斯纳什均衡的正式定义。为了使问题简化,我们只注意纯策略。在下面的就业市场信号的分析中再介绍杂合策略。

因为发送者在选择信号时知道博弈进行的全过程,这种选择发生于单结信息集(对自然可能赋予的每一种类型都存在一个这样的信息集)。从而,要求1在应用于发送者时就无须任何条件。相反,接收者在不知道发送者的类型的条件下观察到发送者的信号,并选择行动,因此,接收者的选择处于一个非单结的信息集中(对发送者可能选择的每一种信号都存在一个这样的信息集,而且每一个这样的信息集中,各有一个结对应于自然可能赋予的每一种类型)。把要求1用到接收者可得到:

信号要求1:在观察到 M 中的任何信号 m_j 后,接收者必须对哪些类型可能会发送 m_j 持有一个信念,这一信念用概率分布 $u(t_i \mid m_j)$ 表示,其中对要求 T 中的 t_i, $u(t_i \mid m_j) \geq 0$,且

$$\sum_{t_i \in T} u(t_i \mid m_j) = 1$$

给定发送者的信号和接收者的信念,就容易描述接收者的最优行动,把要求2应用于接收者可以得到:

信号要求2R:对 M 中的每一 m_j,并在给定哪些类型可能发送 m_j 的信念 $u(t_i \mid m_j)$ 条件下,接收者的行动 $a \cdot (m_j)$ 必须使接收者的预期效用最大化。亦即 $a \cdot (m_j)$ 是下式的解

$$\max_{m_j \in M} U_S(t_{ij}, m_j, a^*(m_j))$$

要求2同样适用于发送者,但发送者有完全信息(及由此而来的单纯信念),并且只在博弈开始时行动,所以要求2只不过是给定接收者的策略,发送者的策略是最优反应:

信号要求2S:对 T 中的每一 t_i,给定接收者的策略 $a \cdot (m_j)$ 的条件下,发送者选择的信号 $m \cdot (t_i)$ 必须使发送者的效用最大化。即 $M \cdot (t_i)$ 是满足下式的解。

$$\max_{m_j \in M} U_S(t_{ij}, m_j, a^*(m_j))$$

最后,给定发送者的策略 $m \cdot (t_i)$,设 T_j 表示选择发送者信号 m_j 的类型集合,也就是说,若 $m \cdot (t_i) = m_j$,则 t_i 就是 T_j 中的元素。如果 T_j 非空,那么与信号 m_j 相对应的信息集就处于均衡路径上。否则,任何类型都不选择 m_j,其对应的信息集处于均衡路径外。对处于均衡路径上的信号,把要求3应用于接收者的信念,就可以得到:

信号要求3:对 M 中的每一 m_j,如果在 T 中存在 t_i,使得 $m \cdot (t_i) = m_j$,那么接收者在对应于 m_j 的信息集中的信念必须服从贝叶斯法则和发送者的策略:

$$u(t_i \mid m_i) = \frac{p(t_i)}{\sum_{t_i \in T_i} p(m_i)}$$

定义:信号博弈中一个纯策略完美贝叶斯纳什均衡是一对策略 $m \cdot (t_i)$ 和 $a \cdot (m_j)$ 以及信念 $u(t_i \mid m_j U)$,满足信号要求(1)、(2R)、(2S)和(3)。如果发送者的策略是混同的或分离的,我们分别称之为均衡是混同的或分离的。

下面我们计算图14-3中的两类型博弈的纯策略完美贝叶斯纳什均衡。应该指出的

是,自然赋予每一类型的可能性是相等的,我们分别用 $(p, 1-p)$ 和 $(q, 1-q)$ 表示接收者在其两个信息集中的信念。

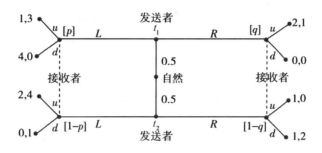

图 14-3 两类型、两信号博弈

在这个两类型、两信号博弈中,有四个可能的纯策略完美贝叶斯纳什均衡,①混同于 L;②混同于 R;③分离,t_1 选择 L,t_2 选择 R;④分离,t_1 选择 R,t_2 选择 L。我们依次分析四种可能性。

(1)混同于 L:假设存在一个均衡,其中发送者的策略是 (L, L),而 (m', m'') 表示类型 t_1 选择 m',类型 t_2 选择 m''。则接收者与 L 相对应的信息集在均衡路径上,因此接收者对这个信息集的信念 $(p, 1-p)$ 由贝叶斯法则和发送者的策略决定:$p = 0.5$,也就是先验分布。给定这样的信念(事实上或者任何其他信念),接收者在 L 之后的最优反应是选择 u,因此,类型 t_1 和 t_2 的发送者分别获得 1 和 2 的得益。要决定这两种类型的发送者是否都愿意选择 L,我们需要明确接收者对 R 怎样反应。如果接收者对 R 的反应是 u,则类型 t_1 选择 R 的得益是 2,它超过了 t_1 选择 L 的得益 1。但如果接收者对 R 的反应是 d,则 t_1 和 t_2 通过选择 R 获得的得益分别为 0 和 1,而他们选择 L(分别)得到 1 和 2 的得益。因而,如果存在一个均衡,其中发送者的策略是 (L, L),则接收者对 R 的反应必定是 d,所以接收者的策略必定是 (u, d),其中 (a', a'') 表示接收者在 L 之后选择 a',在 R 之后选择 a''。另外,尚需考虑接收者在对应于 R 的信息集中的信念,以及给定这一信念时选择 d 是否是最优的。因为对接收者当 $q \leq 2/3$ 时选择 d 是最优的,我们就有 $[(L, L), (u, d), p = 0.5, q]$,对任意 $q \leq 2/3$ 为博弈的混同完美贝叶斯纳什均衡。

(2)混同于 R:下面假设发送者的策略是 (R, R),则 $q = 0.5$,于是接收者对 R 的最优反应是 d,类型 t_1 的得益为 0,t_2 的得益为 1。但 t_1 选择 L 能得到 1,因为对任意的 p 值,接收者对 L 的最优反应都是 u,所以不存在发送者策略为 (R, R) 的均衡。

(3)分离,且 t_1 选择 L:如果发送者选择分离策略 (L, R),那么接收者的两个信息集都在均衡路径上,所以两个信念都由贝叶斯法则和发送者的策略决定:$p = 1$,$q = 0$。接收者对这些信念的最优反应分别是 u 和 d,于是两种类型的发送者获得得益都是 1。另外,尚需检验的是给定接收者的策略 (u, d),发送者的策略是否最优。结果是否定的:如果类型 t_2 不选择

R 而是 L，则接收者的反应为 u，t_2 可获得的得益是 2，超过 t_2 选择 R 的得益 1。

（4）分离，且 t_1 选择 R：如果发送者选择分离策略 (R,L)，那么接受者的信念必定是 $p = 0$，$q = 1$，因此，接收者的最佳反应是 (u,u)，两种类型的发送者都可得 2 的得益。如果 t_1 想偏离这一策略而选择 L，则接收者的反应将会是 u，于是 t_1 的得益将减为 1，所以 t_1 没有激励偏离 R。类似地，如果 t_2 想偏离这一策略而选择 R，则接收者的反应将为 u，t_2 的得益将减为 1，所以 t_2 也没有激励去偏离 L。因此，$[(R,L),(u,u),p=0,q=1]$ 是博弈的分离完美贝叶斯纳什均衡。

第二节　就业市场信号

一、就业市场的完美贝叶斯纳什均衡

例 14.1　下面的博弈包括一个雇主——黄仁和一个潜在雇员——杨劳。黄仁必须决定是否雇佣杨劳到他的工厂工作。杨劳要求的工资是 w。他的边际生产力记为 θ，要么是 20（高）要么 10（低）。黄仁不知道 θ，而杨劳知道。杨劳除了给黄仁工作外，他的另一个最优选择是为自己工作，获得 $\frac{3}{4}\theta$，因此这是在黄仁的工厂工作 $w - \frac{3}{4}\theta$ 的机会成本。如果黄仁雇佣杨劳，支付的工资为 w，则他的得益等于 $\theta - w$，杨劳的得益等于。如果黄仁不雇佣杨劳，则两个的得益都为 0。如果杨劳的生产力是共同知识，则帕累托最优解是黄仁雇佣杨劳，付给杨劳的工资在 $\frac{3}{4}\theta$ 和 θ 之间。

现在这个局势将转化成一个不完全信息博弈。假设黄仁对杨劳的生产力有一个先验信念，即生产力高的概率是 1/3，生产力低的概率是 2/3。也许这得自过去的观察：黄仁所雇佣的所有以前的工人中有 1/3 是高生产力的，有 2/3 是低生产力的。这个假设使得博弈转化成完全但不完美信息博弈。在新博弈中，自然首先行动选择杨劳的类型——高（生产力）的概率是 1/3，或者低（生产力）的概率是 2/3。杨劳观察到这一行动，但黄仁不知道。其次杨劳行动，要么退出劳动力市场，要么向黄仁提出工资 w。如果杨劳退出，则博弈结束，两个局中人的得益都为 0。如果杨劳向黄仁提出工资要价，则黄仁最后行动，要么雇佣杨劳要么不雇佣。这个博弈被称为雇佣博弈。雇佣博弈的博弈树如图 14-4 所示。

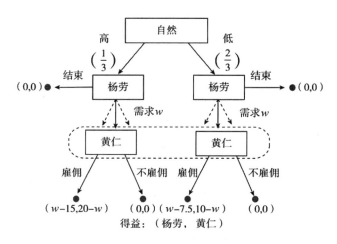

图 14－4　雇佣博弈的博弈树

杨劳的一个纯策略是函数 $w(\theta)$，它描述了杨劳的类型是 θ 时所要求的工资。一个混同策略是杨劳选择相同的行动，而不管其类型，即 $w(10) = w(20)$。一个分离策略是杨劳根据其类型采取不同的行动，即 $w(10) \neq w(20)$。在知道杨劳的工资要求 w 后，黄仁形成关于杨劳的类型是高（生产力）的修订的信念 $p(w)$。有了这个信念，雇佣杨劳的预期得益是：

$$(10 - w) \cdot (1 - p(w)) + (20 - w) \cdot p(w) \tag{14.1}$$

黄仁的纯策略包括杨劳可能提出的各个工资 w 下的雇佣决策 $h(w)$。

策略和信念构成一个完美贝叶斯纳什均衡，只要：

（1）给定黄仁的策略，对每个 θ，$w \cdot (\theta)$ 最大化所有工资要价 w 的杨劳的预期效用。

（2）给定黄仁的修正的信念和杨劳的工资要求，雇佣决策 $h \cdot (w)$ 最大化黄仁的预期效用。

（3）黄仁的修正信念 $p \cdot (w)$ 可用贝叶斯修正从杨劳的均衡策略 $w \cdot (\theta)$ 中推出。

下面的策略和信念形成此博弈的一个完美贝叶斯纳什均衡：

杨劳的策略：杨劳是低生产力类型时要求工资 10，高生产力类型时，退出市场。

黄仁的策略：黄仁雇佣杨劳，当且仅当杨劳要求的工资低于或等于 10。

黄仁的信念：杨劳申请工作时确定的是低生产能力类型，不管杨劳要求的工资如何。

现在证明这些策略和信念组合满足完美贝叶斯纳什均衡的条件。我们从黄仁的信念开始。给定杨劳要求的工资是 10，杨劳是高生产力类型的条件概率是：

$$P(\theta = 20 \mid w = 10) = \frac{P(w = 10 \mid \theta) \times P(\theta = 20)}{P(w = 20) \times P(\theta = 20) + P(w = 10) \times P(\theta = 10)}$$

$$= \frac{0 \times \dfrac{1}{3}}{0 \times \dfrac{1}{3} + 1 \times \dfrac{2}{3}} = 0 \tag{14.2}$$

在杨劳的工资要价不是 10 时,贝叶斯定理没有对黄仁的信念施加约束,因此认为黄仁相信除 10 之外的任何工资要求也意味着杨劳确实是低生产力类型,就完全是正确的。这说明上面的条件(3)满足。

现在考虑给定黄仁的修正信念和杨劳的工资要价时,黄仁的预期效用。黄仁提出的策略显然是最优的。他愿意支付他相信杨劳对黄仁的所值(10),支付更少他会激动。这说明条件(2)满足。

最后,我们需要估计杨劳的策略。因为黄仁只接受低于或等于 10 的工资,杨劳如果是低生产力类型才做出工资要价。如果杨劳是,则杨劳显然应得他能得的最高的工资,因此杨劳的策略是最优的,条件(1)满足。

这个均衡解是,当且仅当杨劳是低生产力类型的,杨劳被雇佣。这就是经济学家阿克来夫(Akerlof)称之为柠檬市场的例子。低生产力工人("柠檬")的存在压低了支付的工资,引起了最高生产力的工人离开市场。由于这些工人的离开,工资甚至降低更多,这又引起生产力次高的工人离开市场。在最坏的情况下,此过程继续直到留在市场上的唯一一个工人是生产力最低的工人,即"柠檬"。

二、斯宾塞模型

如果黄仁事前知道杨劳的生产力,在杨劳有高生产力时杨劳的所得低于其应得。这说明当杨劳的生产力高时,杨劳可能愿意花某些东西"证明"这一事实。但如果起证明作用(说明它使得杨劳是高类型时得到较高的工资)的东西必须保证杨劳是低生产力类型时不能得到证明。斯宾塞第一个描述了像杨劳这样的高价值卖者如何能"自我证明"其质量。他称此程序为信号传递。

为了弄清斯宾塞模型的本质,我们对上面的博弈进行了修正,使得杨劳在向黄仁提出工资要价之前,杨劳有权获得"教育"。尽管黄仁在雇佣杨劳之前不能观察到杨劳的生产力,但黄仁能观察到杨劳的教育水平。这就是为什么教育可能起着信号的作用。我们设 y 表示杨劳获得的教育数,杨劳所得到的教育要么是 0 要么是 1。为了强调教育的信号作用,假设教育对杨劳的生产力没有影响,不过获得教育是有成本的。这个成本取决于工人的生产力,记为 $c(\theta)$。杨劳选择其教育水平后,要么退出劳动力市场,要么向黄仁提出工资为 w 的工资要价。如果退出,博弈结束,杨劳和黄仁的得益为 0。如果杨劳向黄仁提出工资要价,那么黄仁要么雇佣要么不雇佣杨劳,博弈结束。黄仁如果雇佣杨劳,其得益为 $(\theta - w)$,如果黄仁不雇佣杨劳,其得益为 0。杨劳如果受雇其得益为 $(w - \frac{3}{4}\theta) - c(\theta) \cdot y$,如果不受雇,得益为 $-c(\theta) \cdot y$。注意教育是一种沉淀成本。黄仁如果不雇佣杨劳,杨劳就不能补偿其受教育的成本。我们称此博弈为教育信号传递博弈。其博弈树如图 14 – 5 所示。

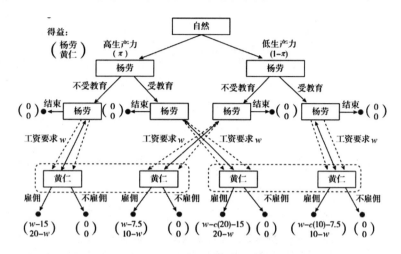

图 14 – 5　教育信号传递博弈的博弈树

在新博弈中,杨劳的纯策略是基于生产力的两个决策:教育水平 $y(\theta)$ 和工资要求 w (θ)。和以前一样,杨劳的纯策略是混同策略($y(10)=y(20)$、$w(10)=w(20)$)或分离策略 ($y(10)\neq y(20)$ 或 $w(10)\neq w(20)$)。黄仁的纯策略是在杨劳获得 y 单位教育水平并要求工资 w 时是否雇佣杨劳的决策。黄仁的信念是函数 $p(y,w)$,$0\leq p(y,w)\leq 1$,它描述了杨劳在接受 y 单位教育水平要求工资 w 时是高生产力的概率。

斯宾塞证明除非高生产力的工人能以比低生产力的工人低的成本接受教育,否则绝不会接受教育。即教育起信号作用的一个必要条件是

$$c(10) > c(20) \tag{14.3}$$

为了看到方程(14.3)所包含的杨劳的偏好是什么,观察图 14 – 6。在此图中,横轴表示教育水平,纵轴表示工资率。点 (y,w) 表示教育水平和工资要求。实线是杨劳是低生产力类型时的三条无差异曲线;虚线是杨劳是高生产力类型时的三条无差异曲线。由方程(14.3),实线无差异曲线比虚线无差异曲线陡。结果,每条实线无差异曲线和每条虚线无差异曲线正好只有一个交点,因此,方程(14.3)通常在经济学文献中叫作单交点条件。

我们假设 $c(10)=11$,$c(20)=4$。有了这些成本,下面的策略和信念形成一个完美贝叶斯纳什均衡。

杨劳的策略:当杨劳是低生产力类型时不接受教育,工资要价是 10,当杨劳是高生产力类型时接受教育,工资要价是 20。

黄仁的策略:黄仁雇佣杨劳,当且仅当杨劳要么不接受教育,工资要价低于或等于 10,要么接受教育,工资要价低于或等于 20。

黄仁的信念:当杨劳接受教育时,黄仁相信杨劳确实是高生产力类型;当杨劳不接受教

育时黄仁相信杨劳确实是低生产力类型。

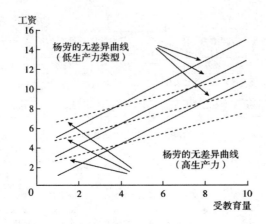

图14-6　杨劳的无差异曲线的斜率依赖于其类型

为什么这是完美贝叶斯纳什均衡？从黄仁的信念开始。如果杨劳的工资要求是20，他接受教育，并用提出的均衡策略，他是高生产力类型的概率是：

$$P(\theta = 20 \mid w = 20, y = 1) = \frac{P(w = 20, y = 1 \mid \theta = 20) \cdot P(\theta = 20)}{P(w = 20, y = 1)} \quad (14.4)$$

其中，$P(w = 20, y = 1) = P(w = 20, y = 1 \mid \theta = 20) \cdot P(\theta = 20) + P(w = 20, y = 1 \mid \theta = 10) \cdot P(\theta = 10)$

或

$$P(\theta = 20 \mid w = 20, y = 1) = \frac{1 \times \frac{1}{3}}{1 \times \frac{1}{3} + 0 \times \frac{2}{3}} = 1 \quad (14.5)$$

贝叶斯定理也表明杨劳的工资要求是10时，且不接受教育，黄仁的理性信念是杨劳确实是低生产力类型的。

有了这些信念，容易证明黄仁的策略是理性的。只有杨劳是高生产力类型时，他的工资要求才是20，且接受教育，从而接受低于或等于20的工资比拒绝它好。当然，黄仁总拒绝高于20的工资。如果杨劳的工资要价是10，且不接受教育，则最高可接受的工资是10。

如果杨劳是高生产力类型的，则接受教育会得的收益是16。这个行动好于自我雇佣，因为它大于自我雇佣的得益15。它也好于不接受教育而为黄仁工作，因为那样只得10的得益。另一方面，如果杨劳属于低生产力类型，则受教育的得益是9，自我雇佣只得7.5的得益。在此环境中，杨劳的最优选择是不接受教育，得益为10。注意杨劳的策略、黄仁的策略和黄仁的信念是自我证实的。这是分离均衡的例子。

还可能有其他的均衡，这依赖于信号传递的成本、自我雇佣的机会成本和高生产力类型的概率。

第三节 公司投资和资本结构

例14.2 考虑一个企业家已经注册了一家公司,但需要对外融资来建设一个颇显吸引力的项目。企业家有关于目前公司的盈利能力的私人信息,但新项目的信息得益不能从目前公司的盈利中得到——能够观察到的只有企业的总利润水平(1)。假设企业家向潜在投资者承诺一定的股权份额,以换取必要的资金。那么,在什么条件下应该上马新项目,并且承诺的股权份额应该为多少?

要把这个问题转换成一个信号博弈,假设目前公司的利润要么高要么低:$\pi = H$ 或 L,这里 $H > L > 0$。假设新项目需要的投资为 I,得益为 R,潜在投资者可选择的其他投资方式的收益率为 r,且 $R > I(1 + r)$。于是博弈的时间顺序和得益如下:

(1)自然决定目前公司的利润状况 $\pi = L$ 的概率为 P。

(2)企业家知道 π,然后向潜在投资者承诺一定的股权份额 $S, 0 \leqslant S \leqslant 1$。

(3)投资者观察到 S(但不能观察到 π),然后决定是接受还是拒绝这一要约。

(4)如果投资者拒绝要约,那么投资者的得益为 $I(1 + r)$,企业家的得益为 π;如果投资者接受 S,那么投资者的得益为 $S(\pi + R)$,企业家的得益为 $(1 - S)(\pi + R)$。

Myers 和 Majluf(1984)分析的模型即属此类,虽然他们考虑的是一个大企业(有股东和经理)而不是私人企业(既是经理又是唯一的股东)。他们讨论了股东的利益如何影响经理的效用的不同假设;Dybvig 和 Zehder(1991)推导出股东和经理人员间的最优合约安排。

这是一个非常简单的信号博弈,从以下两个方面可以看出:接收者行动的可行集非常有限,发送者的可选信号集稍微多一些,但很多是无效率的。假设在接收到要约 S 之后,投资者相信 $\pi = L$ 的概率是 q。那么投资者接受 S,当且仅当:

$$S[qL + (1 - q)H + R] \geqslant I(1 + r) \tag{14.6}$$

至于企业家,假设目前公司的利润是 π,考虑企业家是否愿意以股权份额 S 取得融资,还是放弃这一项目。前者是优的,当且仅当:

$$S \leqslant \frac{R}{\pi + R} \tag{14.7}$$

在混同完美贝叶斯纳什均衡中,投资者在接收到均衡要约后的信念必须是 $q = P$。由于参与约束(14.7)在 $\pi = H$ 时比 $\pi = L$ 时更难以满足,结合方程(14.6)和(14.7),意味着混同均衡存在,只有当:

$$\frac{I(1+r)}{PL + (1-P)H + R} \leqslant \frac{R}{\pi + R} \tag{14.8}$$

若 P 充分接近 0，方程（14.8）成立，因为 $R > I(1+r)$。然而若 P 足够接近 1，那么方程（14.8）成立，只有当：

$$R - I(1+r) \geqslant \frac{I(1+r)H}{R} - L \tag{14.9}$$

从直观上理解，混同均衡的困难是，高利润类型必须补贴低利润类型。在式（14.6）中，令 $q = P$ 得 $S \geqslant I(1+r)/[PL + (1-P)H]$。如果投资者确信 $\pi = H$（即 $q = 0$），那么他就接受较小的权益份额 $S \geqslant I(1+r)/(H+R)$。混同均衡中要求的更大的权益份额对高利润企业来讲就非常昂贵——也许高昂到使高利润企业宁愿放弃这一新项目。我们的分析证明，只有 P 接近 0，混同均衡才存在，这时就可减少补贴成本；或者如果方程（14.9）成立，这时新项目的利润足以超过补贴成本。

如果式（14.8）不成立，就不存在混同均衡，然而分离均衡总存在。低利润类型的要约为 $S = I(1+r)/(L+R)$，投资者接受；高利润类型的要约为 $S < I(1+r)/(H+R)$，投资者拒绝。在这样的均衡中，投资水平无效率地降低，则新项目是可以盈利的，但高利润类型的企业却放弃了投资。这一均衡也表明了发送者的可行信号集无效率的情况：高利润类型的企业没有办法把自己区分出来——对高利润类型有吸引力的融资条件对低利润类型甚至更有吸引力。正如 Myers 和 Majluf 所观察到的结果，模型表现出的内在机制迫使企业寻求债务融资或寻找内部资金渠道。

最后，企业家在选择股权融资的同时，还可以选择债务融资的情况。假设投资者接受了债务合约 D，若企业家没有宣布破产，那么投资者的得益为 D，企业家的得益为 $\pi + R - D$；如果企业家宣布破产，那么投资者的得益为 $\pi + R$，企业家的得益为 0。由于 $L > 0$，总存在混同均衡，则这两种利润类型的债务合约均为 $D = I(1+r)$，且投资者接受。然而如果 L 是充分大的负数，使得 $R + L < I(1+r)$，那么低利润类型就不能偿还这笔债务，因此，投资者也不会接受此项合约。如果 L 和 H 代表预期（而非确定的）利润，也可以得到相似的结论。假如类型 π 的含义为目前公司的利润是 $\pi + K$ 的概率为 $1/2$，$\pi - K$ 的概率为 $1/2$，这时如果 $L - K + R < I(1+r)$，那么低利润类型不能偿还债务 $D = I(1+r)$ 的概率为 $1/2$，所以投资者不接受合约。

第四节　货币政策

例 14.3　将私人信息加到前面分析的两时期重复货币政策博弈中。和 Spence 模型一样,博弈存在多个混同、杂合和分离的完美贝叶斯纳什均衡。因为前面已经详细讨论了这些均衡,这里只概要说明主要问题。

货币当局的单阶段得益是:

$$W(\pi, \pi) = -C\pi^2 - [(b-1)y^* + d(\pi - \pi)]^2$$

其中,π 是实际的通货膨胀,π^e 是雇主的通货膨胀预期,y^* 是有效率的产出水平。雇主的单阶段得益是 $-(\pi - \pi^e)^2$。在两阶段模型中,每个局中人的得益只不过是局中人的单阶段得益的和,$W(\pi_1, \pi_1^e) + W(\pi_2, \pi_2^e)$,和 $-(\pi_1 - \pi_1^e)^2 - (\pi_2 - \pi_2^e)^2$,$\pi_t$ 是阶段 t 的实际通货膨胀,π_2^e 是雇主(在 t 期开始)对 t 期的通货膨胀预期。

得益函数 $W(\pi, \pi_t^e)$ 中的参数 C 反映了货币当局在零通胀和有效率产出两个目标之间的权衡,在前面的模型中,这个参数是共同知识,现在假设这个参数是货币当局的私人信息;$C = S$ 或 $C = W$(分别表示对反通货膨胀的态度强硬或软弱),这里 $S > W > 0$,因此两阶段博弈模型的时间顺序是:

(1)自然赋予货币当局的某一类型 $C, C = W$ 的概率为 P;

(2)雇主形成第一期通货膨胀预期 π_1^e;

(3)货币当局观察到,然后选择第一期的实际通货膨胀 π_1;

(4)雇主观察到 π_1(但不能观察到 C),然后形成第二期的通货膨胀预期 π_2^e;

(5)货币当局观察到 π_2^e,然后选择第二期实际通货膨胀 π_2。

从这两阶段货币政策博弈中可以抽象出单阶段信号博弈。发送者的信号是货币当局第一期选择的通货膨胀 π_1,接收者的行动是雇主第二期的通货膨胀预期 π_2^e。雇主第一期的通货膨胀预期和货币当局第二期通货膨胀的选择分别在这个信号博弈前和后。

记得在单阶段问题(即重复博弈中的阶段博弈)中,给定雇主的预期 π^e,货币当局的最优选择 π 是:

$$\pi^*(\pi^e) = \frac{d}{C + d^2}[(1-b)y^* + d\pi]$$

相同的论证意味着,如果货币当局的类型是 C,那么给定预期 π_2^e,它的最优选择 π_2 是

$$\frac{d}{C+d^2}\left[(1-b)y^* + d\pi_2^e\right] \equiv \pi_2^e(\pi_2^e, c)$$

预期到这一点,如果雇主推断 $C = W$ 的概率是 q,并据此开始第二阶段的博弈,那么他们将形成预期 $\pi_2^e(q)$,使

$$-q\left[\pi_2^*(\pi_2^e, W) - \pi_2^e\right]^2 - (1-q)\left[\pi_2^*(\pi_2^e, S) - \pi_2^2\right] \tag{14.10}$$

最大化。

在混同均衡中,两种类型所选择的第一期通货膨胀相同,比方说 π^*,因此雇主的第一期预期是 $\pi_1^e = \pi^*$。在均衡路径上,雇主相信 $C = W$ 的概率是 P,开始第二阶段的博弈,并形成预期 $\pi_2^*(P)$,于是给定这个预期,类型为 C 的货币当局选择其最优的第二期通货膨胀水平,即 $\pi_2^*\left[\pi_2^e(P), C\right]$,从而结束博弈。要完成对这个均衡的论述,尚需(如通常一样)确定接收者处于均衡路径之外的信念,用方程(14.10)计算相应的均衡外的行动,检查这些均衡外的行动不会形成激励,使得对任何类型的发送者都不会偏离均衡。

在分离均衡中,不同 π_1^e 类型选择不同的第一期通货膨胀水平,分别以 π_w 和 π_s 表示,因而雇主的第一期预期是 $P\pi_w + (1-P)\pi_s$。在观察到 π_w 后,雇主相信 $C = W$ 并开始第二阶段博弈,从而形成预期 $\pi_2^e(1)$;类似地观察到 π_s,形成预期为 $\pi_2^e(0)$。在分离均衡时,软弱类型选择 $\pi_2^*\left[\pi_2^e(1), W\right]$,强硬类型选择 $\pi_2^*\left[\pi_2^e(0), S\right]$,结束博弈。为了完成对这个均衡的描述,不仅要明确接收者的均衡路径之外的信念和行动,检查没有任何类型的发送者有动机偏离均衡,而且要检查两种类型都无动机去伪装另外类型的均衡行为。在这个博弈中,软弱类型可能会在第一阶段被吸引选择 π_s,从而诱使雇主第二阶段的预期为 $\pi_2^e(0)$,并在以后选择 $\pi_2^*\left[\pi_2^e(0), W\right]$ 结束博弈。也就是说,即使 π_s 较低,以至于软弱类型有些不情愿,但都会使 $\pi_2^e(0)$ 非常低,使之可从第二阶段的预料外通货膨胀 $\pi_2^*\left[\pi_2^e(1), W\right] - \pi_2^e(0)$ 之中得到巨额得益。在分离均衡中,强硬类型选择的第一期通货膨胀水平必须足够低,使得软弱类型没有动力去伪装成强硬类型,即使在第二阶段可获得未预期到的通货膨胀的好处。对许多参数的值,这种约束使得 π_s 低于强硬类型在完全信息条件下将会选择的通货膨胀水平,就像在 Spence 模型中,分离均衡时,高能力工人将过度投资于教育一样。

第五节　信息甄别博弈

注意在信号传递博弈中,知情局中人在不知情局中人之前行动。当然,这是信号的全部,即知情局中人把信息发送给不知情的局中人。在信息甄别博弈中,知情局中人只在不知

情局中人后行动。例如,上面的教育信号传递博弈可用不知情的企业(甲)向一个潜在的工人(乙)提出一个工资合同,该工资合同可能依赖于工人随后的教育选择。工人选择受教育水平后,选择是接受或拒绝工资合同。简言之,信息甄别本质上是不知情局中人设定的一个箍,知情局中人可选择是钻进箍中还是不钻,这依赖于不知情局中人提出的报酬,它修正了信号传递博弈。

考虑在斯宾塞教育信号传递博弈分析中用到的基本相同的条件。黄仁可以雇佣高生产力的工人($\theta = 20$)也可以雇佣低生产力的工人($\theta = 10$)。一个工人随机地有1/3的机会是高生产力的,有2/3的机会是低生产力的。高生产力的工人受教育的成本是4个单位,低生产力的工人受教育的成本是11个单位。第二个雇主也能在和黄仁相同的条件下雇佣工人。然而与斯宾塞信号传递博弈不同,黄仁在观察到杨劳选择教育前出价。

在寻找均衡中,不再需要担心修正黄仁公司的信念。他不再有机会观察杨劳的决策然后再做出决策。考虑黄仁的一个相当明显的策略:如果杨劳接受教育,给的工资出价是20;如果杨劳不接受教育,给的工资出价是10。如果杨劳是低生产力的,受教育仍然太贵以致保证不这样做。但如果杨劳是高生产力的工人,接受教育具有意义。如果杨劳是高生产力的,黄仁公司能够用较低的工资把他弄走吗? 只要杨劳接受教育,第二个企业又愿意付给他20,就不能把他撬走,因此杨劳对黄仁公司的策略的最优反应是:如果他的生产力高,接受教育,接受黄仁的工资出价;如果他的生产力低,不接受教育但接受黄仁的工资出价。这样我们描述了一个贝叶斯纳什均衡。

看看混同均衡也是值得的。如果黄仁公司试图提出低于零的混同工资,他将会受到其他雇主提供的稍微高的工资的挑战,结果是没有雇员。使黄仁公司零得益的混同工资是13.33。但在此工资上,其他雇主向受教育的工人提出的工资是20,没有受教育的工资是10。其他雇主会得到所有高生产力的工人,黄仁公司只得到低生产力的工人。

第十五章　博弈在市场营销中的阐述

第一节　降价并非唯一选择

商场之间进行价格战近些年来已经成为一种趋势,这种促销方式屡试不爽。常人一般认为价格越低,就越受消费者的欢迎,商品的销量便会越大。其实这是一种误区,产品的价格、销量与利润之间的博弈关系并非我们想的那样简单。

决定一件商品价格的因素是什么？大多数人可能会说是产品的成本。这只是其中的一部分,但不是最重要的一部分。一件商品的价格取决于消费者想花多少钱来买它。商品的生产目的是赢利,而赢利的手段便是将它出售出去,所以,产品的价格取决于是否能为消费者带来利益,是否能让消费者满意。所以我们说,商品的营销策略中降价只是其中的一个手段,但不是唯一的,也不是最重要的手段。产品和服务的质量才是竞争力中的关键因素。20世纪70年代索尼电器在美国打开销路的方式就是一个很好的例子,证明降价其实并不是唯一的营销策略。

20世纪70年代,索尼电器完成了在日本市场的占有之后大举进攻海外市场,但是却不理想,尤其是在电器消费大国美国市场内,其经营业绩更是可以用惨淡二字来形容。为了找出其中的原因,索尼海外销售部部长卯木肇亲自到美国去考察市场。到美国之后卯木肇来到了有索尼电器出售的商场中,当时就惊呆了。在日本广受欢迎的索尼电器,在美国的市场中像是被抛弃的孩子,被堆放在角落里,上面盖满了灰土。卯木肇下定决心一定要找出其中的原因,让索尼电器在美国就像在日本一样大放光彩。

经过研究卯木肇发现了其中的原因所在。在此之前,索尼电器在美国制定的营销策略一直是大力降价,薄利多销。索尼花费了巨额的广告费在美国电视上做广告,宣传索尼电器的降价活动。没想到弄巧成拙,这些广告大大降低了索尼在美国人心中的地位,让人们觉得索尼电器价位低肯定因为质量不好。因此,导致了索尼电器在商场中无人问津。价格不过是消费者购买电器的标准之一,质量相对更重要一些,图便宜买劣质家电的人也有,但是相当少。因此卯木肇当时最需要做的便是改变索尼的形象,但是这些年给消费者形成的坏印象怎么可能一下子就改变呢? 对此他愁闷不已。

一次偶然的机会,他看到一个牧童带领着一群牛走在乡间小路上。他心想,为什么一个小牧童就能指挥一群牛呢? 原来这个小牧童骑着的正是一头带头的牛,其他牛都会跟着这头牛走。卯木肇茅塞顿开,想出了自己挽救索尼在美国市场的招数,那就是找一头"带头牛"。

卯木肇找到了芝加哥市最大的电器零售商马歇尔公司,想让索尼电器进入马歇尔公司的家电卖场,让马歇尔公司充当"带头牛"的角色,以此打开美国市场。没想到的是马歇尔公司的经理不想见他,几次都借故躲着他。等到他第三次拜访的时候,马歇尔公司的经理终于见了他,并开门见山地拒绝了他的请求,原因是索尼电器的品牌形象太差,总是在降价出售,给人心理上的感觉像是要倒闭了。卯木肇虚心听取了经理的意见,并表示回去一定着手改变公司形象。

说到做到,卯木肇立刻要求公司撤销在电视上的降价广告,取消降价策略,同时在媒体上投放新的广告,重新塑造自己的形象。做完这一切之后,卯木肇又找到了马歇尔公司的经理,要求将索尼电器在马歇尔公司的家电卖场中销售。但是这一次经理又拒绝了他,原因是索尼电器在美国的售后服务做得不好,如果电器坏了将无法维修。卯木肇依然没有说什么,只是表示自己回去后会着手改进。卯木肇立刻增加了索尼电器在美国的售后服务点,并且配备了经过专业培训的售后服务人员。等卯木肇第三次来到马歇尔公司的时候,这位经理又提出了一些问题。卯木肇发现对方已经开始妥协,于是用自己的口才和诚意说服了对方。对方允许他将两台索尼彩电摆在商场中,如果一周内卖不掉的话,公司将不会考虑出售索尼电器的任何产品。

这个机会的争取实在是不容易,卯木肇下定决心一定要抓住。他专门雇了两名推销员来推销这两台彩电。最终,两台彩电在一周之内全部卖了出去,开了一个好头。由此,索尼电器打开了马歇尔公司的大门,马歇尔公司成为索尼电器的"带头牛"。有了这样一个强有力的"领路人",其他家电卖家纷纷向索尼敞开了大门,开始出售他们的产品。结果在短短几年之内,索尼电器的彩电销量占到了芝加哥市的30%。以后这种模式又迅速在美国其他城市复制。

这个故事的关键在于告诉人们,解决企业营销方面的难题要先诊断,然后对症下药。

降价策略并不是每次都会管用,有时使用不当甚至还会弄巧成拙,不但解决不了问题,还会被人说成便宜无好货。

古时候有位商人非常有经济头脑,他发现驿站旁边的一条街上有几家饭馆生意特别好,于是他也在这里开了一家。但是饭馆开业之后,他发现了其中隐藏的问题。原来这些饭馆表面上生意红火,其实去吃饭的顾客都是回头客,如果饭菜价格同其他饭馆相同的话,自己根本没有任何优势。若是自己降价的话,势必会引起一场价格战,这样几家饭馆都赚不着钱,还得罪了同行,得不偿失。那该怎么办呢?他研究了一下市场,发现其中吃饭的人多为做苦力的。这些人饭吃得多,菜吃得少。于是他对症下药,将店里菜的分量减少了一点,而米饭的分量却增加了不少。原先盛饭用的小碗一律换成了大碗,但饭和菜的总成本并没有增加。

这家店的顾客逐渐增多,几个月下来每天来这里固定吃饭的人有几十个。但是这个商人并不满意,他又想出了一招。他发现这些来吃饭的人由于工作原因吃饭时间不稳定,有的人上午就已经歇工了,但是必须饿着肚子等到中午才吃饭;有些人中午工作不能停下,但是等到下午下班的时候要么就得等到晚上一起吃,要么就让别人中午帮他们买好,但是到了下午饭菜一般都凉了。于是这位商人推出了全天服务,将一天开饭时间由三次增加到六次,除了原先的早中晚各一次,在上午、下午和晚上再增加一次。这种经营模式立刻受到了顾客的欢迎,原先别家的老主顾也被吸引了过来。就这样,这家店的生意日益红火,没过几年就将隔壁几家饭馆全部兼并了过来。

从博弈论的角度来看,这位老板非常聪明,他没有选择降价,避免了陷入"囚徒困境"之中。而是发现其他优势,尤其是注意对信息的收集和分析。正是抓住了顾客的消费心理,从而为自己争取了顾客,生意也变得越来越好。

由此可见,降价并不是营销策略中唯一的选择,还有可能是最坏的选择。作为消费者我们是接受甚至欢迎"价格战"的,因为消费者是受益者,相当于"鹬蚌相争,渔翁得利"中的那个渔翁。但是,从长期来看这并不一定是一件好事。现实生活中,恶性的价格大战让一部分企业倒闭,让一些品牌消失。或许我们购买一台降价冰箱的同时,正在加速这家冰箱厂的倒闭脚步,而这里面的工人说不定就有你我的亲戚或者朋友。由此来看,降价并不是一个好的营销策略。而在产品质量和开发上面多下功夫,努力打造高新产品才是企业生存的根本。

第二节　松下电器的价格策略

对手之间的价格大战会使双方陷入"囚徒困境",这样说来是不是降价策略真的就不可行呢?策略的制定要依照当时的环境,灵活运用。同样的策略,有的人用会带来收益,而有的人用则会觉得不好使。价格策略也是如此,松下电器在价格策略方面非常灵活,甚至已经成为商业中的典范。

松下电器是松下幸之助于 1918 年创立的一家日本电器品牌,公司从制作简单的电器插座起家。后来开始生产简单的电器,比如电熨斗、电壶、电热水器等。依靠质量的保证和成功的营销策略,公司已经发展成为世界上电器行业中的知名品牌。

松下幸之助在公司最初发展的时候提出了"自来水哲学"的价格理论,意思是说水可以拿来卖钱,但是如果到处都是水的话,水就不值钱了。同样,家电也是如此,如果能像生产自来水一样去生产家电,价格虽然会很低,但是他们会像水一样充满任何一个空间。这个道理可以理解为薄利多销和用低价占领市场。

生产价格最低的电器是松下公司起初发展时制定的策略,他们也确实是这样做的。20世纪 30 年代,松下电器开始生产电熨斗。当时市场上的电熨斗价格昂贵,只有少数人能买得起。拥有一只电熨斗是很多家庭主妇的梦想。这个时候,松下电器决定生产价格低廉的电熨斗,以满足市场需要。很多企业在降价的同时为了保住利润会选择生产过程中使用质量低的配件。这样虽然价格降低了,但同时质量也降低了。松下电器则不然,松下幸之助为了企业的长远发展,决定质量第一,同时降价 30%。这个价位本身利润非常薄,除非大规模生产才能赢利。而这个价位非常具有竞争力和吸引力,消费者非常欢迎,购买的人多了,生产规模也随之增大。价格和产量相互支持,保证了企业的赢利。最终的结果证明,松下的"自来水哲学"价格策略是有效的。

据说松下幸之助是受到一个故事的启发得出了"自来水哲学"的价格策略,这个故事是这样的:有一对好朋友杰克和约翰,他们住在一个比较偏僻的山村里。村里人面对的最大的问题是缺水,每户人家必须要到十几里外的一个地方挑水喝,非常辛苦。最终村里决定修建一个水池,让专人负责挑水,这样就不用每户人家都派人去挑水了。不过,村民们用池子里的水就必须支付挑水人运费。杰克和约翰都认为这是一个发财的好机会,便承包了运水的任务。

起初两个人运水非常卖力,收入也非常可观。但是到了后来两人逐渐产生了分歧,原因是杰克想修建一条水渠,把水引到村里。这样就不用再去挑水了,同时村民们有了水就可以发展养殖和种植业,这样全村人都能过上好日子。而约翰则不同意这个做法,首先,修建水渠需要大量的人力和财力,这个他们不具备;再者,若是修建好了水渠那他们岂不是就失业了吗?两个人在这个问题上的争议越来越大,最后分道扬镳。约翰留下来继续每天挑水,而杰克则到处筹钱修水渠。

最终杰克没有筹到钱,于是便一个人开始修水渠。他在工地上搭了一个帐篷,白天干,晚上也干,累了就休息,饿了就胡乱吃一点东西。最初村民听说杰克一个人在修水渠都以为他疯了,时间一长人们便把他忘记了。只有杰克自己知道,用不了两年自己就能修成这条水渠,到时候大家都会感激他的。随着时间的流逝,杰克的帐篷也在慢慢向村子靠近。

一年多过去了，一天早上大家到池子中去打水的时候听到了哗哗的流水声，原来是杰克的水渠打通了，水从十几里之外被引到了村子里。村民们做梦也不会想到会有水从自家门前流过，都激动不已。这些水能满足人们更多的需求，相反，约翰每天提来的水则显得少得可怜。人们便都来水渠提水，甚至有的人家开始饲养牲畜，种植果树，这条水渠给整个村子和村民的生活带来了巨大的影响。

此时的杰克由于劳累过度，已经不成人样，村民们觉得过意不去便要求付水钱给杰克。杰克原本不打算收钱，但是无奈村民非常坚决，最后他将水价定得非常低。虽然水价很低，但是水渠带来的水量实在是太大了，一年四季都在不停地流淌。最终，靠这种薄利多销的方式，杰克成了当地最有钱的人，同时赢得了村民的尊敬。而此时的约翰呢？自从杰克的水渠修成的那一天开始，他便失去了工作，最终潦倒一生，在后悔中度过了后半生。

松下幸之助从这个故事中受到启发，认为低价策略照样可以获利，同时还可以增加市场份额，并由此总结出了"自来水哲学"的价格策略。

我们分析一下低价策略之后，可以看出这一策略成功的两个关键点：第一是保证赢利，第二是保证销量。降价的底线是保证赢利，赢利是创办公司的目的，不以赢利为目的报复性降价是不可取的。另外，为了挽回降价带来的利润损失，必须要求产品的销量能够有大幅增长，也就是所谓的薄利多销。这也是为什么降价的大多是一些日常生活用品，因为这些东西可以"走量"。而一些奢侈品，或者限量版的商品几乎不会选择降价，因为他们的销量极低，必须保证单位产品的利润。松下公司生产的电器是人们日常生活用品，所以他采取的"自来水哲学"价格策略会获得成功。由此可见，价格战并不是不可以打，但是降价策略的使用要注意前提和背景。

策略的使用是灵活的，价格策略也是如此。松下公司在价格策略上面并不是一味采用低价策略，而是具体情况具体分析，甚至有时候会在同行都降价的时候选择涨价。

我们讲到松下采取低价策略的时候是 20 世纪 30 年代，等到了 50 年代，松下已经发展成了一个著名的家电品牌。当时一家家电品牌突然宣布降价 30%，试图用低价策略来抢占松下的市场份额。松下公司认为，本身自己一直在走低价路线，同时售后服务质量也很高，已经有了一定的客户群，此时品牌也变得非常强硬，所以对于对手的降价策略并没有做出回应，只是要求再进一步提高自己公司的服务质量。这样过了一段时间，松下公司几乎没有受对方的影响，而对方则巨额亏损。日本的家电行业竞争非常激烈，等到了 60 年代，又一轮的价格大战打响了，这一次是电池之间的价格大战。松下电池当时的市场占有率非常高，并且对自己的品牌也非常有信心，于是逆势而上，做出了一个令所有人都震惊的举动，那就是在同行都选择降价的时候，自己的价格不降反升。最终结果证明了松下的判断，松下电池的销量并没有下滑。

这一次松下之所以在价格策略上选择逆流而上，最主要的是源于自己品牌的保障。人们之所以信任一个品牌，是因为这个品牌有质量的保障。松下从最初用低价打开市场，到后来价格上涨，从来没有放弃过对质量的严格要求。如果你认为自己的产品和提供的服务就值这个钱，那就不必跟风去选择降价。相反，此时选择降价会给人一种印象，那就是你降价也肯定能赚钱，这样说来平时不降价时肯定是暴利。这种降价策略弄巧成拙，得不偿失。

什么样的价格策略才是合理的，这一点不仅仅从商家的角度去考虑，更应该从消费者的角度去考虑。对于顾客来说，最好的价格策略是能为自己带来价值的策略。低价格不一定会为消费者带来利益，这还要考虑商品的质量；而高价格也不一定损害了消费者的利益，因为你要考虑到产品的高质量和其中是否蕴涵了创新的元素。近几年网上和电视上出现了大量的购物广告，从几十元的手机到几百元的笔记本，再到黄金首饰、钻石手表等，五花八门，层出不穷。这些产品的主要客户群是那些贪小便宜的人，等他们使用一段时间之后便会后悔自己当初财迷心窍。

总之，一分钱一分货。让消费者感到物有所值的定价策略才是最好的策略。无论是低价策略还是涨价策略，松下电器公司抓住的正是这一点，让消费者觉得物有所值。

第三节　定价要懂心理学

人们往往会认为当一件商品价格上升的时候，销量就会减少。这既符合实情，也符合经济规律。但是市场是复杂的，一件商品的价格传递出的信息包含着商品的质量、企业品牌的力量、企业的实力等等。因此，现实中也会出现这种情况，当一件商品价格上升时，销量不降反升。这其中更多的原因是商家采取了心理战的策略，或者消费者的消费心理在起作用。由此看来，产品定价不能忽略消费者的消费心理。

吉诺·鲍洛奇是美国著名的食品零售商，同时是一个策略高手，常常利用心理战定价策略为自己带来收益。鲍洛奇年轻的时候在一家水果店工作，他被安排在水果店临街的摊位上卖水果。由于勤奋和服务周到，尽管竞争激烈，但鲍洛奇还是将工作完成得非常出色，一直是附近水果摊每天营业额最多的人，老板对他也格外赏识。

一次水果店的仓库发生火灾，尽管消防员在火势不大的时候就将火扑灭了，但是还是造成了一些损失。其中有几十箱香蕉的皮上出现了黑色的斑点，尽管香蕉里面没有受到影响，但是老板认为想卖出去几乎是不可能了。鲍洛奇说让他试一试，说不定能卖出去。于是，就将这一批水果搬到了水果摊上。结果两天过去了，尽管价格一降再降，还是无人问津。到了第三天,眼看香蕉要变质了,再卖不出去就只能当垃圾扔掉了。

　　正在鲍洛奇一筹莫展的时候,一个小姑娘走过来问他说,他的香蕉怎么长得这么丑,是新的品种吗?这一句话让鲍洛奇茅塞顿开,他立即将降价销售的牌子扔到一边,高声向路过的人们喊道:最新品种的香蕉,快来买啊,全市独此一家,就剩最后10箱了。这一喊不要紧,路过的人为了看一下这种最新品种的香蕉都聚了过来。人们都觉得香蕉的样子奇怪,却不知道味道怎么样,但是又不敢试吃。最后鲍洛奇打开了一个香蕉,让一个小女孩尝了一下。小女孩说道:"好像与以前吃过的香蕉不太一样,有一点烧烤的味道。"这下子人们知道这是一种有烧烤味道的新品种香蕉,于是纷纷购买,结果不到一会儿那几十箱香蕉便被抢购一空。

　　这次成功让鲍洛奇信心大增,后来他自己开了一家零售商店,多次抓住消费者的购物心理给产品定价,屡屡见效。某厂家生产出了一种新型的水果罐头,让鲍洛奇的店给他们代销,这种类型的罐头如果是大品牌的话定价一般在5美元以上,如果是一般品牌的话,一般定价在4美元以下。这家企业品牌一般,他们的销售代表建议将价格定为3.5美元。但是鲍洛奇却坚持定价为4.9美元。他认为若是将这种罐头的价格定为4美元,或者4美元以下,肯定不会引起人们的注意,这种罐头也就将注定被人们忽视。但是如果定价为4.9美元,必定会引起消费者的注意,这种罐头也将从众多一般品牌中脱颖而出。

　　事实果然不出所料,每个人都想尝一下这种新型罐头,再加上罐头本身的高质量,结果这种罐头大卖特卖。鲍洛奇的定价策略又一次收到了奇效,关键就在于对顾客心理的准确定位。这也使鲍洛奇后来发展成为美国著名的"零售大王"。

　　价格和心理之间之所以会相互影响,是因为人们有一种思维定式,那就是"好货不便宜,便宜没好货"。人们一般认为价格高的产品质量也会高,而价格低的产品则质量低。这其实是一种误解,现在有很多产品,尤其是保健品,完全是依靠广告和宣传将价格提升上去的。除了这种心理以外,人往往有好奇心,对于越是得不到的东西越舍得投入。

　　一家珠宝店效益一直不好,于是老板准备将库存的珠宝全部清仓,然后就关门。没想到的是,越是降价消费者就越是不来买,都等着看会不会降得更低一点。老板对此苦闷不已。一天,老板在出门前给店员留了一张纸条,上面写着:今天全部商品全部降价5%。结果店员稀里糊涂地看错了,打出广告:今天起全部珠宝涨价5%。人们有点懵了,没见过这样的商店,要倒闭了居然还涨价。不过也有一部分人在想,前面降价已经降得够厉害了,现在这个价位也还算便宜,如果后面再涨的话,这个便宜也赚不到了。考虑到这一点,人们纷纷进店购物。

　　晚上老板来店里得知了这一情况之后,当即安排店员,明天店内珠宝全部涨价20%。果然,第二天消息传开了。原本打算买的人怕价格还会涨,而原本没打算买的人看到这样好的行情也有些心动。因为店内的珠宝数量是有限的，现在不买就没有了。就这样，第二天一开门买珠宝的人就挤爆了这家珠宝商店。最终老板成功地将这一批珠宝卖了出去，不但没有赔钱，反而赚了一笔。

一个商人做生意每次都亏本，最后找到一位智者求教。智者让他从路边捡一块石头明天拿到市场上去卖，于是商人便按照智者的要求去做了。结果可想而知，市场上没人对这块普通的石头感兴趣。到了晚上，商人沮丧地拿着这块石头去见智者，告诉了他今天的情况。智者听完之后哈哈大笑，让他明天把它拿到玉器市场上去卖。不过要记住一点，无论别人出多少钱都不要卖。第二天商人拿着这块石头来到了玉器市场，在街边铺上一块布，把石头放在上面。不一会儿，就有人来问价。但是无论对方出多少钱，他都不卖。消息一下就传开了，说街边有个人有一块石头给多少钱都不卖，看样子里面肯定有不小的玉。到了第二天，他又将这块石头摆在了路边，有人上来就出高价想收购，不过他谨记智者的叮嘱，无论别人出多少钱都不卖。到了下午，别人给出的这块石头的报价已经是早上的 10 倍。原本一块普通的石头，就是因为生意人坚决不卖，人们便认为这肯定是宝贝。这便是典型的越是得不到的东西越想得到的心理，这种定价方式在营销中也存在。

"物以稀为贵"是一种正常人的心理，很多商家也会抓住这一点对商品进行定价。一家美国汽车制造厂商决定生产已经停产几十年的老车型，不过限量生产一万辆，并且是这种车型在历史上最后一次生产。这一万辆复古车将在同一时间开始接受全球的预订，人们可以通过电话、手机短信、电子邮件等方式进行申请，最终的一万名获奖者将从报名预定的人当中随机选取。

这条消息立即引起了轰动，成为人们谈论的焦点，很多原本没有打算要买车的人都抱着买彩票的心思去预订。截止日到期之后，据统计共有几百万人申请预订这一款车。最终，汽车公司按照之前公布的方式，从几百万人中抽取了一万人作为最后的买主。很多没有买到的人甚至高价去买被抽中的人手中的指标。汽车还没下生产线，价格就已经被炒翻了好几倍。

这便是典型的利用人们"物以稀为贵"的心理来刺激消费的策略，商家使出的招数往往有"限量""限时""限地"等等，以此来激发消费者的购物欲望。

随着商业竞争激烈程度的加剧，商界的花招也越来越多，越来也复杂。但是时间一长，我们也会发现其中的规律。其中很多汽车专卖店中便经常会采用"先降价，后限量，再加价"的策略。具体来说，商家一般会先对某个品牌进行降价和大幅度宣传，这样便会吸引很多消费者前来试车和购买。当宣传目的达到之后，卖家便会采取限量出售，或者直接声称暂时没货。人们一般的理解便是这款车实在是太好了，都断货了，我也应该赶紧买一辆，不然就买不到了。这样会更加刺激消费者的购买欲望。等过了一段时间，消费者的胃口被吊得差不多的时候,这款车便会进行涨价。如果仔细观察的话,你就会发现身边很多卖家都在采用这一招。归根结底,还是其能够抓住消费者的消费心理。

上面介绍的这几种考虑消费者心理的产品定价策略,其中的共同点是重点不在产品的质量上面下功夫,而是在揣摩消费者的心理上下功夫。这对于我们消费者的启示便是购物要理智,切忌冲动。

第四节　培养消费者的信任

爱德华是美国通讯器材行业中举足轻重的人物,关于他成功的秘诀,他自己认为是诚实。是诚实帮助他学会了做人,学会了如何对待别人,并最终帮他取得了成功。让他感到诚实如此重要的原因,很少有人知道。这背后隐含着爱德华年轻时候的一个故事。

年轻时候的爱德华家境贫穷,整日食不果腹。一天他看报纸时发现了一条新闻,某一家房地产商在破土动工一个项目的时候,发掘出了一个坟墓。房地产商对此表示遗憾,希望家属能赶快去认领,并会得到 5 万美元的补偿。在当时 5 万美元对于爱德华来说,简直就是个天文数字。当年爱德华的父亲死去的时候,就是埋葬在那块土地旁边,如果当时往里边埋那么一点点,说不定自己今天就有 5 万美元了。想到这里,爱德华感到非常遗憾。不过转而一想,如果我做一份假证明,证明那里面埋的就是我的父亲,我不就能拿到 5 万美元了吗?

说干就干,爱德华去古董店里面买了一些几十年前使用的发票,伪造了一张 20 年前殡仪馆的收据。一切准备妥当之后,爱德华忐忑不安地来到了房地产开发商的办公楼前。秘书亲切地接待了他,询问了一些情况。最后让他回家等消息,因为里面是不是他的父亲还需要检验。不过在走的时候,秘书告诉爱德华:"你已经是这两天第 168 个来认爹的了,祝你好运。"原来想得到这 5 万美元的人不止他一个,168 个儿子来认爹,成了当地的一个奇闻。每个人都期待着最后的结果,看一下"爹"落谁家。

最终的检验结果出来了,168 个人中没有一个人是死者的儿子,因为经检验,死者已经死了 200 年了。这件事情渐渐被人们忘记,不过爱德华从没有忘记。他将当年刊登这则消息的报纸珍藏了起来,时刻警告自己要做一个诚实可靠的人。并最终凭借这一点取得了成功,他用自己的行动证实了一点。诚实的人可能会被人欺骗,但是最终会获得成功,因为他能赢得人们的信赖和爱戴。

诚实是人立足于社会的基本品质,无论是在哪一方面,尤其是在商业活动中。诚信是双方合作的基础,用商业中的一句话说就是"无信不立"。消费者的信赖是企业取之不尽,用之不竭的宝贵资源,而取得消费者信赖最基本的便是要做到诚信经营。不仅是消费者,诚信经营还是吸引投资人投资的基本保证。现代社会越来越意识到诚信的作用,无论是公司还是个人纷纷建立诚信档案。如果一个企业因为没有诚信失去了消费者,那将是非常危险的一件事情。"冠生园事件"便是一个很好的例子。

南京冠生园是一家经营食品糕点的百年老店,2001年中秋前夕被爆出产品质量问题,原来冠生园将去年的陈馅翻炒之后,制作成月饼投放到市场之中。新闻一出,冠生园的月饼产品立即下架,许多卖家甚至表示将无条件退货。人们通过各种途径表达自己的不满和对黑心商家的谴责。面对媒体的曝光和消费者的谴责,冠生园公司没有表现出应有的诚信,而是一味推脱,并辩称这在行业内是非常普遍的事情。甚至还称国家对月饼保质期有规定,但是对月饼馅的保质期没有规定,因此自己的做法并不违法。这些言论一出,消费者一片哗然,没想到老字号企业没有一点诚信。而冠生园方面则继续用公开信的方式为自己辩解,毫无歉意。商业信誉的丧失让消费者彻底感到心寒,当年冠生园在月饼市场上可以用"惨败"二字来形容。之后的食品卫生部门和质监部门介入,并最终下令冠生园停产整顿。

诚信的建立需要长时间的积累,而毁掉它一次就足够了。在南京冠生园公司停产整顿完毕,产品达到市场质量标准以后,消费者已经是避而远之了,自己也是一蹶不振。最终,南京冠生园公司于2003年2月向南京中级法院申请破产。南京冠生园的结局是可悲的,但同时也是咎由自取。名牌和老字号代表着产品质量和商家的诚信,质量和诚信不在了,品牌信任度甚至存亡都将改变。

晋商是我国历史上非常有代表性的一个群体,他们讲仁义,讲诚信,将生意从山西做到了全国。《乔家大院》便是以此为题材的一部电视连续剧,一经上演立即红遍全国,深受人们喜欢,更是创下了当时的收视率纪录。人们被里面的掌柜乔致庸的有情有义深深感动,尤其是在经商方面的仁义和诚信。

电视剧中有这样一个情节:当乔致庸得知一个分号底下的店卖出去的胡麻油掺过假之后,勃然大怒,当即将店里的掌柜和伙计全部辞退。接下来他连夜写出告示,令手下伙计将告示贴遍全城大街小巷。告示上他坦白自己店中胡麻油做假的事情,并承诺剩下的掺过假的胡麻油将以灯油的低价出卖。同时,凡是以前买过掺假胡麻油的顾客可以到店里全额退款,并且可以享受优惠购买新胡麻油。乔致庸用这些措施挽回自己的信誉,得到了人们的理解和认可。这与上面例子中南京冠生园的做法大相径庭。正是凭借着诚信为本,乔致庸的事业逐渐发展壮大,成为晋商中的佼佼者。

以仁义赢得手下人拥护,以诚信赢得消费者信赖。这是中国古代商人行商所奉行的准则。而在今天,这些品德却正在丧失。从各种新闻中我们便可以得知当下的诚信丧失到何种地步，甚至不断爆出有明星代言的产品出现质量问题。这都是不负责的行为，但是消费者也不是傻瓜，最终作恶的人将搬起石头砸自己的脚。

有时候诚信不仅是一种美德，还是一种营销手段。我们常说"王婆卖瓜，自卖自夸"。

每个生意人都会夸自己的产品好，但是夸着夸着就容易没有了尺度，漫天胡说。比如，很多保健品都声称自己包治百病，很多营养品的宣传更是能补充人类所需要的所有矿物质。时间长了，这些自夸令人生厌。而法国雪铁龙汽车公司在这一方面则正好相反。20世纪30年代，雪铁龙推出了一款新车。这款车是专为社会上最底层的人设计的，价格非常便宜，几乎每个家庭都能买得起。但是，相对的配置也比较简单。没有空调，没有天窗，甚至连收音机也没有。有人开玩笑说，这辆车与自行车的区别就是跑得快一点而已。雪铁龙在这款车的宣传海报上面印了这样一句话："这款车没有一个多余的零件可以被损坏。"有人开玩笑说，很明显，这款车的零件已经少得不能再少了，当然没有多余的零件被损坏。这句话有点自嘲，同时又透露出了一股坦诚。这款车的实用性加上雪铁龙公司坦诚的品质很快便征服了消费者的心，成为当时最畅销的车型，并且持续畅销几十年。据统计，1974年这款车共卖出去了37万辆。

雪铁龙公司的成功在于坦诚地将自己公布给大家，不仅是优点还有缺点。这种诚实的营销方式值得学习，但是要谨慎使用。雪铁龙公司之所以获得成功，是因为他在坦白自己缺点的同时，将这些缺点迅速转化为自己的优点。这款汽车没有一个多余的零件，是说这款汽车太简陋，这是这一款车的缺点。但是雪铁龙公司迅速将这种劣势转化为优势，那就是你不用担心为这款车付出维修费。这正是高明之处所在，没有人主动宣传自己的缺点，除非缺点能迅速转化为优点。比如，菜贩会对买菜的人说："您别看菜叶上这几个小窟窿，这是被虫子咬的，说明这菜没喷农药。"这正抓住了消费者的心，因为很多人对蔬菜喷农药都很介意。

顾客的信任是指对某种品牌或者某个公司的产品或者服务表示认同，并以此产生某种程度上的依赖。信任是建立在一次次满意的基础之上的，可以说是质变引起量变，满意的次数多了便产生了信任。是一种由感性到理性的转变。同时，顾客对企业的信任度与企业的利润是成正比例关系的。顾客信任某一品牌便会长期重复性购买，并会影响周围人的选择。这同时为公司省去了一部分广告费。企业的发展离不开顾客的信任，要想长久的发展，就不能辜负顾客的信任。

参考文献

[1]安东尼·凯利．决策中的博弈论[M]．李志斌,殷献民,译．北京:北京大学出版社,2007.

[2]阿伯西内·穆素．讨价还价理论及其应用[M]．管毅平,郑丹秋,等译．上海:上海财经大学出版社,2005.

[3]柯伦柏．拍卖:理论与实践[M]．钟鸿钧,译．北京:中国人民大学出版社,2006.

[4]让·梯若尔．公司金融理论(上下)[M]．王永钦,译．北京:中国人民大学出版社,2007.

[5]让·雅克·拉丰,大卫·马赫蒂摩．激励理论(第一卷):委托–代理模型[M]．陈志俊,译．北京:中国人民大学出版社,2002.

[6]泰勒尔．产业组织理论[M]．马捷,译．北京:中国人民大学出版社,1997.

[7]奥古斯丹·古诺．财富理论的数学原理的研究[M]．陈尚霖,译．北京:商务印书馆,1994.

[8]R.科斯,A.阿尔钦,D.诺斯．财产权利与制度变迁——产权学派与新制度学派译文集[M]．上海:上海三联书店,上海人民出版社,1994.

[9]艾里克·拉斯缪森．博弈与信息:博弈论概论[M]．王晖,白金辉,吴任昊,译．北京:北京大学出版社,生活·读书·新知三联书店,2003.

[10]冯·诺依曼,摩根斯顿．博弈论与经济行为(上下)[M]．王文玉,王宇,译．北京:生活·读书·新知三联书店,2004.

[11]托马斯·谢林．冲突的战略[M]．赵华,等译．北京:华夏出版社,2007.

[12]朱·弗登博格,让·梯若尔．博弈论[M]．姚洋,译．北京:中国人民大学出版社,2002.

[13]乔治·阿克洛夫．一位经济理论家讲述的故事——关于经济理论新假设有趣结果的论文集[M]．胡怀国,译．北京:首都经济贸易大学出版社,2006.

[14]约翰·麦克米伦．国际经济学中的博弈论[M]．高明,译．北京:北京大学出版社,2004.

[15]约翰·纳什．纳什博弈论文集[M]．张良桥,王晓刚,译．北京:首都经济贸易大学出版社,2000.

[16]罗伯特·吉本斯．博弈论基础[M]．高峰,译．北京:中国社会科学出版社,1999.

[17]罗纳德·科斯．论生产的制度结构[M]．上海:上海三联书店,1994.

[18]罗杰·B.迈尔森．博弈论:矛盾冲突分析[M]．于寅,费剑平,译．北京:中国经济出版社,2001.

[19]罗素·W.库珀．协调博弈——互补性与宏观经济学[M]．张军,李池,译．北京:中国人民大学出版社,2001.

[20]哈罗德·W.库恩．博弈论经典[M]．韩松,等译．北京:中国人民大学出版社,2004.

[21]高山晟．经济学中的分析方法[M]．刘振亚,译．北京:中国人民大学出版社,2001.

[22]诺兰·麦卡蒂,亚当·梅罗威茨．政治博弈论[M]．孙经纬,高晓晖,译．上海:格致出版社,上海三联书店,上海人民出版社,2009.

[23]普拉伊特·K.杜塔．策略与博弈——理论及实践[M]．施锡铨,译．上海:上海财经大学出版社,2005.

[24]道格拉斯·盖尔．一般均衡的策略基础——动态匹配与讨价还价博弈[M]．韦森,译．上海:格致出版社,上海三联书店,上海人民出版社,2008.

[25]戴维·M.克雷普斯．博弈论与经济模型[M]．邓方,译．北京:商务印书馆,2006.

[26]张洋,舒松．浅析博弈论应用于经济管理中的作用[J]．湖北成人教育学院学报,2012,18(5):65－66.

[27]余治国,江雨燕．生活中的博弈论[M]．北京:世界图书出版公司,2006.

[28]郑常德．博弈论及其在经济管理中的应用[M]．成都:电子科技大学出版社,2009.